上海市 I 类高峰学科（外国语言文学）建设项目成果

上海外国语大学丝路战略研究所智库建设项目成果

上海外国语大学中外文化软实力比较研究基地建设项目成果

上海外国语大学校级重大课题成果

2016 年上海高校青年教师培养资助计划

丝路学研究·国别和区域丛书

以色列公共外交与软实力建设

Israeli Public Diplomacy and Soft Power Development

闵 捷 著

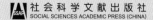
社会科学文献出版社
SOCIAL SCIENCES ACADEMIC PRESS (CHINA)

目　　录

Contents

Chapter 5

Several Thoughts of Israeli Soft Power Development / 148

第一章　本课题研究的理论分析

第一节　本课题研究的现实背景

一　本课题研究中的以色列公共外交

（一）以色列对美公共外交是以色列外交政策重要组成部分

犹太人仅占美国总人口的3%，但以色列政府成功的公共外交推动了美国犹太人建立政治性组织来维护犹太民族和以色列的利益。持亲以色列立场的美国犹太人甚至组成了强有力的犹太院外集团，直接对美国国会和政府施加影响，有人将其比作"在另一条战线作战的以色列军队"。犹太院外集团往往采取游说的方式向国会议员和政府官员陈述其立场和观点来影响决策。如1973年第四次中东战争期间，美国犹太组织通过36小时的电话"闪电战"，立即使美国国会两院出台并通过了一项决议案，要求政府提供以色列所需要的军事装备；1977年美国犹太组织又促使美国政府停止向反对以色列扩张政策的联合国教科文组织捐款。此外，美国犹太组织还往往通过营造社会氛围进行外围策应，配合游说国会以制定亲以政策。如在伊朗核问题上，美国犹太组织就将2009年9月10日和10月24日定为华盛顿和纽约两地的伊朗威胁宣传日，动员美国犹太各界举行大规模示威，敦促政府遏制伊朗的核冲动。

（二）以色列对部分发展中国家的公共外交成效显著

尽管因其国内外政策，以色列和大多数阿拉伯—伊斯兰国家并没有建立外交关系，但其对撒哈拉以南非洲、拉丁美洲、亚洲等地区的非伊斯兰国家展开了活跃的公共外交，并在部分国家卓有成效。肯尼亚是东非地区大国，以色列通过技术援助等方式在该国构筑了良好的国家形象，2016年7月，以色列总理内塔尼亚胡访问肯尼亚，肯雅塔总统明确表示，肯尼亚支持以色列与非洲国家加强合作，并将努力争取使以色列成为非盟观察员国，他同时肯定了与以色列的合作使肯尼亚在人员培训、科技、反恐情报等方面获益，有助于肯尼亚的发展与安全。访问期间，内塔尼亚胡与肯雅塔签署了以色列对肯尼亚在农业灌溉、水处理等领域的技术援助项目。

（三）以色列对中国的公共外交日渐活跃

以色列是中国在中东地区最后一个正式建交的国家，但自 1992 年中以建交以来，以色列对华积极开展公共外交，推动了中以两国间的人文交流。其中，以"二战"期间在华生活的犹太人与中国人民友好相助为历史素材而展开的公共外交活动获得了巨大成功。此外，以色列在科技、教育、创新等领域的优势也很好地转化为了公共外交资源。中国赴以留学生快速增长，2013 年比 2012 年就增长了 40%，其中自然科学的留学生数量超过了 60%，远远超出了在中东地区其他国家自然科学留学生的比例。在此基础上，中以教育交流不断深入。如中国清华大学和以色列特拉维夫大学便设立了联合创新中心，旨在全球范围内探索创新的新模式。

二 本课题研究中的以色列软实力

从领土面积或人口数量看，以色列都是中东地区的一个小国，其领土仅 2.0325 万平方公里①，根据 2013 年 4 月以色列国家统计局的人口统计数据，该国人口也只有 801.8 万，但以色列在实力和影响上堪称是一个地区大国。它不仅在与面积广袤、人口众多的阿拉伯国家的较量中生存了下来，与埃及、约旦相继建交，而且在建国 60 多年里经济、社会都得到了持续稳定的发展。2013 年时，以色列国内生产总值近 3000 亿美元，在中东北非地区国家中居第 4 位，高于该地区人口最多的埃及；以人均国内生产总值近 4 万美元，在中东北非地区仅次于卡塔尔、阿联酋、科威特，而高于沙特阿拉伯，位居第 4。②

从整体上看，以色列在军事、经济、科技领域都较发达，当前已跻身中东地区的强国行列。在综合国力提升过程中，以色列曾面临大规模移民安置与教

---

① 不包括加沙地带、约旦河西岸、东耶路撒冷、戈兰高地以及 1967 年第三次中东战争、1973 年第四次中东战争以色列所占领的土地。

② The Economist Intelligence Unit, *Country Report：Israel*, October 2014, p. 16.

育、战争威胁和自然资源匮乏等种种困难，如果以色列在发展中只注重对国家硬实力指标的提升，那么它在中东地区能否生存都很难保证，更不要说达到当前的成就。冷战期间阿以之间爆发的历次中东战争都是对以色列生死存亡的严峻挑战，而正是以色列政府对软硬实力发展的兼顾，使得以色列不仅成功应对了战争的考验，而且推动了国家的持续发展。人们在审视与思考以色列建国后的历史时会发现，公共外交有力地整合了以色列的已有资源（科技、文化、历史等）、改善了国家形象、提升了国家软实力，不仅对于以色列克服困难、应对危机起到了重要的作用，同时也为以色列的发展拓展了国际社会中的空间。

与此同时，由于中东地区复杂的地缘政治态势，以色列的公共外交也在不断遭遇危机。如在奥斯陆和平进程失败后，2002 年至 2004 年欧洲地区的数次民调结果都显示，欧洲国家的亲以情绪普遍下降，反以情绪普遍上升；甚至连美国的主流媒体并不特别亲以反巴，反而经常刊出对以色列的负面报道。一项研究表明，《纽约时报》《华盛顿邮报》等美国主流媒体在 2002 年间充斥着大量带有反以倾向的新闻和评论，并且有时不惜歪曲事实。[①] 但是每当面对困境，以色列公共外交总能做出积极调整，力图修复其国家形象，以更好地拓展其国家利益。

当前，中国学者对以色列的研究大都从历史进程、政治制度、宗教的社会作用、文化建设、经济发展、族群矛盾、地区局势等角度展开，但在以色列软实力构建领域的研究尚较薄弱。因此，本课题通过深入分析以色列的公共外交，尝试对以色列软实力构建的要素及过程进行研究，从而有助于了解以色列国家建设取得成就的深层原因，以及促进我国学界对以色列的国别研究。

三 本课题研究中的中国公共外交与软实力

（一）本课题对以色列公共外交及其软实力构建进行研究，是文明互鉴的客观要求

中国与以色列的国情很不相同，但中国文化和犹太文化都是历史悠久富有特色的人类重要文明文化，以色列公共外交的经验对于新时期下中国公共外交

---

① Joshua Muravchik, *Covering the Intifada: How the Media Reported the Palestinian Uprising*, Brookings Institution, 2003.

的开展及软实力的提升也具有一定程度上的借鉴意义。例如,以色列对美公共外交成功因素之一是以犹太文化为载体的公共外交,美国犹太人在以美关系中具有不可替代的作用。而在中国之外,也有5000多万华侨华人,并以中国文化为纽带与祖国相连,但长期以来,我国侨务工作侧重于鼓励海外华侨华人助力我国的经济建设及呼应有关国家统一的政治议题,并未将侨务与国家的外交战略做紧密连接,2011年,国务院明确提出"侨务公共外交"的概念,将其列为"十二五"侨务工作的重点,尽管如此,目前我国的侨务公共外交仍处于起步阶段,许多理论问题尚待厘清,而以色列在此领域积累的公共外交经验可以对我国侨务公共外交提供借鉴。习近平主席在联合国教科文组织总部演讲时曾指出,"文明因交流而多彩,文化因互鉴而丰富。文明交流互鉴,是推动人类文明进步和世界和平发展的重要动力"[①]。

(二)"一带一路"建设为中国公共外交提出了新的挑战

1. 公共外交要起到增信释疑的作用。"一带一路"倡议提出后,得到了国际社会的高度关注,但是美国等国家对"一带一路"建设的战略意图不明晰,并通过西方主流媒体恶化"一带一路"软环境,中国的公共外交必须对此做出应对,中国的主流媒体、高端智库在其中扮演着重要的角色。

2. 公共外交要起到推动价值沟通的作用。中国政府发布的《推动共建丝绸之路经济带和21世纪海上丝绸之路的愿景与行动》中明确提出"在以和平、发展、合作、共赢为主题的新时代,面对复苏乏力的全球经济形势,纷繁复杂的国际和地区局面,传承和弘扬丝绸之路精神更显重要和珍贵"。公共外交是国际社会联系日益紧密的自然产物,伴随着中国文化在社会中的传承与国民素质的整体提升,"一带一路"建设中中国公共外交可以扮演更为重要的角色,促进中国价值观得到国际社会的认可与分享。

3. 公共外交的最终目的是提升国家软实力。公共外交不同于普通的对外交往,其落脚点是外交,公共只是手段不是目的。在通过公共外交形成软实力的过程中,中央政府要进行统筹规划,协调好公共外交与对外战略之间的关系,以及执行公共外交政策各部门之间的关系,从而使公共外交更好地为提升国家软实力服务。

---

① 习近平:《文明因交流而多彩,文明因互鉴而丰富》,载《习近平谈治国理政》,外文出版社,2014,第258页。

第二节　本课题研究的核心概念解析

一　对公共外交的理论分析

（一）公共外交研究概述

1965，美国塔夫茨大学弗莱彻法律和外交学院成立了爱德华·默罗公共外交研究中心，埃德蒙·古利恩（Edmund Gullion）院长把"一国政府为争取他国民心而采取的公关行动"定义为公共外交，国内外学界普遍认为这是现代意义上公共外交研究的起源。该中心还指出了公共外交的实践方式，如电视、卫星通信、数据及影像存储和播放等，并特别强调展开政府信息计划、教育和文化交流以及包括工会、教会、大学、基金会、国际组织等参加的跨国交流活动。① 美国学者埃尔默·斯塔兹（Elmer Staats）在 1979 年向美国国会的报告《其他国家的公共外交对美国的启示中》中指出，公共外交是由公众参与的国际交流、文化和教育活动，它已经成为美国和其他国家推动外交政策的主要工具。吉福德·马龙（Gifford Marlone）在 1988 年出版的《政治辩护与文化沟通：组织国家的公共外交》一书中提出，公共外交是指政府直接与他国公众交流的过程，并以对双方皆有利的活动形式来影响他国公众的态度，并借此影响他国政府的行为。②

冷战结束后，虽然公共外交研究在美国受到了一定程度的冷落，但其在全球范围内受到了更多国家学者的关注。如英国学者马可·伦纳德（Mark Leonard）在 1992 年出版的《公共外交》一书中，提出了公共外交就是在了解其他国家、文化和人民的基础上建立关系、解释己方的观点、纠正"错误"的看法，寻找双方沟通的契合点等，认为公共外交的参与群体超越政府，涉及双方更广泛的群体，以及更深层次的利益。③ 法国参议员阿德里安·古泰龙在相关报告中提出，拥有文化活力的法国不必强调国家机器，只需用影响力外交的逻

---

① Allen Hansen, *USIA: Public Diplomacy in the Computer Age*, Prager, 1984, pp. 3 – 4.

② Gifford Marlone: *Political Advocacy and Culture Communication: Organizing the Nation's Public Diplomacy*, University Press of America, 1988.

③ Mark Leonard, *Public Dipmacy*, The Foreign Policy Center, 2002.

辑即可彰显其影响①，法国外交部也于 1996 年专门设立了法国国际教育署，用以在全球范围内推广法国的高等教育。

"9·11"事件后，公共外交的理论与政策研究均得到了包括美国在内的国际社会的广泛重视。1999 年，克林顿政府将 1953 年成立的专门负责美国公共外交事务的美国新闻署并入了国务院，用于公共外交的预算和人员也被削减。但 2001 年的"9·11"恐怖袭击，犹如当头棒喝，让美国惊醒过来。美国人惊讶地发现他们不得不重新努力为美国对外关系中的一个长期存在的问题找出答案："他们为什么恨我们？"②2006 年 3 月《美国国家安全战略》报告中明确指出，反恐战争既是"军事斗争"，也是"思想之战"。2002 年 3 月，《威尔顿评估》出台，标志着英国从"文化外交"向"公共外交"转型。基于对"9·11"后外交部、英国文化协会、英国广播公司等机构公共外交工作成效的评估，《威尔顿评估》将"公共外交"定义为"增进海外对英国的积极印象"，并提出了三大政策建议：第一，必须制定统一的公共外交战略，在明确的战略指引下，联合所有公共外交执行机构共同实施；第二，强化不同公共外交部门之间的协同作用；第三，各公共外交机构应在达成共识的基础上，建立普遍适用的公共外交绩效评估方法。③加拿大也在"9·11"后加强了对公共外交的政策性研究，2005 年出台的《加拿大外交部公共外交项目评估》指出，公共外交活动提高了加拿大在国外民众中的认同感，促进了加拿大的团结和统一，并将重点培养本国青年，向其灌输加拿大外交政策理念，增加青年人的国家自豪感，使其成为公共外交的中坚力量。④

中国学界对公共外交的深入研究始于 21 世纪初，唐小松和王义桅是较早对公共外交进行系统阐述的中国学者。他们认为由于主流国际关系理论的基本前提是国际体系的无政府状态，所以强调合作的公共外交从传统的国际关系理论中很难得到概念的支持，尽管如此，"心灵政治""市民社会"等概念已成为外交决策者的重要依托，这表明了信息时代下权力结构中的权力主体即国家

---

① 叶雨婷、王莉丽：《法国公共外交现状与前景分析》，《河北师范大学学报》（哲学社会科学版）2014 年第 2 期，第 152 页。

② Hart J, *Empire of Ideas: The Origins of Public Diplomacy and the Transformation of U. S. Foreign Policy*, Oxford University Press, 2013.

③ Lord Carter of Coles, "Executive summary of Wilton Review," *Public Diplomacy Review*, p. 60.

④ Canada-DFAIT, Evaluation of the Public Diplomacy Program of Foreign Affairs Canada, July 2005.

角色的淡化和非国家行为体作用的上升。越来越多的学者和决策者正在把国际体系定义为"信息交流空间",从而为公共外交融入并进一步丰富国际关系理论创造了条件。① 外交学院高飞认为同传统外交相比,公共外交是巨大的进步:首先,公共外交主张以公开的方式宣传本国的外交政策和理念,促进和体现了政治的发展;其次,公共外交体现了外交制度的发展完善;最后,公共外交体现了外交领域适应时代变化的方式创新。在高飞看来,公共外交所反映出的是一国政府着眼于沟通不同思想文化,促进彼此的理解和交流的外交努力,在当前具有特殊的意义。② 前国务院新闻办公室主任赵启正具有丰富的公共外交实践经验,他认为公共外交的基本形式是政府通过大众传媒进行的公共外交以及各种在政府支持下进行的面向国外公众的教育、文化交往活动,开展公共外交的目的则是提升本国的形象,改善外国公众对本国的态度,进而影响外国政府对本国的政策。此外,他还认为政府和本国公众关于国情与政策经常性的沟通是扩大本国公共外交力量、提升公共外交质量必不可少的基础和条件。③ 长期研究公共外交理论的赵可金则认为公共外交主体必须是一国中央政府或者经由中央政府授权或委托的地方政府和非政府组织、个人。公共外交对象必须具有公共性,必须是另一国的公众特别是公民社会领域,而不是传统外交所确定的中央政府或外交机构,通过影响外国公众的舆论和意见,逐渐确立国家形象的基本框架,间接影响其他国家政府的外交行为。④

(二) 本课题对公共外交的概念界定

本课题认为,公共外交可以界定为一个国家为了提高本国知名度、美誉度和认同度,由中央政府通过授权地方政府和其他社会部门,以及委托本国或者外国社会行为体和公众与国外公众进行双向交流,从而实现澄清信息、传播知识、塑造价值,以更好地拓展其国家利益。

1. 公共外交的开展依托于社会基础

公共外交的主体在国家,主力在公众,非国家行为体是公共外交最为重要的力量。因此,非国家行为体的发展状况,是公共外交能否取得最大效用的前

① 唐小松、王义桅:《公共外交对国际关系理论的冲击:一种分析框架》,《欧洲研究》2003 年第 4 期。
② 高飞:《公共外交的界定、形成条件及其作用》,《外交评论》2005 年第 3 期。
③ 赵启正:《公共外交与跨文化交流》,中国人民大学出版社,2011。
④ 赵可金:《公共外交的理论与实践》,上海辞书出版社,2007。

提条件。尽管公共外交概念下的公众是指那些与特定组织发生联系、具有某种共同利益、可以相互交流信息、相互影响的个人，但是在国际社会联系日益紧密的当前，越来越多的公众涉及公共外交领域，如果一国整体国民素质没有得到较好的提升，公共外交能力也将会受到严峻考验。

在非国家行为体中，智库正在公共外交中扮演着愈加重要的角色。智库是现代政治知识化和知识政治化的重要载体。以美国为例，智库被称为除立法、行政、司法、舆论之外的"第五种权力"，在美国对外政策的制定中有着强有力的影响。其在频繁的对外交往中往往能够推动国际社会的议题设置，并且通过在国外直接设立研究机构等方式成为美国公共外交的重要途径。

此外，一国的社会文化是开展公共外交的重要基石。国家开展公共外交，目的就是向世界说明本国，让外国公众认识真实的本国；非国家行为体积极有效地开展对外文化交流，是为希望了解本国文化的外国公众提供更便利的条件和更全面的信息；民族文化同样也会成为海外族裔群体与母国社会的纽带。但是如果一国社会缺乏文化传承，也就缺乏了与他国对话和合作的基石，在国内和国际领域都会造成灾难性的影响。

2. 公共外交的形式具有多样性特征

公共外交的内容非常广泛，一切由政府主导的以影响外国公众为目的而开展的各种事关国家形象的活动都可看作是公共外交活动，因此公共外交的形式具有多样性的特征。根据公共外交的实施部门及其具体运作机制的不同，可以将公共外交划分为由政府主导的公关外交、由政府直接组织的对外援助、由政府委托大众传媒开展的媒体外交以及由政府大力推动与支持的文化外交等。

在公关外交中，政府部门具有权威性和民族代表性，它以整个民族国家的身份开展活动，始终代表官方的行为和态度，代表国家和政府进行形象管理。在公关外交中，政府部门追求的既有国家利益，又有国家形象，既要尽量满足所属的私有部门的要求，又要照顾国家整体的发展要求。在公关外交的实施中，其实践主体既可以是专门从事国际公共关系工作的职业外交官，也可以是受政府委托的国际公关咨询公司或非政府组织。在媒体外交领域，媒体主要充当中介的信息渠道，本国政府与外国公众是传收信息的两极。在公共外交时代，媒体已经由国际关系的观察者、记录者变成参与者和协助者。也就是说，媒体逐渐以行为主体身份参与外交进程，成为国际关系的重要组成部分。① 海啸、飓风、地震、暴雪等自然灾害的频繁发生使各国人民的命运紧密相连，一国政府所实施的人道主义援助在给予受灾国以帮助的同时，也能够改善援助国的国家形象；而旨在提升受援国发展能力的技术援助，通过援助人员与受援人员的长期互动，培育起受援国民众对援助国的正面认知。文化外交也是公共外交的重要组成部分。文化外交更具国际主义本质，它关注的是不同国家人民之间的长期相互理解。在实践中，文化外交注重通过教育与文化交流项目来实现国际社会行为体之间的相互理解，致力于长期目标和长远利益的实现，而不是短期效应。②

3. 作为总体外交的组成部分，公共外交的成效仍具有局限性

总体外交是指在中央政府统一领导和协调下，由外交部系统的外交以及由其他部门和领域包括民间所进行的旨在促进国家间关系为前提的各种对外交往的总和。③ 公共外交虽然在对外交往中日益重要，但其仍服务于一国的总体外交。

首先，总体外交决定了公共外交的目标。不同国家其总体外交的目的都不尽相同，一些小国总体外交的目的就是改善与世界主要大国的关系，因此其公共外交主要集中于信息活动，即向大国介绍和宣传其政策；不少中等强国总体外交的目的在于提升其话语权，其公共外交往往侧重教育文化交流活动，以提升其在国际社会的国家形象；美国等霸权国家总体外交的目的则在于维持其霸权地位，因此其公共外交的重点则在于价值观的输出。

其次，总体外交决定了公共外交的资源分配。在国际社会中，一些国家面临着战争的威胁，一些国家则有着良好的周边环境，由此也导致了各国总体外交的资源分配差异较大。受到战争威胁的国家往往会将有限的外交资源配合国防工作，并侧重于争取和平的双边或多边会谈，如中东地区的伊朗等国；而地缘政治经济状况相对稳定的国家则可以在公共外交上投入更多的资源，如北美地区的加拿大、大洋洲地区的澳大利亚等国。

最后，总体外交决定了公共外交的运作方式。在全球化时代，国家利益内

---

① 陆佳怡：《媒体外交：一种传播学视角的解读》，《国际新闻界》2015 年第 4 期，第 97 页。

② 胡文涛：《美国文化外交及其在中国的运用》，世界知识出版社，2008，第 39 页。

③ 赵可金：《外交学原理》，上海教育出版社，2011，第 315 页。

涵扩大化、复杂化，外交部和外交代表机关垄断外交的格局被打破，议会、政党、地方政府、非政府组织等非职业外交部门参与到了逐渐扩大化的外交议题中，但是各国总体外交所涵盖的部门仍有较大不同，总体外交理念及框架成熟的国家在推动公共外交的工作中也掌握了更多的途径、项目和信息，而总体外交机制仍有待建立的国家在公共外交的实践中则会面临着运作方式匮乏所带来的能力不足的挑战。

二　对国家形象的理论分析

（一）国家形象概述

第二次世界大战后，西方国际政治学界就开始注重对国家形象作用的研究。汉斯·摩根索提出的"威望"概念，实际上就是指国家形象。在他看来，威望政策就是使别国对本国实际拥有的权力，以及对本国自认为拥有的，或想使别国相信本国拥有的权力产生深刻的印象。罗伯特·吉尔平也持相似的观点，他认为威望就是实力的声望，尤其是军事实力的声望。可是，实力是指一个国家的经济、军事以及与此相关方面的能力，而威望主要是指其他国家对一个国家行使其权力的潜力、能力和意愿的看法和认识。① 之后，肯尼思·博尔丁对国家形象进行了系统的研究。他提出对"国家形象"的界定最为重要的是其他国家对其"敌意"或"友好"的态度，价值体系则在"敌对""友好"态度形成中具有显著作用，民众并不随便地处理信息，而是要经过价值体系的过滤。他同时认为象征性的国家形象在国际关系中具有重大意义，国家相互持有的象征性形象导致了军备竞赛等灾难性现象。② 罗伯特·杰维斯（Robert Jervis）在此基础上研究认为，良好的国家形象不仅能补充其他力量形式，而且是达到目标的不可或缺的手段。③

冷战结束后，西方学界围绕国家形象的研究则更为丰富深入。就"国家形象"这一概念，马丁等认为，"国家形象"是一个"多维度"的建构，它是"关于某一具体国家的描述性、推断性、信息性的信念的总和"④。在巴洛古等

---

① 罗伯特·吉尔平：《世界政治中的战争与变革》，宋新宁、杜建平译，上海人民出版社，2007。

② K. E. Boulding, "National Images and International System," *Journal of Conflict Resolution*, 1959 (3).

③ Robert Jervis, *The Logicof Image in International Relations*, Princeton University Press, 1970.

④ Martin I. M. and Eroglu S., "Measuring a Multi-dimensional Construct: Country Image," *Journal of Business Research*, No. 3, 1993, p. 193.

人看来，国家形象是"对某一国家认知和感受的评估总和，是一个人基于这个国家所有变量因素而形成的总体印象"。① 菲利普·科特勒则认为"国家形象是由历史、地理、艺术、音乐、国民和其他要素构成"②，他同时也指出了形象是指人们所持有的关于某一对象的信念、观念与印象，这种感知与对象的客观属性可能一致，也可能不一致。而国际政治学者更多地依然关注国家形象的作用，约翰·米尔斯海默就此认为"构建良好的国家形象"就是"赢得民心"，"是相互依存时代重要的国家利益所在"。③

近年来，我国学者对国家形象的研究逐渐深入。孙有中认为，国家形象是一国内部公众和外部公众对该国政治（包括政府信誉、外交能力与军事准备等）、经济（包括金融实力、财政实力、产品特色与质量、国民收入等）、社会（包括社会凝聚力、安全与稳定、国民士气、民族性格等）、文化（包括科技实力、教育水平、文化遗产、风俗习惯、价值观念等）与地理（包括地理环境、自然资源、人口数量等）等方面状况的认识与评价，可分为国内形象与国际形象，两者之间往往存在很大差异，国家形象在根本上取决于国家的综合国力，但并不能简单地等同于国家的实际状况，它在某种程度上是可以被塑造的。④ 刘继南、何辉等的研究表明，国家形象具有政治、经济及安全功能。其中，国家形象的政治功能主要表现在国家形象对一个国家在国际政治格局和国际交往中占据的作用；经济功能则可以影响外国公众对其生产的商品或所提供的服务的态度，进而影响该国在全球经济竞争中是否能够建立竞争优势，而国家形象中的安全功能则可以缓解传统安全观所带来的"安全困境"，从而在事实上使国家安全建设得到国际社会的认可，有利于本国防务的开展和最大化国家利益的实现。⑤ 在程曼丽看来，国家形象的内容是在历史文化传统的基础上，融入现代化的要素，经萃取、提炼而成。作为民族精神、意志的集中体现，国家形象不但有助于形成公民对国家、民族的向心力与凝聚力，更有助于

① Seyhmus Baloglu and KenCleary, "A Model of Destination Image Formation," *Annals of Tourism Research*, Issue 4, 1999, pp. 868 – 897.

② Philip Kotler, *Marketing Management*: *Analysis*, *Planning*, *Implementation and Control*, Prentice Hall, 2000.

③ John Mearsheimer, "The Future of the America Pacifier," *Foreign Affairs*, No. 5, 2001, pp. 46 – 61.

④ 孙有中：《国家形象的内涵及其功能》，《国际论坛》2002 年第 3 期，第 14 ~ 21 页。

⑤ 刘继南、何辉等：《中国国家形象的国际传播现状与对策》，中国传媒大学出版社，2006。

向外界展示一个鲜明的、一贯的国家形象。在国家形象塑造方面，她认为首先要确定国家形象的基本内涵，以此聚合民心，形成内部共识，然后借助适当的表现形式向外传播，使内容与形式完美地结合起来。此外，她强调了对国家形象进行准确定位的重要性，传统的东西、民族性的东西，是一个国家形象的基础部分，应当对外宣传和展示，但是国家形象塑造不是静态的过程，而是随客观条件变化需要不断调整的过程，因此要推动形成既有历史传承，又有现代感与亲和力的国家形象符号系统，并一以贯之地向外传播。① 潘一禾则明确表示了国家形象需分实体和虚拟之别，对国家实体和虚拟形象的接受又有国内和国际受众之别，国家形象的塑造和建设有不同参与主体之别，对形象的传播也有不同媒介之别和运用得是否成功之别，这四方面相互之间的关系也是复杂和多样的，不仅有因果关系，而且有相互建构关系。②

（二）本课题对国家形象的概念界定

在本课题的研究范畴内，国家形象是指外部公众对一国情况的总体认知和总体评价，而将国内公众层面的形象归类为国内形象或政府形象。国家形象在根本上取决于国家的综合实力，尽管国家形象不具有强制性，但其能通过内在吸引力和形象竞争力以展示其国际影响。由于各国间综合国力及主观努力差异较大，部分国家形成了全球性吸引力，部门国家形成了区域性吸引力，有的国家则受到各种主客观因素制约，无法塑造出正面的国家形象。

1. 国家形象具有实体性

国家形象的实体性，是指一国的客观本原状态，也可以说国家形象的根本是先于国际社会的认知而存在的。在国际关系中，一国的客观本原状态是塑造其国家形象的基石。任何国家试图塑造与提升其国家形象，无法脱离该国的政治、军事、经济、社会、文化、自然资源现状。如果一国物质基础匮乏（经济、军事、自然资源等），其国家形象的提升就会面临资源型困境，反之则具有重大优势。如随着三星、现代等国际级企业的不断成长，韩国的创新国家形象也随之树立起来；泰国一直把自己独特的自然旅游资源作为国家形象建构的重点，也收到了良好的效果，成为世界重要的旅游目的地。此外，政治、社

---

① 程曼丽：《关于国家形象内涵的思考》2007 年第 4 期，第 89 页。
② 潘一禾：《"国家形象"的内涵、功能之辨与中国定位探讨》，《杭州师范大学学报》（社会科学版）2011 年第 1 期，第 75～80 页。

会、文化要素同样是构成一国综合实力的重要资源，在国家形象构建、提升、修复中扮演重要作用。以政治要素为例，如果一国制定了错误的政策，会使其国家形象受损。如南非曾长期实施种族隔离政策，其国家形象也因此而跌入谷底，20世纪90年代，南非废除了该政策，有力地修复了其国家形象。社会层面，教育的状况关系到全民族整体素质和创造能力的提升，教育得到了推进，就从源头上打开了成为创新国家的大门，占据了国家竞争的制高点。文化方面，布热津斯基就曾表示，不管人们对美国文化的美学价值有什么看法，美国文化具有一种磁石般的吸引力，它在全球的吸引力是不可否认的。①

2. 国家形象具有可建构性

国家形象的可建构性体现在它是外国公众对一个国家的总体印象，公众对其他国家的价值判断，常常基于大众媒体的影响以及自身的认知。因此，公众所认知的形象是客观信息流动的终点，也是一国希望打造的国家形象的最后作用点。一般来讲，公众认知形象与国家客观形象是有着一定程度不同的。各国在通过对外交往塑造其国家形象时，都期望外国公众的认知能同本国政府建构的信息相一致，从而达到劝服或增强吸引力的作用。前利比亚领导人卡扎菲信奉泛阿拉伯主义，力求实现阿拉伯民族的复兴，并屡屡实施激进的冒险举动，触犯了美国等西方国家的利益，不但招致西方国家在航空、武器和外交领域的制裁，而且被美英等国建构为支持恐怖主义的"无赖国家"，在世界范围内受到广泛孤立。美国等西方国家政府首先将自身塑造成"受害者"的形象，而卡扎菲领导下的利比亚政权则长期支持国际恐怖活动，严重伤害了无辜的平民，并且威胁到世界的和平，以此博取国际社会对西方国家的同情。此外，西方国家还将自己塑造为"和平卫士"的正义形象，以此获得国际舆论对其打击利比亚政权的支持。之后，曾经强有力的卡扎菲政权在短时间内就土崩瓦解，可建构的国家形象产生的威慑力不言而喻。

3. 国家形象具有多维性

经过建构的国家形象是外国民众形成的对一国的整体认知，但被认知的国家形象并不是一元化的，而是具有多维性特征，即一国的国家形象标识、政府形象、企业形象、城市形象、历史形象、文化形象和国民素质都有可能成为外

---

① 布热津斯基：《大棋局》，中国国际问题研究所译，上海人民出版社，1998，第34页。

国民众判断一国国家形象优劣的评判标准。由此可见，国家形象的塑造与传播是一国国际战略体系中的一个重要工程，需要从国家发展战略规划、基本设施建设、传统文化价值观、国民素质提升、整合传播与营销等多维度去构建国家形象战略框架。① 以"9·11"事件后美国在中东地区的国家形象为例，尽管美国在经济、制度、文化等领域在国际社会中具有很强的吸引力，但是其制定的发动伊拉克战争等对外政策使得不少阿拉伯—伊斯兰国家对其国家形象的认知产生了重大偏差，阿拉伯国家的大量民众仅从美国外交政策的因素来评判美国的国家形象，使得美国在中东地区的吸引力大幅下降。2004 年 5 月，马里兰大学安瓦尔·萨达特和平发展研究院和佐戈比国际民调中心在中东六个国家所做的一项民调显示，多数受访者认为，他们对美国的态度主要取决于美国的中东政策：约旦（76%）、摩洛哥（79%）、黎巴嫩（80%）、沙特（86%）、阿联酋（75%）和埃及（90%）。仅有少数受访者说他们对美国的态度是取决于他们是否认同美国的价值观：约旦（16%）、摩洛哥（18%）、黎巴嫩（9%）、沙特（10%）、阿联酋（9%）和埃及（不足 1%）。②

三　对以色列软实力的理论分析

当前，软实力已成为衡量一国综合国力的重要指标。尽管各国国情不同，对软实力构建路径的选择也有不同，但软实力本身具有的内生性、国际性、社会性、持久性等基本特征，则是包括以色列在内的世界各国所必然重视的客观要求。与此同时，以色列政府通过公共外交将传统文化和社会资源整合为国家软实力的重要组成部分，符合软实力构建的基本规律，在实践中也得到了检验和肯定。不仅如此，在对软实力进行理论分析时，其和硬实力的关系必须要得到正视。以色列在软实力的构建中，较好地实现了软实力和硬实力的互动，并能够发挥二者的综合效能，提升软实力。

（一）软实力研究概述

美国学者约瑟夫·奈是软实力理论的初创者、建构者和发展者，也是当前软实力研究最有代表性的外国学者。奈在冷战行将结束之时的 1990 年《外交

---

① 范红：《国家形象的多维塑造与传播策略》，《清华大学学报》（哲学社会科学版）2013 年第 2 期，第 141 页。

② 仵胜奇：《布什政府中东公共外交》，世界知识出版社，2010，第 113 页。

政策》杂志秋季号上发表了《软实力》① 一文，提出了国际政治的变化常常使无形的权力变得更加重要，而国家凝聚力、普适性文化、国际制度正在被赋予新的意义，权力正在从"拥有雄厚的资本"转向"拥有丰富的信息"。基于美国的经验，奈认为，软性的同化权力与硬性的指挥权力同样重要。如果一个国家可以使其权力被他国视为合法，则它将遭受更少对其所期望的目标的抵制。如果其文化与意识形态有吸引力，其他国家更愿意追随其后。"9·11"事件发生后，奈对软实力理论进行了更为系统的建构，于 2004 年出版了《软实力：世界政坛成功之道》② 一书。他在书中明确提出国家软实力主要来自三方面：文化（在其能发挥魅力的地方）、政治价值观（无论在国内外都能付诸实践）、外交政策（当其被视为合法，并具有道德权威时）。由于冷战已经结束多年，奈用政治价值观代替了意识形态的概念。与意识形态相比，政治价值观更多地体现在一国的政治实践中，如国内制度的确立、政策的制定与执行等。"9·11"之后的美国面临的反恐形势，使奈充分意识到外交政策，特别是公共外交在软实力中的重要地位。奈认为，通过公共外交提升美国在世界，特别是中东国家的软实力至关重要，需要在日常沟通、战略沟通和培育与关键人物之间的持久关系等三个层面共同推进。2011 年，约瑟夫·奈所著《权力的未来》③ 进一步完善了软实力理论。奈在指出软实力不可替代之重要性的同时，也认为软实力建设所面临的挑战很大。一是就结果而言，与硬实力的运用相比，软实力的运用能否成功更多地是由权力运用对象所控制的；二是软实力的效果往往要经过长时间才能够得到体现，但大多数政治家和公众都没有耐心，他们想要立即看到投资回报；三是软实力手段并不完全控制在政府手中，尽管政府负责制定政策，但文化和价值观根植于公民社会中。此外，奈在该书中强调要注重将软硬实力综合运用，从而提升软实力。奈认为北约组织在强化美国硬实力的同时，也帮助美国在盟国建立起了个人间的关系网，增强了美国的吸引力；而维和行动作为军事力量保护性运用的另一种方式，能否产生软实力也同样取决于软硬实力资源的综合使用状况。除了军事力量、经济力量的有效使用，如当援助项目用于人道主义目的，并且管理得当，也能够产生软实力。此外，在奈系

① Joseph Nye, "Soft Power," *Foreign Policy*, Fall 1990, pp. 153 – 171.
② Joseph Nye, *Soft Power: The Means to Success in World Politics*, Public Affairs, 2004.
③ Joseph Nye, *The Future of Power*, Public Affairs, 2011.

统阐述软实力理论之前，汉斯·摩根索和亨利·基辛格等著名学者也对软实力的组成要素极为重视。摩根索在《国家间政治》① 一书中认为一国的民族性格和国民士气是国家权力的重要组成部分，意识形态和国际舆论也会影响到一国在国际体系互动中所能获取的权力。基辛格则在其著作《大外交》② 中指出政治领导人在国内外舆论中的声望和所具有的外交能力，以及意识形态和民族主义等因素都会影响到一国权力的构成。

从 20 世纪 90 年代约瑟夫·奈提出软实力理论以来，中国学界对软实力的研究也逐渐深入。国内最早对软实力进行系统研究的是王沪宁。他认为软实力是国家实力的文化，而政治体系、民族士气和民族文化、经济体制、历史发展进程和遗留、意识形态等因素，都是文化的范围，也是软实力的构成要素。同时，王沪宁认为"软实力"的基本力量在于它的非垄断性，文化和知识是不能垄断的，文化和知识越是传播，软实力越大、越垄断，力量反而越小。③ 进入 21 世纪后，更多的中国学者对软实力进行了深入的研究，并取得了丰硕成果。门洪华认为，软实力已日益成为衡量一个国家国际地位和国际影响力的重要指标。软实力涵盖国民的文化、教育、心理和身体素质，国家的科技水平，民族文化的优越性和先进性，国家的人才资源和战略人才的储备情况，政府的凝聚力，社会团结和稳定的程度，经济和社会发展的可持续性等。门洪华指出，奈对软实力的分析模式之目的不是发展严谨的理论，而更是着眼于美国现实的需要。基于此，中国学者在分析软实力时，必须根据各国的客观实践对此概念加以充实，实现概念的本土化。④ 阎学通对软实力的构成要素做了概括，他提出软实力是由三个二级要素国际吸引力、国际动员力、国内动员力和六个三级要素国家模式吸引力、文化吸引力、战略友好关系、国际规则制定权对社会上层的动员力、对社会下层的动员力等构成，在进行对各国软实力的比较时，可将这些要素概念转化为能够量化的指标。⑤ 俞新天则将软实力的内涵界

---

① Hans Morgenthau, *Politics among Nations: The Struggle for Power and Peace*, McGraw-Hill Company, 2005.

② Henry Kissinger, *Diplomacy*, Touchstone, 1995.

③ 王沪宁：《作为国家实力的文化：软权力》，《复旦学报》（社会科学版）1993 年第 3 期，第 91～96 页。

④ 门洪华：《中国软实力评估报告（上）》，《国际观察》2007 年第 2 期，第 15～26 页。

⑤ 阎学通、徐进：《中美软实力比较》，《现代国际关系》2008 年第 1 期，第 24～29 页。

定为三个部分：一是思想、观念、原则，既有国家政府提倡的，也有人民认同和反映的；二是制度，在国际关系中特别关注参与国际制度建设的方面，但也与国内制度有联系；三是战略和政策，不仅由政府制定与执行，企业、非政府组织、民众也要有配合。① 郭树勇则从国际政治社会学的角度对软实力进行了理论的分析，认为安全和秩序需求、世界生产力发展需求、互惠需求等人类社会发展的需求导致了国际社会的出现，而国际社会的出现则要求国家行为必须符合社会性成长的规律，即国家的发展必须以主流的国际规范、国际法等国际政治文化为依据，以维持和建立反映时代要求的世界秩序为出发点，将履行国际规范与国际责任界定为国家重要利益，运用合法的国际交往手段谋取综合国力，建立良好的国家形象与国际威望。② 此外，胡键也对软实力进行了长期的研究。他认为无论是软实力的正功能还是负功能，其具体表现实际上都是一种塑造，一种功能是塑造一个新的他者，另一种功能则是塑造一个新的自我。他同时指出，软实力对硬实力具有依赖性，反过来，软实力对硬实力也具有促进作用。硬实力的提升具有递减的规律，也即当硬实力发展到一定程度以后，要想继续通过在量的维度上增强硬实力就越来越艰难。但是，如果通过提升软实力的质量和素质来提升硬实力，那么就可以起到事半功倍的效果。③

整体而言，中国学者对软实力的研究能够从自身国情出发，并借鉴西方学界已有的研究成果，认为一国国内政策与外交政策都会对软实力的塑造产生重大影响，国内政策是国家软实力建设的基石，外交政策是软实力提升的关键。

（二）以色列软实力研究概述

在关于以色列软实力的研究中，直接论述这一主题的论著不多，但从以色列、英美和中国学者在对以色列历史、政治的研究中可以看到或取得不少和其软实力相关的成果，它们是本论文重要的文献资料。

在历史学领域，以色列特拉维夫大学教授阿妮塔·莎皮拉在《以色列历史》④ 一书中详述了 19 世纪末起特别是 1948 年之后到 2000 年以色列历史发展进程，其中不少内容和以色列的软实力构建紧密相关。作者肯定了建国后的前

---

① 俞新天：《软实力建设与中国对外战略》，《国际问题研究》2008 年第 2 期，第 15 ~ 20 页。

② 郭树勇：《中国软实力战略》，时事出版社，2012，第 24 页。

③ 胡键：《软实力新论构成、功能和发展规律》，《社会科学》2009 年第 2 期，第 3 ~ 11 页。

④ Anita Shapira, *A History of Israel*, Brandeis University Press, 2012.

20 年民主政府迅速形成的积极影响，以及政府在国家建设中的主导作用。伦敦大学业非学院的学者科林·辛德勒在其著作《现代以色列史》① 中，以专题的形式深入探讨了以色列建国后对各种问题的应对。辛德勒回顾了以色列政府在为了消除东方、欧美、非洲犹太人之间的社会隔阂而实行的政策，和以色列为推动地区和平，在以埃和谈、以巴和谈中的外交努力。美国学者霍华德·撒切尔的著作《以色列史：从锡安主义的兴起至当代》② 论述了以色列建国后的外交成就和在国内经济社会发展及历次中东战争中所表现出来的国家凝聚力，在书中作者特别指出了以色列对非洲的技术援助在改善以色列国际处境方面所发挥的重要作用。此外，以色列前外交部长阿巴·埃班在《犹太史》③ 中，重点讨论了以色列建国前犹太民族的历史，其中大量的篇幅是追述 1897 年后犹太移民来到巴勒斯坦到 1948 年以色列建国之间的历史，说明了犹太文化在推动以色列成为一个现代民族国家中所起到的作用。英国学者诺亚·卢卡斯在《以色列现代史》④ 中重点讨论以色列民族性确立的过程，认为以色列通过将犹太文化作为民族统一的重要工具，犹太文化不仅成为新的以色列民族精神的核心，而且也是向世界各地的犹太人发出的民族主义号召。

在国内学者对以色列软实力的历史研究中，张倩红的《以色列史》⑤ 通过对以色列历史的整体性回顾，指出以色列的发展奇迹得益于犹太人数千年的传统文化积淀所凝练而成的民族精神，以及建设新家园的巨大热情和坚强意志，同时她也认为卓有成效的科技发展有助于以色列软实力的构建。潘光、余建华、王健所著《犹太民族复兴之路》⑥ 中，对以色列的社会发展和文化教育有较深入的分析，他们认为，以色列政府在经济、政治和教育等方面所采取的措施，有助于缩小东西方犹太人之间的差异，加强以色列国内团结和民族凝聚力；在文化领域，以色列将文化发展与国民集体认同和民族整合过程紧密结合，通过文艺作品宣扬犹太文化的共同性和继承性，在这基础上构建崭新的以

① Colin Shindler, *A History of Modern Israel*, Cambridge University Press, 2008.
② Howard M. Sachar, *A History of Israel: From the Rise of Zionism to Our time*, Alfred A. Knopf Press, 1996.
③ 阿巴·埃班：《犹太史》，阎瑞松译，中国社会科学出版社，1986。
④ 诺亚·卢卡斯：《以色列现代史》，杜先菊、彭艳译，肖宪校，商务印书馆，1997。
⑤ 张倩红：《以色列史》，人民出版社，2008。
⑥ 潘光、余建华、王健：《犹太民族复兴之路》，上海社会科学院出版社，1998。

色列文化体系，促进不同移民群体的文化融合。彭树智在《中东国家通史·以色列卷》① 的编后记提出，以色列最突出的民族文化素质特征是重视教育、重视知识和重视才能的传统。正是以色列政府对教育倾斜的政策，培养了大批的优秀人才，使得以色列在农业、电子通信、太阳能利用等方面都居于世界领先水平。

在政治学领域，美国学者罗伯特·弗里德曼主编的《当代以色列：国内政治、外交政策、安全挑战》② 一书，对以色列的国内政治和外交政策做了较为全面深入的研究。在以内政部分，该书回顾了犹太宗教政党和阿拉伯人政党的政治参与，以及司法制度的民主政治中的作用；在外交部分，则分别论述了以色列和巴勒斯坦、阿拉伯世界、土耳其与伊朗，以及与美国外交关系的发展及面临的问题。以色列特拉维夫大学教授大卫·尼克密尔斯和吉拉·梅纳赫姆主编的《以色列公共政策》③，将以色列民主研究所作为案例，介绍了以色列的智库政策；另外从教育、住房等公共领域入手，分析了以色列政府在其公共政策制定中对社会与文化发展的积极贡献。在以色列对非洲国家的外交政策中，以色列海法大学教授扎克·莱维的专著《以色列在非洲，1956～1976》运用大量档案资料对这一时期的以非关系进行了细致梳理，认为以色列对非技术援助的开展，在非洲国家与以色列建立正式外交关系的过程中起到了重要的作用。④ 以色列学者本雅明·阿尔瓦雷斯的论文《中以关系的地理学》⑤ 是以色列国内对中以关系发展的代表性论述，他从政治、经济、人文等多角度分析中以关系的历史和现状，认为中以知识精英之间的交流在两国关系中占据极为重要的位置。

中国学者进行以色列政治研究时，通常也涉及以色列软实力的内容和主题。如阎瑞松主编的《以色列政治》⑥ 是公认国内较早的学术研究成果，书中

① 彭树智主编，肖宪著《中东国家通史·以色列卷》，商务印书馆，2001。
② Robert Freedman, *Contemporary Israel: Domestic Politics, Foreign Policy and Security Challenge*, West View Press, 2009.
③ David Nachmias and Gila Menahem ed., *Public Policy in Israel*, Frank Cass, 2002.
④ Zach Levey, *Israel in Africa, 1956–1976*, Republic of Letters Publishing, 2012.
⑤ Binyamin Alvares, "The Geography of Sino-Israeli Relations," *Jewish Political Studies Review*, Fall 2012, pp. 96–121
⑥ 阎瑞松：《以色列政治》，西北大学出版社，1995。

认为以色列一方面有着高度发达的科学、经济和军事；另一方面仍流行着古代中世纪的犹太教律法和传统习俗，犹太教的影响渗透到社会生活的各个方面。该书还认为以色列阿拉伯人经过几十年的发展，已经成为一个拥有较为发达的经济和社会组织、拥有自己的知识阶层和新闻文化手段的少数民族，因此，在政治上也日益成熟，建立了自己的政党和全国性组织，积极推动中东和平进程。该书以 1993 年的一项调查为例，有 78% 的以色列阿拉伯人宣称，一旦巴勒斯坦国成立，他们仍将留在以色列。王彤主编的《当代中东政治制度》① 一书中，对以色列政治制度做了专题研究，该书认为犹太民族在向巴勒斯坦移民过程中形成的社团制度为以色列议会民主制度奠定了基础，而稳定的议会制度在长期的阿以冲突中保证了以色列国内正常的政治、社会秩序。以色列建国后随着东方犹太人社会经济状况的提升和政治意识的加强，利库德集团"消除以色列国内各种犹太集团事实上不平等"的竞选纲领，得到了大量选民的支持，从而在议会选举的制度框架下打破了工党长期执政的局面，也加强了民众与政府的互动，推动了社会的发展。冯基华在《犹太文化与以色列社会政治发展》② 一书中认为，以色列建国后出现了大量有关大屠杀的文艺作品，其中的幸存者记录了他们的日常生活和个人历史，使大屠杀对以色列的影响随着时间的推移越来越强，从而强化以色列人的危机意识。他同时指出尽管以色列的国家建设取得了一定意义的成功，但是犹太人和阿拉伯人之间的矛盾在社会中依然较为突出，已成为进一步提升软实力的瓶颈。王彦敏的专著《以色列政党政治研究》③ 细致分析了以色列社会中的不同族群、阶层和教俗群体等在以色列政党政治和社会生活中的发展状况，有利于理解以色列软实力构建的社会基础。在以色列的对外交往方面，李伟建等人所著的《以色列与美国关系研究》④ 一书从相近的文化价值观、共有的政治理念与政治制度、美国犹太人在美以关系中的作用等角度，阐述了以色列得以与美国建立紧密关系的软实力基础，并认为价值观和文化认同是国家利益的组成部分。

国内外学者在历史学、政治学领域研究的成果，较为系统地分析了以色列

① 王彤主编《当代中东政治制度》，中国社会科学出版社，2005。
② 冯基华：《犹太文化与以色列社会政治发展》，社会科学文献出版社，2010。
③ 王彦敏：《以色列政党政治研究》，人民出版社，2014。
④ 李伟建等：《以色列与美国关系研究》，时事出版社，2006。

国内外政策的成就与不足，提出了公共外交作为整合以色列国内资源、提升国家软实力的作用及局限，以及其国内民族宗教政策和对巴勒斯坦外交政策对国家软实力进一步提升的挑战。

（三）以色列软实力与硬实力的相互关系

在分析一个国家综合国力的组成时，通常将其分为硬实力和软实力。相比于软实力，硬实力是指一个国家在国际事务中，凭借其强制性、支配性能力而强迫其他国家服从自己领导的力量，硬实力的构成要素主要包括军事实力、经济实力和科技实力等。软实力和硬实力作为综合国力所依托的两个部分，不是相互孤立的，而是互有联系、互有影响的。发展软实力，就必须遵循软实力和硬实力之间的关系，只有如此，软实力建设才能最有成效，才能在一国综合国力的提升中发挥最大作用。

1. 硬实力是软实力的基础

软实力虽然是一国综合国力的重要组成部分，但其必须依靠硬实力做支撑，倘若没有硬实力，软实力就缺乏存在根基，也就无法实现国家实力的整体提升。可以说，正是一国在军事、经济、科技等领域的成功发展，使得该国的文化、政治价值观在国内，甚至在国际社会中都富有吸引力，而军事失败、经济停滞、科技落后所导致的信任赤字和经济危机则足以毁灭一国发展乃至生存的资本。因此，只有以强大的硬实力作为基础，才能在文化、教育等方面有所发展，也才会有能力向世界展示自己的国家形象，乃至参与塑造国际制度。

对于以色列而言，正是其强大的军事实力保证了国家的生存与稳定，在1948年到1973年的四次中东战争中，阿拉伯国家一次也没能在战场上战胜以色列，反而因为战争对国内的损耗过大，使得阿拉伯世界的"旗手"埃及，自1977年起，主动缓和与以色列的关系，并在1979年实现两国建交，从而让以色列开始得到中东国家的承认，也为其软实力建设提供了一个相对和平的环境。自以色列建国后，发展军事实力就一直处于极为重要的地位，其开国总理本·古里安就曾长期兼任国防部长，而有过在军队任职履历的政治领袖更有可能赢得议会的选举。当前，以色列和大部分中东国家还没有建立正式的外交关系，和部分国家的关系甚至剑拔弩张（如伊朗、叙利亚等），可以说在今后相当长的时间内，在中东地区领先的军事实力依然是以色列软实力建设最重要的保障。

在经济实力上，由于犹太移民数十年的开拓，以色列在建国时就有一定的工、农业基础。其有限的经济承载能力，让以色列有能力接受建国前后到来的大批犹太移民，从而为犹太文化的复兴奠定基础。尽管短时间内涌入的移民数量巨大，但由于已有经济基础对劳动力的吸纳，1950 年时以色列的失业率仅为 6.7%。① 在吸收移民的同时，以色列政府依然有经济实力进行国家的基础设施建设，仅在以色列建立后的 40 个月内，政府就修建完成了 7.8 万套寓所和 16.5 万间房屋②，而在 20 世纪 50 年代就建立了较为发达的公路网、通信设施和足够的住宅，这些都为移民的迅速融入和犹太文化的发展提供了必要的条件。苏联解体前后，有高达 92 万名俄裔犹太移民来到以色列③，但以色列的经济依然有着足够的吸纳能力，70% 的移民迅速得到了雇佣④。

2. 硬实力的"软"运用

对硬实力进行恰当地运用，也能够起到提升软实力的作用。在一国国内，政府、非政府组织、企业将经济发展的成果（资金、物资、科技等）用于提升软实力的政策和项目中，就是硬实力的"软"运用。如充足的资金、富余的物资都能够增加软实力建设的投入，一流的科学技术水平则有助于国民素质的提升。不仅如此，一国在发展中的成功经验通过总结、凝练、传播，可以起到凝聚人心的社会作用。而在外交领域，政府投入资金大力支持对外援助、海外维和等的开展，本身就是一国经济、科技、军事等硬实力要素的体现。

在中东地区，以色列有着相对强大的硬实力，体现在其军事、科技实力之中。以色列不仅重视硬实力的建设，而且也注重硬实力在培育软实力过程中所能够发挥的作用。虽然其周边局势一直不稳，国内大量的资金和物资都必须用于军事开支，但以色列政府仍然尽可能地支持国内犹太文化的传承与发展，除了公共设施（犹太会堂、宗教学校、宗教法院等）的建设之外，以色列国内的犹太正统派可以享受到政府生活补贴，甚至免服兵役等优惠政策。在教育事业上，以色列政府长期将其国内生产总值 10% 左右的资金用于其中⑤，这一比例在世界各国里名列前茅。此外，以色列政府依托国内高科技产业的发展，注

---

① 赵伟明：《以色列经济》，上海外语教育出版社，1998，第 110 页。
② Ahron Bergman, *A History of Israel*, Palgrave Macmillan, 2003, p.71.
③ 周承：《以色列新一代俄裔犹太移民的形成及影响》，时事出版社，2010，第 6 页。
④ 潘光、余建华、王健：《犹太民族复兴之路》，上海社会科学院出版社，1998，第 251～253 页。
⑤ 虞卫东：《当代以色列社会与文化》，上海外语教育出版社，2006，第 319 页。

重营造重视创新的国家文化，培养创新人才，鼓励创业。不仅如此，政府对战争胜利的宣扬，强化了以色列犹太公民对古代犹太王国的集体记忆。在对外关系上，自 1958 年起，以色列就借重其先进的科技实力，在第三世界国家中开展了卓有成效的技术援助；以色列的公共外交也往往围绕其科技实力为其打造"创新国家"的形象，从而借助公共外交实现了对硬实力的"软"运用。

3. 软实力的提升促进硬实力

虽然硬实力是软实力的基础，但软实力的提升，也能够推动硬实力的进一步发展。如国民素质的整体提升，就对于提升经济增长的质量必不可少，甚至可以说，教育质量决定了一国发展所能企及的高度。文化作为软实力的重要资源，能够凝聚社会共识、培育民众积极进取的工作态度和对国家的认同，从而推动一国军事、经济、科技等各项硬实力要素的整体提升。外交政策对于促进硬实力也起着重要的作用，如媒体外交的有效开展可以为一国创造出更为有利的国际舆论，而对外援助的实施则能够助推国家之间的科技与经济合作。

在以色列的实践中，通过软实力建设来提升硬实力尤为显著。以色列府通过强化犹太文化成功地增强了国家的凝聚力，而国家凝聚力的增强带来了国防动员能力与军队士气的提升，这些都有助于以色列军事实力的运用。国民素质的改善更是推动了其国家实力的持续增长，以色列教育体系为该国培养了源源不断的高新技术领域专家和高素质人才，让以色列克服了自然资源匮乏这一"先天劣势"，推进了经济在全球化时代的快速发展；作为智力资源的一部分，智库在以色列各项政策的制定中发挥了政策建言、民意沟通和公共外交的作用，有利于以色列国家的发展。此外，以色列对技术援助的重视，拓展了以色列与他国之间的科技合作领域，使其能够有效利用国际市场来推动国内科技与经济的发展；文化外交等的有效实施，既是以色列对软实力资源的"软"运用，也通过改善以色列的国家形象，创造了其国际交往的空间，从而为国内建设获取国际支持提供了帮助。

4. 软实力与硬实力的协调发展

相较软实力，硬实力的发展效果更为显著，也更易衡量。但如果忽视软实力，硬实力也会受到限制。一支军心不稳的军队，即使装备再好，也很难打赢一场战争；同样，缺乏核心价值观的国家，在经济社会发展的进程中，也会遭遇瓶颈。而教育的成败更是关系到国民素质的整体状况，是无时不能放松的。

在国际社会中，如果没有一个积极的国家形象，也是很难得到国际社会的认可，从而搭上全球化"班车"的。

一国在提升国家软实力的对外交往中，也要防止损耗国家实力的情况产生。如在媒体外交中不注重对象国国情，仅凭外交实施国的主观臆断，就会让对象国民众对外交实施国产生误解，不利于两国友好关系的发展；而在对外援助中，如果援助方式过于强调短期收益，而没有促进对象国的持续发展和发展能力建设，这样就既损耗了援助国的经济或军事资源，也有损于两国人文交流的基础。

在以色列政策的制定中，能够较好地协调其软硬实力的发展。一手推动国家经济的建设，一手引领犹太文化的复兴；注重高新技术企业的发展，同时将国民素质放置于国家极其重要的地位；牢记国防建设，并且在全社会营造国防文化，让军人成为在国家中备受尊重的职业，增强军队对年轻人的吸引力，提升军队组成人员的素质，从而起到强化军事实力的作用。

（四）本课题对软实力的概念界定

软实力是指既能够在国内凝聚人心、促进发展，又可以在国际社会中提升国家形象、增强一国影响的国家实力。不同国家可根据国情，重视具有自身优势的软实力资源（如民族文化、教育、观念、制度等），并通过外交政策实现国家形象的提升。总体而言，软实力具有内生性、国际性、社会性、持久性等基本特征，以色列在软实力的构建中，重视软实力的重要作用和客观要求，并取得了显著的成效。

1. 内生性

一国软实力的形成与发展既得益于国内政策的构建，也体现在外交政策的制定与执行上，但外交成效在很大程度上取决于对已有国家实力的运用。一个不重视国内文化建设的国家是无法在国际社会中推动文化传播的；同样，没有教育的发展、国民素质的整体提升，公共外交也很难获得正面积极的效果；不仅如此，对外援助、军事维和等外交方式若要取得成效，不仅得依靠已有的软实力资源，也要依赖国内经济、科技、军事实力的发展。从根本上说，国家的衰败会导致失去软实力构建的根基，从而也会使外交政策无法施展。在以色列软实力的构建中，政府重视犹太文化在增强国家凝聚力中的作用；同时科技、经济等硬实力指标的提升也促进了技术援助等的开展。

2. 国际性

虽然国家软实力的构建是由内至外的，但国际性仍然是软实力最重要的内涵。没有国家之间竞争与合作的存在，软实力就很难被国际社会广泛认同，对于各国而言，软实力的基本作用都是对外部世界的影响。霸权国家对外部世界的影响力能够体现在本国价值观的输出、对国际制度和国际舆论的塑造等方面；传统大国的影响力则表现在联合国安理会、国际货币基金组织等国际组织的框架下所享有的话语权和全球治理权力，以及规模可观的经济援助上；而小国的软实力可以通过加强人文交流、建设国际旅游目的地等方式来实现。以色列在国际社会中，能够从国情出发，较好地运用公共外交，提升国家形象。

3. 社会性

国家软实力在世界范围内受到各国的重视得益于全球化的历史进程，市民社会、非政府组织、跨国公司等成了民族国家之外的国际关系行为体，而参与到国际交往中的个人与组织都能够体现出其国家的文化、价值观、教育水平等。因此，将软实力与传统的军事、经济等实力相比较后可以得出，军事实力体现在军队的作战能力方面、经济实力体现在国家宏观的产值数据上，而软实力的提升则需要社会整体的进步。以色列在培育软实力的过程中，重视通过教育发展提升国民素质，从而改善了软实力构建的社会基础，并有力地推动公共外交的开展。

4. 持久性

国家软实力一经产生，其衰落会有一个相对长的过程，国际社会对一国软实力的认知不会随着一国军事行动的暂时失利、经济的动荡而快速产生变化。以国内社会为例，在共有价值观或文化的推动下，国家凝聚力会对本国社会稳定与发展产生持续影响。与此同时，一国通过恰当的外交政策，能够将本国的观念、制度、文化输出到其他国家，这些影响会比经贸往来、军事结盟对其他国家产生更为强烈且持久的影响。以色列建国后，由于软实力建设卓有成效，尽管进入21世纪后，巴以冲突时有爆发，但其国内社会秩序并没有被打乱，以色列民众在政府的指导下，安定地进行日常的工作和生活；而在不少国家民众的认知中，以色列的教育、文化、科技、政治状况并没有因为冲突而发生改变，长期的公共外交在国际社会中塑造了一个持久稳定的以色列国家形象。

第三节　本课题研究的基本阐述框架

一　软实力理论视角下以色列公共外交、国家形象与软实力的逻辑关系

以色列建国以来，在国家建设领域取得了显著的成就。在这一历史进程中，软实力扮演了举足轻重的作用。而以色列软实力的形成过程则在很大程度上依托于公共外交在整合国内已有资源的基础上对其国家形象的提升。

（一）犹太文化的传承与国民素质的整体提升为以色列公共外交奠定了国内基础

当前，软实力得到了世界各国的普遍重视。而在形成软实力的国内基础上，各国国情不同，因此也有着不同的构建路径与要素。但是传统文化和时代内涵，是任何一国软实力的形成来源。离开了传统文化，软实力的建设就将失去根基，甚至会造成社会的断裂；不符合时代内涵的软实力要素，就不能在一国国内起到价值观的引领作用，也很难在国际社会中得到他国的认同。

1. 传统文化的传承是以色列软实力构建的基石

国家软实力的重要资源是文化，文化的构成包括了物质文化、制度文化和思想文化等层面，但其中最为要紧的则是文化中的核心——思想文化，或者说是价值观。一国的制度、政策和战略都有赖于观念、思想、原则的支撑，因此文化不仅是"资源性"软实力，同时也是"操作性"软实力。而能够起到凝聚人心，以及作为软实力资源的价值观则必然与一个国家的传统文化密切相关，因为一国的历史沉淀、伦理道德和风俗习惯等文化要素，深刻塑造了该国民众的心灵，对国家的凝聚、制度与政策的收效，以及国家形象的构建起着极为重要的作用。以国家凝聚力为例，国家凝聚力是在一国的共同价值导向下所产生的一种精神力量，这种力量能够把国家这一政治共同体中全体成员集聚结合在一起，逐步达到情感、观念、思想、行为等多方面的相互认同，成为统一的有机整体并推动一国不断向前发展。国家凝聚力作为软实力的构成要素，影响到一国民众的工作积极性、集体合作能力，以及在社会生活中的心理状况，是一国民众建设家园的共有精神。而国家之所以能产生凝聚力，就在于国家成员对一国传统文化所产生的认同，文化认同是国家凝聚力的基础，文化认同促进国家认同，进而产生国家凝聚力。由此可见，加强国家凝聚力的重要路径就

是重视传统文化的建设。

同时必须要看到的是，传统文化之所以成为一国软实力构建的基石，是因为它是文化中最具连续性的部分。传统文化最主要的特性就是其产生和演变的历史性，是历史语境和历史积淀在各个时期的不断冲刷和累积、剔除和补充、丰富和提炼。传统文化是已经成型但永远不会定型的时间产物，是一份过去留给人们的历史遗产，并会在当前和未来不断地演进、发展。① 由此可见，并非一国历史上出现的文化都可以称为传统文化，只有那些具有重要价值，在社会中被普遍接受，具备存在活力并因此而保存、延续至今的文化才能称为传统文化。总之，传统文化总是处于一种不断产生、更新、淘汰和消亡的过程之中。

传统文化作为"资源性"软实力，是指一国制度的设立、政策的实施，都必须视其为其重要来源，因为只有考虑到传统文化的因素，其政治、经济制度才能最为运转顺畅，政策的制定和实施才最为有效。倘若一国照搬他国政治、经济制度，而忽视自身的传统文化，就会在国家建设的实践中有损于软实力乃至综合国力。而作为"操作性"软实力，在国内政策的制定、执行、修正中重视传统文化，本身就能够凝聚人心，增强国家的软实力；在公共外交及对外交往中，不同文化之间的对话与交流对于国家间的相互理解乃至全球治理的思维方式，都有着重要的意义。

以色列是典型的移民国家，从犹太民族向巴勒斯坦地区进行移民到其建国初期，都面临着重重困难，这就需要以色列必须提升其国家凝聚力，在民众中确立建设家园的精神，从而有利于眼前困难的克服。因此，以色列政府重视犹太文化中的宝贵财富，传承了犹太社团在移民过程中培育起来的文化认同，加强了犹太文化在国家构建中所能发挥的作用，使得以色列民众在长期战争状态的环境下能够通过共有的精神财富，战胜困难，建设家园。冷战结束后，尽管以色列面临的困难得到缓解，但其政府依旧重视国家凝聚力的建设，犹太文化的传承使得以色列民众始终保持着强烈的忧患意识、竞争意识和创新意识，从而更好地推进综合国力的提升。

此外，在制度建设和社会发展方面，以色列政府也十分重视犹太文化的基石作用。就"资源性"软实力而言，在以色列的国家制度中，犹太文化体现

---

① 汲立立：《传统文化与中国公共外交》，《武汉科技大学学报》（社会科学版）2012 年第 3 期，第 327 页。

在法律、社会、政治、军事等方面。在以色列的法律体系中，成文宪法的缺失就为犹太文化进入公共权力提供了空间，而且以色列有独立的宗教法院系统负责审理和犹太教相关的法律事务。在社会制度方面，其假期的时间安排注重犹太民族的传统文化，如每周的双休日以犹太文化中的安息日为准则，即周五、周六两日是休息日，而对于犹太民族的传统节日，政府都将其确定为法定节假日，甚至服务类行业的从业者在节假日里也被强行休假，以家庭、社区为单位参加节日活动。在政治制度中，以色列实行议会制，犹太宗教色彩的政党在议会中占有着举足轻重的地位（如沙斯党等），因而其政策制定必然会对犹太文化予以重视。不仅如此，其最高权力机构议会（Knesset①）的希伯来语含义是"大集会"（Great Assembly），原指古代以色列负责圣殿重建工作的立法机构。第二圣殿时期的"克奈塞特"有 120 人组成，而当代以色列的议会也有 120 个席位。以色列政府通过给政治制度赋予民族文化、民族精神的传承，为现行体制的合法性提供了依据。在军事领域，以色列的军队中配备有犹太拉比，而且在军人职业教育中，也有不少内容都和犹太民族的历史相关。在"操作性"软实力方面，以色列重视文化领域的发展，设立了相关部门负责文化事务，如宗教服务部、移民部、文化与体育部等；重视犹太会堂、宗教学校、民族文化类书籍等公共文化设施与项目的建设。

在此基础上，通过公共外交，以色列向国际社会充分展现了其国内对犹太文化的重视，并利用犹太民族的跨国网络，以文化为媒介，借助与海外犹太社团的联系，推动了国家之间的关系和文明间的对话。

2. 国民素质的整体提升为以色列开展公共外交提供了社会资源

20 世纪 90 年代以来，经济全球化的迅速发展，促使国际社会趋于形成，国家之间不仅共享发展的成果，也必须合作应对共同面对的全球公共问题。在越加广泛和深入的国际交流中，国家之间的共有价值观也逐渐增多。这就要求一国在软实力资源的建设过程中，不仅要重视传统文化，也必须符合时代内涵所赋予客观要求，从而为开展公共外交奠定社会基础。

获取资源，是人类社会得以发展的重要条件。土地资源在整个农业社会中最为重要。从 19 世纪中叶工业革命开始，人类不再仅仅满足于对土地资源的

---

① 在中文里也被翻译为"克奈塞特"。

利用，蕴藏于地下的矿产资源，构成了工业社会的核心资源。第二次世界大战后，伴随着第三次科技革命的蓬勃兴起，知识经济逐渐走上了人类社会发展的历史舞台，而所谓知识经济就是"以智力资源的占有、配置，以科学技术为主的知识的生产、分配和使用（消费）为最重要因素的经济"。① 进入 21 世纪后，作为一国软实力构成要素的智力资源已经成为国家持续发展的动力。在重视智力资源的知识经济时代，国民素质成为最为重要的因素。拥有最优秀的人才群体，一个国家的发展就有了动力。而得到人才最重要的路径则是全面提升本国的教育水平，突出价值观教育与创新教育，在重视高等教育的同时也推动基础教育的进步，从而使教育体系能够为一国培养出更多的创新人才和各学科领域的专家学者。

为了应对时代的需求，20 世纪末，国际 21 世纪教育委员会向联合国教科文组织提交了名为《教育——财富蕴藏其中》的报告。该报告认为，"必须给教育确定新的目标，必须改变人们对教育作用的看法。扩大了的教育新概念应该使每一个人都发现、发挥和加强自己的创造潜力，也应有助于挖掘出隐藏在我们每个人身上的财富"②。在教育已成为时代内涵的前提下，各国政府都积极推进教育改革，提升国民素质，培养创新人才，为软实力建设提供社会资源。

此外，国际社会除了对国民科学文化素质的作用有着相近的认知，民主法治的观念共享也已成为社会历史发展的必然。民主是一种"国体"，是一种政治文明的实质；法治则是它的"政体"，是一种政治文明的形式。民主与法治是表里一体、不可分离的关系。③ 各国的政治实践同时表明，民主法治应该有多种模式，而不应仅仅是美国或西方的模式。民主法治不仅体现在制度和政策领域，也体现在国民的民主法治素质方面。

以色列深谙教育发展对于提升国民素质的重要性。从建国起，以色列政府各部门，从总理办公室开始，无不为教育振兴竭尽全力。政府各部门都开设有专门处理教育事务的机构，并且相互之间通力合作，为教育提供绿色通

---

① 吴季松：《21 世纪社会的新趋势——知识经济》，科学技术出版社，1998，第 12 ~ 24 页。

② 国际 21 世纪教育委员会：《教育—— 财富蕴藏其中》，联合国教科文组织总部中文科译，教育科学出版社，1996，第 76 页。

③ 李德顺：《简论民主法治》，《法治研究》2013 年第 3 期，第 5 页。

道。与此同时，以色列实行国家总览教育的体制。现行教育体系包括正规教育和非正规教育两个部分。正规教育包括基础教育和高等教育，而非正规教育则是指在各种教育环境下的社会和青年活动以及成人教育。在正规教育中，以色列在重视创新教育的同时，也注重价值观的教育，在培育公民科学文化素质的同时，也提升公民的民主法治素质；在非正规教育领域，以色列也极为看重博物馆、图书馆、书籍杂志的建设，从而使青少年得到更为全面的发展。

整体而言，以色列国土面积小、资源匮乏、人口规模有限，这些客观条件都制约了以色列经济发展的方式，但以色列较好地把握住了全球化时代的机遇，重视国民素质的提升以及创新人才的培养，教育机构和企业之间也建立了成熟的互动机制，在发展人才密集度高的知识经济领域成就卓著，在农业科技、生物医药、信息技术等领域，甚至具有世界一流的水平。在国际社会共有价值观方面，以色列民众及政府官员普遍高度认可以色列现行的政治体制，认为其充分体现了民主法治的精神。在以色列的对外交往中，对民主法治的宣扬是进行公共外交的重要内容，而对这一概念的强调，也增进了西方国家，乃至国际社会对以色列在政治文明建设方面的肯定。同样在公共外交中，以色列能够从自身国情出发，运用其国内先进的科技人才资源对发展中国家开展技术援助，赢得了国际社会的普遍认可。

（二）以色列公共外交有效改善了国家形象，提升了国家软实力

公共外交的基本逻辑就是一国政府充分运用本国已经形成的软实力资源，有效动员企业、非政府组织、民众等通过参与对方国家的政治与社会舆论，传播本国的价值理念，并且加强国家之间的文化交流来影响外国公众的认知，进而改善本国的国家形象。而一个清晰、有力的国家形象，可以让外界更深刻地认识、认知和认可一国文化与社会的发展，这对于一国软实力的建设是大有裨益的。

作为一个1948年独立的国家，以色列在建国后又经历了和阿拉伯国家的数次战争，巴以之间的冲突直到当前都没有解决，且长期是国际舆论的热点，外国公众会很自然地认为以色列是一个长期处于动荡之中的国家，这些都不利于以色列塑造其正面的国家形象。但是以色列政府能够较为有效地整合国内外的有利资源，设立专门负责公共外交的机构，通过公关游说、文化交流等途

径，对包括美国、中国在内等国际政治经济领域内的重要国家进行卓有成效的公共外交，改善了这些国家部分民众对其的固有认知，并且推动了国家之间关系的发展。在不少外国民众看来，以色列是一个文化积淀深厚、教育水平先进、政府透明度高，并且经历过大屠杀灾难考验的国家。可以说，虽然以色列的国家形象仍然受到其外交政策的局限，但正是在公共外交的作用下，"创新国家"等正面的国家形象也逐渐成为其走向世界的符号。

在公共外交领域，尤其值得关注的是以色列的技术援助。以色列在国际社会中没有较多的话语权，不易通过联合国、国际货币基金组织等国际政治经济制度获取软实力；该国和阿拉伯世界长期处于冲突的状态，其国家治理绩效也很难得到阿拉伯—伊斯兰国家的认可。但是以色列成功地运用其科技能力，对发展中国家实行了长期的技术援助。通过技术援助，以色列参与到了全球性问题（贫困、传染性疾病等）治理的进程中，获得了国际社会的认可；同样通过技术援助，包括阿拉伯—伊斯兰国家在内的发展中国家也认识到了以色列在国家建设方面的巨大成就，即便这些国家的政治立场难以转变，但其至少产生了有利于以色列的多元认同。

二　历史学视角下以色列的公共外交与软实力构建

以色列开展公共外交及进行软实力构建是一个历史过程，在不同时期因受到各种因素的制约而表现出不同的特点。以色列建国时，由于国内面临的困难以及与阿拉伯国家的战争，存在严峻的生存危机，但以色列政府及时应对，在重视军事、经济等硬实力的发展外，也能够加强软实力的建设。1977 年，以色列总理与埃及总统实现互访，阿以矛盾逐渐趋于缓和，其软实力的发展获得了新的机遇。冷战结束后的 20 世纪 90 年代，以色列主动适应国际格局的变化，开启巴以和谈，改变了国际社会对其在巴以冲突中身份的长期认定，同时创造出一个和平的发展环境，为国民素质进一步的提升、国际交流的广泛开展营造了必要的条件。

（一）以色列软实力构建的起步（1948～1977 年）

从 1882 年起，犹太移民便大批来到巴勒斯坦定居，经历了恶劣的自然环境的考验，同时在与阿拉伯人和与英国托管当局的斗争与合作中积累了丰富的政治经验。因此，在以色列建国前，巴勒斯坦地区的犹太社团已经拥有了很强的凝聚力，并建立了一定规模的城市与农村经济，甚至到 1948 年以色列建国前，犹太定居者已经拥有了能够解决战斗的、训练有素的军队。① 建国后，以色列迅速将议会制确立为国家的政治体制，并在 1949 年举行了国家的第一次选举。有 12 个政党参加了这次选举，最终马帕伊（Mapai，即巴勒斯坦工人党）获胜，与宗教联合阵线、进步党、萨法迪名单成员、拿撒勒阿拉伯人等党派组成了联合政府，并在同年 3 月 10 日得到了议会的批准。② 民主法治制度的确立，让以色列社会各阶层都有了表达政治诉求的途径，从而增强了国家的凝聚力。不仅如此，1948 年、1956 年，以色列与埃及、叙利亚、约旦等阿拉伯国家进行了第一次和第二次中东战争，和阿拉伯国家的战争并没有消灭以色列，面对战争的威胁，以色列政府重视犹太文化的"凝聚剂"作用，反而增强了以色列民众在建国初期的团结、进取和战胜困难的勇气。

在建国后的 30 年间，以色列接受了大量的犹太移民。在这些移民中，东方犹太人的教育水平相对落后，造成了其经济贫困和社会地位低下的状态，更为重要的是，由此产生的东方犹太人与欧美犹太人之间的社会隔阂，不利于以色列国家凝聚力的增强及国民素质的整体提升。如在 1953 年，约有 40 万来自欧美地区的犹太人就读于高级中学、职业学校和农业培训学校，而当时人口已达到犹太人 42% 的东方犹太人则仅有两千名学生。③ 因此，以色列政府重视教育在民族构建中的作用，并把教育工作重点放在推行义务教育、建立统一的国民教育体系上。1949 年，参加中小学教育的学生有 9.79 万人，1952 年增加到 20.77 万人，1967 年为 44.54 万人。1968 年，以色列实行第一次学制改革实验，规定公立教育体系采用 12 年连读的体制，其中小学教育阶段为 6 年，初中高中各 3 年，使学生享受义务教育的年限从 9 年延长到 11 年。④ 通过以色列的努力，到 1977 年时，东方犹太人中的适龄儿童在全国 14 ~ 17 岁年龄组的人数占到 58%，上学人数也达到了同一年龄组的 58%。⑤

在美苏争霸的冷战时期，推动美国与以色列之间的交流，从而赢得美国的支持是以色列公共外交与软实力构建的重要目标。在 20 世纪 40 年代末 50 年

---

① Colin Shindler, *A History of Modern Israel*, Cambridge University Press, 2008, p. 37.
② Ahron Bregman, *A History of Israel*, Palgrave Macmillan, 2003, p. 65.
③ 李志芬：《以色列民族构建研究》，西北大学博士学位论文，2009，第 104 页。
④ 陈腾华：《为了一个民族的中兴》，华东师范大学出版社，2005，第 43 页。
⑤ 劳伦斯·迈耶：《今日以色列》，新华出版社，1987，第 179 页。

代初，虽然美国一些政要同情以色列，但其政策并没有完全支持以色列。如在以色列建国后不久，国务卿马歇尔和高级外交官乔治·凯南都认为对以色列的支持将危及美国同阿拉伯世界的关系，危害了其中东地区的能源利益，并有助于苏联在该地区的渗透。1950 年，以色列请求美国援助，解决大量涌进的难民问题，美国国务院担心阿拉伯国家反应过于强烈，反对给予经济援助。以色列的美国友人告诉以色列必须直接请求国会的帮助，并成立以国会为工作对象的游说组织。[①] 于是在 1954 年，以游说美国国会为主旨的美以公共事务委员会建立（American Israel Public Affairs Committee，AIPAC）。同年，对白宫逐渐拥有影响力的游说组织：主要犹太组织主席会议（Conference of Presidents of Major American Jewish Organizations，CPMAJO）成立。在以色列借助犹太文化纽带的公关外交推动下，到 20 世纪 60 年代初时，肯尼迪政府已认为由于苏联对埃及、叙利亚和伊拉克的援助不断增加，故而以色列理应得到美国更多的支持。[②]

针对二战后民族独立的浪潮，以色列从 20 世纪 50 年代末开始对非洲等发展中国家开展技术援助，并获得了不少民族独立国家对以色列的认同。以非洲为例，1966 年，以色列国际合作中心对非洲国家的预算达到了 583 万美元，而到 1967 年，已有 29 个非洲国家和以色列建立了正式的外交关系。[③] 但 1967 年后，随着第三次和第四次中东战争的相继爆发，以色列侵占了巴勒斯坦的大片土地，使其在国际社会特别是发展中国家的国家形象与政治认同受到严重损害。在 1975 年 11 月 10 日第三十届联合国大会上通过的 3379 号决议，客观反映了以色列软实力构建在当时正处于困境之中。该决议谴责“犹太复国主义是一种形式的种族主义和种族歧视”。而在投票表决时，竟有多达 72 个国家投了赞成票。

（二）以色列软实力开始摆脱困境（1977～1991 年）

1977 年，利库德集团赢得了以色列议会的选举，宣告了工党“一党独大”时代的结束。贝京当选后不久，于 8 月份访问了罗马尼亚，并通过齐奥塞斯库

---

① Douglas Little, *American Orientalism*：*The United States and the Middle East Since 1945*, University of North Carolina Press, 2002, p. 78.

② Warren Bass, *Support Any Friend*：*Kennedy's Middle East and the Making of the U. S. – Israel Alliance*, Oxford University Press, 2003, pp. 148 – 149.

③ Zach Levey, "Israel's Strategy in Africa, 1961 – 1967," *International Journal of Middle East Studies*, 2004 (1), p. 80, 83.

向埃及总统萨达特转达了对和平的向往。9 月 16 日，以色列外长达扬、埃及副总理哈桑·脱哈米在摩洛哥举行了小范围的会谈。11 月，埃及总统萨达特访问以色列，并在以色列议会发表了重要演讲，指出此次访问的目的是建立持久、公正的和平。同年 12 月，以色列总理贝京回访埃及。1978 年 9 月，以色列、埃及、美国三方在戴维营举行了会谈，以埃双方最终达成了《戴维营协议》。《戴维营协议》的签署，使以色列的国家形象发生了转变，以色列不再被国际社会认定为一个蓄意侵占别国领土的国家，而是致力于地区和平的实现。1978 年底，以色列总理贝京与埃及总统纳赛尔共同获得了诺贝尔和平奖。在以色列和埃及两国的共同努力下，1979 年 3 月，《以色列—埃及和平条约》（以下简称《以埃和平条约》）正式签署。《戴维营协议》和《以埃和平条约》开创了以色列运用谈判和外交方式解决冲突的先例，是以阿关系史上的重要转折点，同时也提升了以色列的国家形象及软实力。

里根政府时期，美以之间的战略合作达到历史上的最高点。[1] 与此同时，以色列进一步加强了对美国的公共外交。1977 年后，除了公关游说外，文化外交也取得了成功。其中，关于"大屠杀记忆"在美国民众中传播的效果尤为显著，赢得了美国民众对以色列的同情和支持。1978 年，美国总统卡特推动建立了"总统大屠杀纪念委员会"，并决定在华盛顿筹建"美国大屠杀纪念馆"。在以色列政府和美国犹太社团对"大屠杀记忆"的推动下，到 20 世纪 80 年代，美国很多学校都开设了以"大屠杀"为主题的课程。

1982 年 6 月，为应对黎巴嫩境内巴解组织的潜在威胁，以色列发动了黎巴嫩战争，侵入黎巴嫩，并占领了贝鲁特。该冲突在美国国务卿舒尔茨的穿梭外交下于 1983 年 5 月停止，以黎双方缔结条约，宣告了战争状态的结束。虽然黎巴嫩战争短暂地不利于以色列的国家形象，但 15000 名巴勒斯坦战士离开了黎巴嫩，使以色列在黎南部获得了安全的缓冲区[2]，从而为其主动开启和平进程改善了周边环境。此外，1987 年爆发的第一次巴勒斯坦人大起义[3]，虽然给以色列的国家安全带来了一定的威胁，但同时也刺激了以色列在国内、国际政策方面寻求新的改变。

---

① 李伟建等:《以色列与美国关系研究》，时事出版社，2006，第 34 页。
② Ahron Bregman, *A History of Israel*, Palgrave Macmillan, 2003, pp. 200 – 202.
③ 中文有时也会从阿拉伯语直接音译为"因提发达"。

（三）以色列软实力得到有限提升（1991 年至今）

1991 年，苏联解体，冷战结束，国际局势趋于缓和。海湾战争结束后，美国在中东地区的实力得到了进一步加强。在这一背景下，马德里和会于 1991 年 10 月 30 日在西班牙首都马德里举行。参加会议的有以色列、叙利亚、黎巴嫩、约旦－巴勒斯坦联合代表团，还有埃及、海湾合作委员会、联合国以及欧盟的代表。虽然最终没有达成实质性的协议，但冲突各方克服阻力，第一次坐到谈判桌前，本身就具有重要的积极意义。[①] 埃及外长穆萨认为多年的敌人终于聚集到一起，企图在不可逾越的鸿沟上架起桥梁，从而体现出各方对和平的期待。[②] 在马德里和会的推动下，1993 年，以色列和巴解组织相互承认，签订了具有重大意义的《奥斯陆协议》，它标志着巴以双方经过长期的军事冲突之后，终于认识到谈判是解决问题的唯一可行的道路，同时也为以色列国内软实力资源建设，以及公共外交的开展赢得了国际空间。

随着地区局势重大改善的出现，以色列的国民素质得到了快速提升。在 20 世纪 90 年代，以色列地区学院、专业学院、师范学院的数量显著增长。而大学生也从 1990 年的 6.8 万人增加到 1995 年的 9.7 万人，5 年间共增长了 43%。到 2002 年，大学生人数已达到了 22.75 万人。[③] 而如果按照国家平均人口计算，以色列接受高等教育的人数在 21 世纪初已达到了世界领先水平。高等教育的发展，不仅体现为大学生人数的增多，而且也表现在研究型大学在高新技术领域专家的培养上。具有创新思维的科技人才不断涌现，使得以色列在信息产业等知识经济领域在该时期得到了蓬勃发展。不仅如此，20 世纪 90 年代也是智库建设的重要阶段，1991 年，以色列最有影响力的智库之一以色列民主研究所在耶路撒冷建立，为立法工作和行政决策提供专业建议。[④] 除了该研究所外，一批涉及领域不同的智库也得到了发展的机遇，在以色列的政治、经济、社会生活中扮演着重要的作用。此外，掌握高新技术的人才资源在国家软实力中的地位日渐提升，也给以色列推动国际教育交流培育了资本。不仅发展中国家的科技工作者和学生前往以色列深造，美国等西方国家也有越来越多

---

① Colin Shindler, *A History of Modern Israel*, Cambridge University Press, 2008, pp. 223 - 226.

② 张倩红：《以色列史》，人民出版社，2008，第 381 页。

③ 陈腾华：《为了一个民族的中兴》，华东师范大学出版社，2005，第 99 页。

④ David Nachmias and Gila Menahe：*Public Policy in Israel*, Frank Cass, 2002, p. 66.

的学生也选择到以色列交流学习。

同样在 20 世纪 90 年代，以色列和中国、印度、东欧中亚国家陆续建立了外交关系，在国际社会中的活动也更为广泛。而公共外交在以色列与新建交国家的交往中扮演着重要的角色，并在提升以色列软实力方面取得了显著的积极效果。

但是随着 2000 年戴维营会谈的失败和之后第二次巴勒斯坦人大起义的爆发，以色列的国家形象常因巴以间的冲突而不断受损，国家软实力建设也逐渐放缓。当前，以色列在软实力构建中仍然面临着不少严峻挑战，但自建国以来的软实力建设成果，在以色列的综合国力中依然占据重要的地位。

第二章 以色列公共外交的理念创新

第一节 以色列公共外交理念概述

一 犹太民族历史与文化是以色列公共外交最为重要的理念

犹太文化是犹太民族在历史发展中所形成的，犹太民族在早期曾建立过较为强大的犹太国家，之后近两千年的流散史又凸显了犹太教在犹太文化中的地位。在以色列建立的过程中以及建国之后，犹太文化都为这一国家注入了强大的精神力量，在增强犹太民族和以色列国家凝聚力的过程中发挥了巨大作用，也为以色列公共外交提供了宝贵的资源与理念。

（一）犹太国家的历史记忆对犹太人思想的凝聚

19 世纪下半期，伴随着欧洲各国民族主义的汹涌以及反犹主义浪潮的兴起，犹太人为了寻求建立自己的民族国家，不少犹太精英开始尝试将建国思想立足于犹太文化之上。

而在漫长的犹太历史中，对于犹太国家的历史记忆，最终成为犹太人寻求建国的思想渊源。两千多年前，犹太民族在著名的民族领袖大卫王时代（David，在位时间约为公元前 1011 年~公元前 971 年）完成了对异族的征战，建立了以耶路撒冷为首都的统一王国。大卫王通过征战和盟约的方式拓展了王国的疆域，使犹太人控制下的地域大大超出了古迦南地的范围：东北到幼发拉底河，东南至亚喀巴湾，西南抵埃及边界。大卫王死后，其子所罗门即位，在耶路撒冷兴建了犹太教的圣殿。圣殿随即成为犹太人的祭祀中心，所有对上帝的献祭仪式都在圣殿举行，犹太人的宗教信仰和民族意识因圣殿而得到了增强。《圣经》对耶路撒冷的直接提及就多达 677 次，间接提及则达上千次，足见它在犹太人心目中的地位。① 犹太人历史上的统一时期尽管不长，国力也谈不上特别巨大，但是统一王国时期对于犹太民族而言却成为其永远向往之物，成为维系民族生存和感情的归宿。当犹太人在欧洲受到排挤之时，犹太民族的"黄金时代"再次成为唤醒犹太人民族独立意识的历史记忆，犹太人将重建国家的目光再次集中到巴勒斯坦地区。

1862 年，生活在德国的犹太人摩西·赫斯出版了《罗马和耶路撒冷书》。他在这本书中写道："为了使犹太国复活，我们应当首先考虑从政治上复活我们的国家。这种复活就是向我们祖先的国家移民。"② 1882 年，正当恐怖和屠杀犹太人的活动蔓延到整个俄国时，俄国犹太人列奥·平斯克发表了小册子《自我解放》，平斯克认为，只有把巴勒斯坦放到他的学说的中心，才能将受到启蒙的犹太人的感情动力转向这一运动。否则，那些考虑移民的人无疑只会直奔富裕的西方，而对为了民族独立而去开拓处女地的思想，不会产生动力。③

这些对犹太国家的历史记忆，唤起了犹太人对在巴勒斯坦地区建立新国家的感情，凝聚了犹太人的民族精神。在该思潮的推动下，1882 年，一些俄国犹太人成立了一个"锡安山热爱者"协会，号召犹太人组织起来向巴勒斯坦移居。1884 年，"锡安山热爱者"协会在波兰的上西里西亚的卡托维茨召开了第一次代表大会。与会代表决定筹集资金，援助犹太人前往巴勒斯坦定居。④俄国犹太人阿哈德·哈阿姆也参与过这一活动。他认为移居巴勒斯坦非常重要，巴勒斯坦地区应该被建设成为散居犹太人的精神、文化与宗教的中心，这个中心是为将来建立一个理想的犹太国家奠定基础。他创办了出版社，并担任了一个希伯来语月刊《使者》的编辑工作，主张从普及希伯来语着手来恢复犹太精神，塑造新的犹太人和民族魂。1896 年，奥地利犹太人西奥多·赫茨尔出版了《犹太国》一书，他在书中写到巴勒斯坦是难忘的历史上的祖国，它的名字就是一个团结的、使人振奋的口号。⑤ 在他的推动下，1897 年，在瑞士巴塞尔召开了第一届犹太复国主义者代表大会，并建立了世界犹太复国主义

① 徐新：《犹太文化史》，北京大学出版社，2006，第 16 页。
② 徐新：《犹太文化史》，北京大学出版社，2006，第 292 页。
③ 诺亚·卢卡斯：《以色列现代史》，杜先菊、彭艳译，商务印书馆，1997，第 19 页。
④ 肖宪：《中东国家通史·以色列卷》，商务印书馆，2001，第 52 页。
⑤ 沃尔特·拉克：《犹太复国主义史》，上海三联书店，1992，第 118 页。

组织。1904 年，犹太复国主义运动再次确认只有巴勒斯坦才是建立犹太民族家园的唯一地点。由此，犹太人对犹太民族国家的历史记忆最终转化成了以色列建国的理论纲领和思想。

（二）犹太文化对犹太人在巴勒斯坦地区移民和开拓的凝聚

19 世纪末，犹太移民逐渐开始较大规模地进入巴勒斯坦地区。犹太移民将来到巴勒斯坦定居称作"阿里亚"（Aliyah），"阿里亚"在希伯来语中的意思是"上升""攀登"，原指犹太人去耶路撒冷的朝圣活动，意味着精神上会得以"升华"，后来犹太人也将精神层面的升华指称移民到巴勒斯坦地区居住。

经历了在移民过程中各种困难的考验，犹太人所形成的民族凝聚力成为以色列最宝贵的财富之一。其中，一个有着特殊价值观和特殊生活方式的小社会——基布兹（Kibbutz），作为犹太移民社会中最重要的和影响最大的劳动组织也是典型的"犹太事物"，是最能反映犹太平等和共济思想的社会组织。它的产生，起源于"犹太民族基金会"的建立。"基金会"为了建立犹太移民点，在巴勒斯坦购买土地，将土地租给犹太垦荒者。根据《圣经》"土地永不可出售"的戒律，"基金会"向垦荒者颁发为期 49 年的租契，并规定不得无故放弃耕作已经租得的土地，或者任意雇佣他人代耕，否则，将宣布契约作废。同时，"基金会"规定，不得将土地租给个体农户，只能租给那些以某种合作社或集体会社的形式组织起来的农业小集体。① 希伯来语中基布兹的意思就是"集体"或者"聚集"，其特点便是土地国有和一切财产归集体公用。在犹太文化的推动和深刻影响下，从 19 世纪末到 20 世纪中期，先后有五次较大规模地向巴勒斯坦地区的"阿里亚"（见表 2 - 1），为以色列国的建立奠定了基础。

表 2 - 1　以色列建国前犹太人向巴勒斯坦地区的五次"阿里亚"

次　　数	时　　间	人数（人）
第一次	1882～1903 年	2 万~3 万
第二次	1904～1914 年	4 万
第三次	1919～1923 年	3.5 万

① 徐向群、余崇健主编《第三圣殿以色列的崛起》，上海远东出版社，1994，第116页。

次　　数	时　　间	人数（人）
第四次	1924～1931 年	8 万
第五次	1932～1939 年	20 万

资料来源：Howard M. Sachar, *A History of Israel*, *From the Rise of Zionism to Our Time*, Alfred A. Knopf Press, 1996。

1882 年，来自俄国的 50 名犹太男人和 1 名犹太妇女抵达巴勒斯坦。他们作为第一批现代犹太移民在该地区定居，并建立了农业居住区。他们隶属于所谓的"比卢"小组。"比卢"是一个希伯来语缩写，由《圣经》中《以赛亚书》第二章一节诗每句的第一个字母拼写而成："来吧，雅各家的人啊！我们在耶和华的光明中行走！"尽管巴勒斯坦地区有不少地方自然条件非常艰苦，但到 1897 年巴勒斯坦已有 18 个犹太人居住区，并且开办了一所农业学校。在雅法以南的沼泽地和沙丘之间也出现了一片片绿洲。这些绿洲正是犹太移民们以无限的热情和自我牺牲精神用双手创造出来的。[①]

20 世纪初，第二次"阿里亚"到来。这次的移民主要是来自白俄罗斯、波兰东部和立陶宛的城市，他们三三两两地来到巴勒斯坦。一般说来，这些移民相互之间没有联系。从第二次移民潮早期成员的回忆录中可以看出，移民都是独立做出决断，以回应内心的召唤。各人的情况不同，但他们所共有的愿望是献身于犹太社区的建设以及为犹太民族建立一个家园。他们认为《圣经》和犹太文学对他们民族成长的影响比社会主义学说大。不仅如此，在这批移民中，一些人开创了劳工犹太复国主义的运动，如以色列第一任总理本·古里安、第二任总统伊扎克·本·兹维等人，是他们在犹太文化的感召下，创造出了未来以色列社会和经济组织的雏形、政党政治的模式，复兴了犹太文化并建立了防御体制，从而为 20 世纪 40 年代建立国家奠定了基础。

在向巴勒斯坦地区移民的过程中，第三次"阿里亚"在其早期，并没有得到犹太复国主义组织的帮助和鼓励。相反，正式的犹太复国主义机构反对这次移民。[②] 因为这些机构担心移民到达巴勒斯坦后，住房和工作安置一直难以

---

① 阿巴·埃班：《犹太史》，阎瑞松译，中国社会科学出版社，1986，第 304 页。
② 哈伊姆·格瓦蒂：《以色列移民与百年开发史（1880～1980 年）》，何大明译，中国社会科学出版社，1996，第 174 页。

就绪，易造成紧张局面。但是对于决心前往巴勒斯坦的犹太人而言，他们在犹太国家历史记忆的推动下，并没有因这些不利的客观条件而停下脚步。1919年至1923年，有3.5万名犹太人进入巴勒斯坦。1919年大约2000人迁入，以后几年则每年平均有8000人迁入，这是之前没有过的移民速度。在5年中，犹太人口从5.6万人上升到9万多人，至此巴勒斯坦犹太社团的结构从根本上发生了变化。土生土长的犹太人社团过去一直是多数，而现在成了少数。

第四次"阿里亚"与前三次不同之处在于，第四次"阿里亚"不仅在移民人数上大为增加，而且在人员构成上也有了较大的变化。前三次"阿里亚"移民中，大多数都是青年人。他们一般都是单身汉，且在其国内缺乏经济基础和社会地位。此次"阿里亚"的人员则主要来自中产阶层家庭，既有工匠、店主和小商人，也有掌握着巨额财富的企业家以及各种专业技术的人才。他们的到来带来了大量的资金，促进了小企业的迅速发展和各项基础建设事业的扩大。这些移民的着眼点不在农业，而是在城市里继续从事他们原先的职业。因此，特拉维夫等城市得以快速发展起来。特拉维夫市的犹太人口在1923年底为1.65万人，到1925年底则达到4万人。随着移民人数的日益增多，建筑业也迅速发展，在特拉维夫和其他城市，成千上万幢住宅拔地而起，不仅如此，在第三次"阿里亚"期间，工业也起步了。1923年，第一座火电厂开始在特拉维夫运行。两年后，这座电厂开始向海法和太巴列市送电。电的广泛应用，极大地促进了工业的发展。① 整体上看，第四次"阿里亚"在加强犹太人在城镇的力量、扩大工业发展和提升犹太人在农村的产业能力等方面都做了大量的工作。

第五次"阿里亚"期间，德国移民占了很大比例，1920年至1932年，德国移民只占巴勒斯坦移民总数的2.5%，但在1933年至1938年，德国犹太人的比例高达27.7%，他们中有很多人接受过良好的教育，除了企业家、商人之外，还有许多银行家、医生、律师、工程师、建筑师、教授、艺术家、记者等。和以前的移民相比，他们不仅带来了相对多的财富，而且拥有一定的专业知识，扩大了巴勒斯坦的知识阶层。②

---

① 李薇：《阿利亚对以色列建国的影响》，《辽宁大学学报》（社会科学版）2002年第5期，第105页。

② 张倩红：《以色列史》，人民出版社，2008，第162页。

除了这五次"阿里亚"外，1939年至1945年，约7万名来自波兰、德国、罗马尼亚、匈牙利和捷克斯洛伐克的欧洲犹太人成功逃脱纳粹的恐怖镇压，返回巴勒斯坦。到1948年以色列建国前，巴勒斯坦的犹太人移民已超过60万人。

随着犹太社区和城市在以色列的不断增多，犹太人前往巴勒斯坦地区定居面临的就不仅仅是自然条件的制约，英国委任托管当局和阿拉伯人的制约成为更大的阻力，但犹太文化所给予的凝聚力推动着他们克服各种困难。1929年巴勒斯坦地区爆发了阿拉伯起义，有133名犹太人死亡，几百人受伤，同时犹太人的财产也遭到了很大的损失，但英国托管当局则对犹太人施以冷淡的态度。1930年10月，英国殖民大臣发表了《帕斯菲尔德白皮书》，明确指出不准迁入犹太人。为了抗议《帕斯菲尔德白皮书》，时任犹太代办处主席的魏茨曼辞去了这一职务。巴勒斯坦和全世界的犹太人都对英国提出了愤怒的抗议。在犹太人的压力下，英国政府被迫和犹太代表处举行谈判，最后取消了《帕斯菲尔德白皮书》中阐述的政策。与此同时，为了抗击阿拉伯人的袭击和进攻，在两次世界大战中，犹太人建立了一支维护犹太人生活与命运的自卫军，而自卫军的成员们则把这项工作看作犹太人委托给他们的为整个民族谋幸福的任务。他们的英勇行为同样鼓舞了巴勒斯坦地区犹太移民的勇气和信心。

1947年11月29日联合国进行了关于"巴勒斯坦将来治理问题的决议"投票表决，这个关于巴以分治的报告以33票赞成、13票反对而获得通过。这一天在纽约、巴勒斯坦以及所有犹太人居住的地方都举行了庆祝会。特拉维夫和耶路撒冷交通中断，人们在街头载歌载舞直到清晨。30日清晨，巴勒斯坦阿拉伯工人宣布罢工3天以示抗议，巴勒斯坦各个地方的犹太人都受到攻击，在暴乱的第一天就有7人被杀，更多的人受伤。此后双方一直进行战斗直到英国托管结束。英国宣布它将在1948年5月16日从这个国家撤出，但托管当局完全没为把权力移交给犹太人和阿拉伯人做好准备，甚至也不准备移交给联合国任命的管理耶路撒冷的5国委员会。犹太人面临的最迫切任务就是加强防卫，因为阿拉伯国家已经宣布英国一旦撤离，它们的军队就将开入这个国家，但当武装斗争愈演愈烈时，犹太人是在绝境中进行战斗，而阿拉伯人则可以在邻国避难。正是在犹太国家的憧憬和鼓舞下，犹太人的军队获得了胜利，为建国赢得了时间。

（三）　现代希伯来语对犹太民族的凝聚

现代希伯来语是世界上唯一的以书面语为基础发展起来的口语。在恢复和复活古老希伯来语的过程中，贡献最大者是来自俄国的犹太移民埃利泽·本·耶胡达。1881 年，他携全家移居到了巴勒斯坦，开始在当地犹太人家庭和幼儿学校中实验推广现代希伯来语。1884 年，他和几位朋友创办了第一份现代希伯来语报纸。在他的身体力行和带领下，现代希伯来语逐渐在巴勒斯坦犹太人中得到越来越多的使用，最终成为该地区人民日常交流的语言。为了加快希伯来语的复活过程并使之规范化，犹太人在 1890 年成立了希伯来语委员会。1913 年的第十一届犹太复国主义大会明确提出了把希伯来语作为犹太民族语言并且要创建希伯来大学的主张。[1] 1913 年，新成立的以色列工学院董事会在犹太人的强烈要求下，决定把希伯来语定为该校的授课用语，希伯来语于是成为以色列第一所国家级大学的教学语言。1916 年希伯来语教师协会成立。根据调查，同年以现代希伯来语作为第一语言的人已占巴勒斯坦地区犹太人总数的 40%，而在儿童中，这一比例已高达 70% 左右。1922 年，英国委任统治当局正式宣布现代希伯来语成为该地区正式用语之一，从而确立了现代希伯来语在巴勒斯坦社会生活中的地位。1948 年，以色列国成立后，现代希伯来语成了以色列国的正式语言。现代希伯来语的出现不仅表现了犹太民族的再生能力，而且是犹太民族复兴的一个重要标志[2]，希伯来语成为凝聚犹太民族最有力的方式之一。

（四）　犹太文化是以色列民族构建的基石

民族构建就是将民族作为文化－政治共同体的构建过程和民族认同的形成过程。这个过程涉及三组主要关系：社会个体与国家、族群与民族，以及族群之间。它们的互动的结果表现为两个层次：一是包括个体、族群在内的社会活动者共同认同感的达成。这需要共同的语言、共同的历史、共同的文化价值、共同的心理取向等要素的形成。二是这些行为者生存空间的确定化，这要求有共同的生活地域。[3]

---

① Norman Berdichevsky, *Nations, Languages and Citizenship*, Mcfar land & Company, Inc., Publishers, 2004, p. 16.
② 徐新：《犹太文化史》，北京大学出版社，2006，第 254 页。
③ 杨雪冬：《民族国家与国家构建：一个理论综述》，载《复旦政治学评论》，2005，第 88 页。

以色列建国后，虽然流散近 2000 年的犹太人有了确定的生存空间，但依然也面临着民族构建的挑战。国内犹太人主要分为阿什肯纳兹犹太人、东方犹太人两个群体，其中阿什肯纳兹犹太人是指来自欧美地区的犹太人，这些人人都文化水平较高，经济和社会地位也很高，他们是以色列最早的定居者和开拓先锋，经过近半个世纪的艰苦奋斗和流血牺牲，缔造了这个国家，是这块土地上文化模式的创造者和传播者，以色列建国时的第一代领导人大多属于这类犹太人。东方犹太人主要是指第二圣殿被毁后流散到中东和北非的犹太人后裔，在以色列建国后的 20 世纪 50 年代是东方犹太人移民以色列的高潮，从 1948 年 3 月到 1960 年 11 月，以色列共接纳 98.1 万犹太移民，其中 47% 都是来自亚非世界。[1] 到了 20 世纪 70 年代，东方犹太人的数量逐渐超过了西方犹太人。但东方犹太人的文化教育水平较低，因而他们的经济、政治地位也较低，处于以色列社会的下层。

这种情况下，时任以色列总理的本·古里安努力想把古老的犹太文化遗产置于公共神话的中心，不仅把它作为精神来源，而且也把它作为民族统一的重要工具。由于人口的文化背景多种多样，只有通过让思想向后跳跃两千年，才能尽快创立一种共同的民族意识。只有以希伯来语为媒介，回到遥远的过去，才能靠民族历史把不同地域来源的以色列人凝聚在一起。这样，近期犹太史的复杂性和模糊性，就被几千年的民族共同性的烙印掩盖掉了。[2]

以色列建国后，由于大批涌入的移民都不会讲希伯来语，从而使以色列的民族构建面临着更大挑战。到 1953 年，成人讲希伯来语的比例就跌至 53%，但希伯来语是以色列政府确立的凝聚犹太移民群体和构建犹太民族的重要方式，所以政府为成年犹太移民制定了教授希伯来语的方案，即"乌尔班"（Ulpan）计划，"乌尔班"一词在塔木德阿拉米语中的意思是习俗、培训、规则和法令，在现代希伯来语意义上则是工作室。从 1949 年第一个"乌尔班"希伯来语培训班开始进行教学任务起，到建国 20 年时，有大约 12 万名犹太移民在"乌尔班"中完成了希伯来语培训，而这对于一个新生的、随时面临着各种危机的新国家来说可谓是一个了不起的成就。

---

① Judah Matras, "The Jews population: Growth, Expansion of settlement, and Changing Composition", in Eisenstadt, ed., *Intergration and Development*, Praeger, 1970, p. 70.

② 诺亚·卢卡斯：《以色列现代史》，杜先菊、彭艳译，商务印书馆，1997，第 404 页。

　　1969 年后，又陆续有黑犹太人从埃塞俄比亚移民到以色列，1984 年以色列发动了"摩西行动"，1991 年，又发动了"所罗门行动"，将居住在埃塞俄比亚的 29000 名犹太人全部空运回以色列。苏联解体后，20 世纪 90 年代初有高达近 92 万名俄裔犹太人来到以色列，这批犹太人返回历史祖国的思想动力，同样来自犹太文化的观念。虽然无论在沙俄时期还是在苏联时期，犹太人都曾遭受到无法想象的磨难，但那种有可能导致这个民族灭亡的环境在当时却变成了对他们的一种考验。通过考验，这个民族精神振奋，焕然一新。[①] 回到以色列后，许多俄裔犹太人为了显示自己的民族身份，纷纷将俄罗斯名字改成犹太人名字。他们还接受了犹太民族的宗教服饰习惯，被称为"基帕"（kipa）的小圆帽时常会出现在俄裔犹太移民的头上。不仅如此，这批移民在以色列政府安置中心和专门为新移民设立的适应不同文化层次的希伯来语教学点，接受希伯来语语言、文学、宗教、历史和哲学等的强化训练，目标是在短时间内掌握希伯来语，以此迅速接纳一种以犹太文化为根基、兼容东西方文化特色的以色列国家文化，使自己及时融入以色列本土社会中。1992 年，就有 4 万多名俄裔犹太移民在不同教育机构学习希伯来语。[②]

　　由于以色列绝大多数犹太青年都要在军队服役，犹太文化作为军事教育的组成部分在民族构建的过程中也起到了重要作用。在军事教育中，凡受教育不满 8 年的士兵一般要接受三个月的希伯来语课程学习。另外，每一个战斗团都开设了文化和教育活动广泛的信息课程，犹太民族的历史、以色列土地等都是文化教育的主要内容。

　　以色列是一个熔炉式的国家，以色列社会是一个多样性、多层次的社会，东方文化与西方文化、历史传统与现代思潮、宗教氛围与科学精神交织在一起。多元化的社会结构以及典型的移民国家特征使国际社会普遍认为，影响以色列国家现代化的主要阻力已不仅仅在于经济发展，更重要的是民族构建能否成功。而在以色列建国后，正是犹太文化成为了凝聚不断涌入以色列定居的犹太人的凝合剂。

　　不同族群的犹太人通过语言学习、军事教育、共同的宗教和社会活动、婚姻等途径，消除了心理的隔阂，形成了一个崭新的犹太民族。目前，犹太社会

[①]　阿巴·埃班：《犹太史》，阎瑞松译，中国社会科学出版社，1986，第 61 页。

[②]　周承：《以色列新一代俄裔犹太移民的形成及影响》，时事出版社，2010，第 209 页。

中的阿什肯纳兹犹太人、东方犹太人的社会隔膜已不明显（见表 2-2），黑犹太人、俄裔犹太人也在以色列社会中也找到了自己的位置，因此可以说以色列的民族构建取得了阶段性的成功。

表 2-2　东西方犹太人愿意与对方为邻的情况变化（1981~2001 年）

态　度	群　体	1981 年	2001 年
愿意与对方做邻居的比例	东方犹太人	57.4%	88.6%
	阿什肯纳兹犹太人	89.1%	94.0%
不愿与对方做邻居的比例	东方犹太人	22.5%	11.4%
	阿什肯纳兹犹太人	3.9%	6.0%

资料来源：Ben Rafael, Eliezer and Yochanan Peres, *Is Israel One? Religion, Nationalism, and Multiculralism Confounded*, Koninklijke Brill, 2005, p. 118.

作为统一国家的象征，以色列的国歌、国旗和国徽也体现出犹太文化在民族构建中的基石作用。以色列国歌为犹太教拉比纳夫塔里·赫尔茨·伊姆贝尔创作的歌曲《希望》。该歌曲的曲调采用的是犹太民族的传统曲调，歌词全文是："只要我们心中，还藏着犹太人的灵魂；只要犹太人的眼睛，还望着东方的锡安山，两千年的希望，就不会化为泡影。我们将成为自由的人民，立足在锡安山和耶路撒冷。"以色列的国旗是由白底、蓝条、大卫盾组成。原为犹太复国主义大会的会旗，设计理念是犹太人祖祖辈辈使用的祈祷披巾。这一设计以最佳的方式体现了犹太人、犹太传统与旗帜之间的精神联系。以色列国徽的设计也充分体现了犹太人对于犹太民族历史的记忆。据认为，自从古犹大国亡于巴比伦帝国以后，犹太人浪迹天涯，是圣殿的七支灯台给那些无家可归、受尽磨难带来光明和慰藉。

（五）犹太文化的传承是以色列的核心价值观

以色列建国后，高度重视犹太文化，因为该国没有成文宪法，《独立宣言》便成为国家发展的根本原则。在 1948 年 5 月 14 日签署的《独立宣言》中明确指出，以色列的国土是犹太民族的诞生地，犹太民族的精神、宗教、政治认同在此行成。在以色列建国后，将对所有犹太移民开放，并根据古代以色列《先知书》的设想建设一个自由、公正与和平的国家。[①] 正是《独立宣言》以

---

① The Declaration of The Establishment of The State of Israel, Translation of the Declaration by Israel Ministry of Foreign Affairs, http://mfa. gov. il/mfa/Pages/default. aspx.

法律的形式确立了犹太文化作为民族构建的基石，以及社会核心价值观的主要依托。也是在犹太文化的主导下，以色列公民长期保持着强烈的国家危机意识。可以说，犹太文化在以色列建国后的60多年里，极大地增强了以色列的国家凝聚力，成为以色列生存和发展的保障。

现代民族国家的巩固和发展离不开国家核心价值观。国家核心价值观不仅是凝聚全民共识、维系国家认同的精神纽带，也是处理对外关系、塑造国家形象的思想坐标。没有核心价值观的凝聚与感召，一个民族就会精神涣散；一个"魂不守舍"的国家，人们有理由担心它究竟能走多远，走向何方。① 以色列社会在《独立宣言》的基本原则上形成了传承犹太文化的核心价值观，并体现在社会发展的各个方面。

1. 《回归法》的颁布与以色列建国后的新移民

以色列建国后，1950年7月5日，以色列政府颁布了《回归法》（Law of Return），把居住在以色列之外的犹太人称为"流散中的犹太人"，把移民以色列表述为"回归自己的祖国"。按照此法规定，所有的犹太人，无论其出生地如何，一概赋予在以色列定居的权利，因此《回归法》从理论上结束了犹太民族无家可归的流浪生涯。1970年，以色列国会又通过了《回归法》修正案，对犹太人的身份做出了法律上的认定。1970年《回归法》修正案明确规定，"犹太人"指的是"由犹太母亲所生或已经皈依犹太教，且不属于其他宗教的人"。不仅如此，修正案还将犹太人回归、移居和取得国籍的权利扩展到犹太家庭成员，包括其儿孙以及他们的配偶，除非他们信仰其他宗教。以犹太文化为基础的《回归法》的颁布，使以色列成为犹太人的精神家园和感情凝聚的圣地，也将守护全球犹太人作为以色列的至高国家利益和义务。

《回归法》为以色列带来了源源不断的新移民，从1948年至1972年有四次大的移民浪潮，1948年至1951年共75.48万人，1955年至1957年共16.5万人，1961年至1964年共21.5万人；1967年至1972年共17.68万人，到1972年底移民总数达130万～140万人。在1960年至1989年，犹太人移民平均每年约达1.5万人，大部分来自欧洲、北美洲和中美洲。而在1992年至1999年，年平均移民则约为7.3万人。②

① 石斌：《重建"世界之中国"的核心价值观》，《国际政治研究》2007年第3期，第11页。
② 庄国土、康晓丽：《以色列的侨务政策及对中国的启示》，《国际观察》2013年第6期，第57页。

虽然在安全和经济困难时，特别是 1948 年至 1951 年，以色列建国后迎来了最大规模的移民浪潮，而此时以色列也正经历着最痛苦的生存斗争——第一次中东战争，以色列为安置移民承受了巨大的压力，但以色列政府依然鼓励移民。1949 年，"魔毯行动"把也门的 5 万名犹太人全部接到了以色列，1950 年的"艾兹拉和奈赫米亚行动"使 12 万名犹太人从伊拉克移居到以色列，虽然移民带来了一时的困难，但源源不断的犹太移民的到来却也强化了犹太文化在以色列社会中核心价值观的地位。尽管根据对宗教的态度可以将犹太人分为四种，即极端正统派、正统派、保守派、世俗派，但他们对于犹太文化的经典和基本价值理念是共同认可的。在以色列人看来，犹太国家的含义至少有三层意思：犹太人是国家的多数民族，犹太人是国家领导者，犹太文明是国家政治、经济、文化的基石。[1]

2. 文化建设与犹太文化的传播

以色列非常重视以犹太文化为主题的博物馆建设，以色列国家博物馆、大流散博物馆、圣经地博物馆等以色列国内参观人次最多的博物馆都是以犹太文化的传承为核心的。以色列国家博物馆中最重要的展出是《死海古卷》，这份珍贵的文物记载着古代犹太文明的灿烂，该博物馆专门建立了独立的展馆对其保护。《死海古卷》在以色列被诠释为"重新回到它的拥有者手中"，从而强调了古代犹太国家与现代以色列之间的联系。[2]

另外，关于犹太文化的文物古迹也获得了很好的保护，在耶路撒冷，大卫王时期的城市遗迹被发掘，并且成为以色列的国家公园，以色列公民通过参观这一遗迹能够深刻认知到犹太人曾经在这片土地上建立过强大的国家及其先进的文明。除耶路撒冷外，犹太文化的其他重要城市，其文明遗产也被保存、恢复和彰显。在以色列北部城镇采法特，政府很好地维护了中世纪以来的犹太会堂，并同当地的犹太神秘主义艺术传统一起，成为当代以色列的宗教和文化艺术圣地。另一城市太巴列虽然没有像采法特同样丰富的犹太文化遗存，但以色列政府仍然通过考古发掘和文物保护，还原了犹太会堂及犹太文化在这一城市的历史存在，从而事实上确立了以色列国内重要旅游城市的太巴列，同时作为历史上犹太文化中心城市之一的地位。

---

① 张倩红：《以色列史》，人民出版社，2008，第 254 页。

② Charles S. Liebman, *Civil Religion in Israel*, University of California Press, 1983, p. 111.

在文学领域，当代希伯来文学是古老犹太民族文化传统、现代西方文化传统和以色列本土文化相互结合的产物。从历史传承的角度看，《圣经》中描述的犹太人在摩西的带领下走出埃及，沦为"巴比伦之囚"的犹太人返回锡安，与当代犹太人在犹太复国主义思想的感召下回归巴勒斯坦建立国家均重复着回归家园的主题；《圣经》中兄弟相残的故事在当代则从巴勒斯坦犹太人和阿拉伯人的冲突中体现出来；《圣经》中约书亚对迦南地的征服则让人联想到以色列的"独立战争"。在某种程度上，对古老宗教与文学经典做出带有世俗化意义的现代阐释，成为当代以色列诗歌和戏剧的一个重要渊源。著名诗人吉尔伯阿、阿米亥、古里和扎赫等分别沿用古老犹太传统文化中的人物和象征，融合当代思想，对古老的宗教传统进行解说。小说家兼戏剧家麦吉德、沙博泰、沙莱夫等汲取《圣经》中的神话来反映犹太人的当代体验。[①] 曾获得诺贝尔文学奖的著名小说家阿格农则多以传统宗教家庭为题材，赞美耶路撒冷的犹太社区，沉浸在传统宗教的世界当中。如小说《黛拉》描写的是一位名叫黛拉的虔诚教徒，居住在耶路撒冷老城，她恪守传统的道德规范，历经了漫长的痛苦和磨难，始终静静地等待着救世主的来临。

在艺术领域，来自保加利亚的犹太移民博瑞斯·斯哈兹教授在巴勒斯坦地区创办了第一所艺术学校——比扎莱尔艺术学校，并和他的学生们一起创造出一种基于犹太文化和适合犹太民族主义发展的艺术形式，被称为"东方希伯来"。斯哈兹和他的学生们把欧洲绘画技巧和中东装饰形式相结合，创作了许多以《圣经》故事为题材的绘画，最具代表性的是一幅古希伯来人在伊甸园中拖着一长串葡萄的油画和一幅希伯来妇女从古井中提水、先知们在一旁指着远山的道路的油画。他们的不少绘画作品都在以色列国家博物馆和其他博物馆展出，受到以色列民众的欢迎。

3. 日常生活与对犹太文化认知的强化

日常生活对于认知的强化至少分为两方面：意识层面和无意识层面。前者体现为对认知的宣传、体系的构造和思想的创新，后者体现为大众对政治意识、思想观念的接受、积淀，进而体现为一种无意识的心理。由此可知，日常生活是民众与社会互动、增强社会赋予其认知的最深刻的方式之一，而犹太文

---

① 钟志清：《当代以色列作家研究》，人民文学出版社，2006，第265页。

化在以色列民众的日常生活中也正是扮演着这样举足轻重的角色。

以色列工作与假期的时间安排和犹太文化紧密相关。以色列社会高度重视安息日，一年中每一个安息日因其日落的时间不同，公共活动的起止时间也不同。在安息日期间，以色列国内大多数营业场所和公共交通服务都被停止。2009 年以色列国内进行了一次调查，在调查中，有 70% 的人在逾越节期间不食发酵食物，80% 的人认为按照宗教规矩过犹太节日重要或者非常重要，61%的人支持公众生活应该按照犹太教规执行。[①] 犹太历法在以色列社会中的影响也很广泛，大屠杀纪念日（尼散月 27 日）、烈士纪念日（以珥月 4 日）、以色列独立日（以珥月 5 日）等世俗节日也用犹太历法计算。

按照传统，宗教机构垄断了"卡什鲁特"（犹太饮食法），凡宗教机构认定的"洁净"食物，犹太人才能食用。宗教机构还包办了犹太人的婚丧嫁娶，结婚虽然不是宗教活动，也没有固定的宗教仪式，但规定由宗教人员主持的婚礼，才是合法的婚礼，由宗教人员当众向新娘宣读的婚书，才是有效的婚书。出于犹太人的民族一体感，就是最激进的左派也会为他的儿子举行带有浓厚宗教色彩的割礼和受诫礼，犹太人最担心死后不能葬入犹太公墓，成为孤魂野鬼，因此，必须请拉比来做临终祈祷。[②] 正是由于犹太教的拉比掌握这一切，给予了宗教机构以巨大的权力，为其干预社会生活提供了条件。

而在司法领域，以色列有严格的司法体系与制度，其司法体系分为三大类：普通法院、专门法院、宗教法院。宗教法院系统包括犹太教法院、穆斯林法院、基督教法院和德鲁兹族法院。由政府拨给经费，负责审理与宗教有关的诉讼案。宗教法官和职员是国家官员。其中，以犹太教法院的影响最大，它包括由两位首席拉比领导的最高犹太教法院以及全国 9 个地方设置的拉比法庭，共有 90 名法官。依据犹太律法，审理涉及犹太人个人身份、婚姻事务的诉讼案。以色列的刑法和民事法都以《妥拉》《塔木德》中的律法和中世纪犹太人社团的一些法规为基础，因而以色列的法律条文实质上体现了很强的犹太教权主义精神。[③]

犹太文化在教育领域也占据着重要的地位。以色列国立教育分为世俗教育

---

① 王宇：《犹太教在以色列的社会影响力上升》，《世界宗教文化》2012 年第 4 期，第 65 页。

② 徐向群、余崇健主编《第三圣殿以色列的崛起》，上海远东出版社，1994，第 125 页。

③ 黄陵渝：《论犹太教对以色列国法律的影响》，《科学与无神论》2005 年第 4 期，第 48 页。

和宗教教育两个体系，近年来各城市的宗教学校学生数量明显增加，而世俗学校在校生数量却有所减少。2011 年以色列的在校生总数为 114.84 万名，比 2010 年的 113.98 万名有所增加，但国立世俗学校的在校生人数却有所下降，从 2010 年的 66.27 万名降为 66.04 万名；而国立的宗教学校的入学人数则有 0.9% 的增长，从 2010 年的 20.74 万名增加到 20.93 万名；自以色列建国以来，在正统派犹太教学校学习的学生人数更是呈几何级增长，近年这个趋势愈演愈烈。在 1948 年时正统派学校仅有 5000 名学生，到 1998 年有 20 万人，2011 年达到 23 万人，比上一年增长 3.76%。目前在以色列的国立宗教学校与正统派犹太教学校就读的在校生共计约 44 万人，占以色列全国在校生的近五分之二。①

在此基础上，以色列犹太宗教社团的既得利益远超其他任何利益集团，享有很多特权，如宗教学校的学生免服兵役；信教的女性免服兵役；经学院学生不工作、不纳税，而享受国家补贴等。1994 年 1 月，时任工党联盟外长的佩雷斯在接受法国《世界报》记者采访时曾说道："以色列最大的威胁不是军事入侵，而是文化侵略……在一些年轻人看来，世界上最有声望的妇女不是以撒之妻，而是麦当娜。"对犹太文化式微的忧患意识，使以色列政府与犹太教拉比们达成了心照不宣的谅解。从政府一方来说，只要拉比们不过于咄咄逼人，不过分制造麻烦，他们乐于鼓励拉比们在社会中扮演的"卫道士"角色。政府把正统派犹太教视为犹太传统文化的真正继承者和集中表现者，视为犹太民族的精神支柱。由此看来，政府对正统派拉比们的所谓让步，并不完全是被他们敲打的结果，有时甚至是政府暗中鼓励的结果。②

（六）犹太民族的历史是以色列民众国家危机意识的主要来源

以色列建国后，长期面临着生存和战争的考验，与周边阿拉伯国家相比较，"人少地狭"的以色列在不少客观条件上处于完全的劣势。为了应对这一现状，除去保持强大的军事力量外，民众的国家危机意识至关重要。以色列政府通过强化大屠杀、民族流散等历史在社会中的认知，成功培育了以色列民众的国家危机意识。

---

① 王宇：《犹太教在以色列的社会影响力上升》，《世界宗教文化》2012 年第 4 期，第 65 页。
② 杨曼苏主编《今日以色列》，中国工人出版社，2007，第 63 页。

1. 对大屠杀历史的深刻反思

20 世纪三四十年代德国纳粹对犹太人的屠杀，在人类历史上是惨绝人寰的。纳粹对犹太人的迫害可分为三个阶段：第一阶段从 1933 年希特勒夺取政权到 1939 年第二次世界大战爆发；第二阶段从 1939 年到决定"最后解决"的 1941 年；第三阶段从 1941 年到 1945 年，德国人在所有的占领区开始灭绝犹太人。1933 年 3 月，发生了第一次杀害犹太人的暴行，接近 1935 年底时，有 8000 名犹太人自杀，而在第二次世界大战期间，大约有包括 150 万名儿童在内的 600 万名犹太人被杀害。[①]

大屠杀作为一场民族灾难和集体记忆，强化了不只是幸存者而是整个犹太民族的忧患意识。以色列建国后，以色列政府和社会高度重视对大屠杀的深刻反思，1952 年，大屠杀日被确定下来，也是在同一年，为大屠杀事件设立纪念日的日期选择在犹太历尼散月 27 日（约在公历 4 月）。这一日原是第二次世界大战期间华沙犹太"隔都"（Ghetto）中犹太人起义的日子。每年当这一纪念日来临时，以色列的电视广播会停止一切娱乐节目，全国娱乐性服务设施关门歇业。最先举行的是点燃长明火纪念仪式，悼念惨遭纳粹屠杀的 600 万犹太人。仪式开始时，会有 6 名曾被关押在奥斯威辛集中营的幸存者点燃象征遇难者亡灵的长明火，每一支长明火代表 100 万个亡灵。上午 10 时整是举国哀悼的时刻，这时汽笛声响彻整个国家，民众会停止手中的一切工作，繁忙的城市一时间安静下来，行驶中的车辆会及时停下，乘车人会跳下汽车，肃立默哀。全体犹太人以静默方式参与对大屠杀的纪念。[②]

同时，以色列也建立了耶路撒冷大屠杀历史纪念馆，并且形成了以大屠杀历史纪念馆为核心的全国大屠杀教育网络，有遍布全国的大屠杀教育馆或教育中心，每个犹太孩子一懂事就被带到那儿接受教育。[③]

不仅如此，1953 年 8 月 19 日，以色列议会正式通过《亚德·瓦谢姆法》，也称《纳粹大屠杀与英雄主义纪念法》，声明其目的在于"将所有那些在……战斗与反抗中遇难的犹太人的记忆集中到故土上来……因为他们皆属于犹太民族"。这部法律的出台表明，英雄主义和民族精神被以国家法律的形式抬高到

---

① 虞卫东：《当代以色列社会与文化》，上海外语教育出版社，2006，第 58 页。
② 徐新：《论犹太人铭记大屠杀的方式》，《南京社会科学》2006 年第 10 期，第 47、48 页。
③ 冀开运：《犹太民族的危机意识与中东和平进程》，《西亚非洲》2001 年第 5 期，第 11 页。

与大屠杀本身同等的地位。

1960 年 5 月，以色列特工人员逮捕了纳粹屠杀犹太人的战犯艾希曼，以色列政府随即决定对艾希曼进行公开审判，由此唤起以色列民众对大屠杀记忆的反思。经过一年的烦琐查证，对艾希曼的审判在耶路撒冷开庭，并持续了四个月，之后，法庭又花了四个月时间准备判决，最后于 1961 年 12 月宣布了判决。艾希曼向最高法院的上诉失败了，国家总统也拒绝给予他仁慈，于是，艾希曼于 1962 年 5 月 31 日被处死。在整整两年中，从他在阿根廷被捕获时开始，到他的骨灰被抛洒在以色列领海之外，"艾希曼"占据和支配了以色列公众的注意力。

对艾希曼的审判唤起了犹太人对大屠杀历史的反思，也使曾经受到压抑的民族精神凝聚了出来。艾希曼在灭绝欧洲犹太人时起着关键作用，因此这一审判使以色列公众好像通过显微镜目睹了对疯狂的纳粹帝国的追踪调查。对纳粹的主要刽子手的审判是一种成熟的民族精神的有效催化剂。看到艾希曼按犹太国法律受到审判，不仅老一代犹太人和年轻人都能够直接体会到以色列民族主义的合法性，而且极大地增强了以色列公民的国家危机意识。

2. 对犹太民族流散经历的高度重视

在犹太民族的历史中，耶路撒冷圣殿的被毁以及马萨达抵抗的失败，都是犹太民族失去故土、进入流散时期的标志。建国后，以色列政府有意凸显古代犹太国家的辉煌与两千年离散史和苦难史的对比，从而培养以色列民众的国家危机意识，在危机面前，犹太民族唯有凝聚起来，才能保卫和建设自己的家园。

公元 70 年，罗马帝国镇压了犹太人的起义，攻破了耶路撒冷，放火焚毁了犹太人的第二圣殿，只留下了圣殿的一堵西墙。1967 年以色列占领东耶路撒冷后，每个安息日来临之时都有大批犹太人前往西墙，以色列政府也会在重要节日（如独立日等）时，在西墙下举行盛大的国家仪式。

公元 70 年耶路撒冷失陷后，近千名犹太人退守到死海西岸的马萨达要塞，在那里坚守了三年时间，最后，在寡不敌众的情况下集体自杀，全部壮烈牺牲。早在 20 世纪 30 年代，巴勒斯坦地区阿拉伯人的反抗情绪便逐渐加重，英国委任当局也开始偏向阿拉伯人，犹太人处于内忧外患的困境之中，民族危机意识也随之高涨，许多有志青年及学生在这种"救亡图存"的民族主义鼓动之下，陆续踏上征途，深入地处荒野的马萨达进行朝拜。从 1930 年至 1948 年，据不完全统计，各类青年运动对马萨达进行了上千次的集体朝拜。[①] 建国后，在以色列政府看来，马萨达的英勇抵抗成为犹太民族 "宁死不愿做奴隶" 英雄气概的象征，因此，马萨达不仅得到了很好的保护，而且和耶路撒冷的西墙一样，成为重大活动的举办地。在以色列，所有适龄青年男女都要去军队服役，而在入伍之前，每一位新兵都要前往马萨达进行入伍宣誓。不仅如此，以色列在该遗迹旁修建了大型文艺表演的场地，不少一流的文艺演出都在这里举行。可以说，如同当年被罗马帝国包围那样，以色列把自己看作一个 "扩大的马萨达堡"，被层层敌对势力所包围。一些国家为了消灭它，层层围困，轮番攻击，马萨达进行着一场存在和反存在的殊死斗争。[②]

凝聚力就是维系社会生存的最基本的组织力量，它是吸引力和稳定力，其主要功能有两方面：一是聚合放大功能，把分散的个人力量聚合为整个组织的力量和社会的力量，产生出远远超出个人和小组织力量总和的巨大力量，并演绎出丰富又复杂的社会组织现象和组织效应；二是稳定功能，它能使社会成员团结一致，减少和消除不健康的分裂和冲突，从而使组织成为稳定的结构。进一步说，凝聚力是能驱使人们朝着确定方向前行的力量，当人们对能得到的东西或组织目标的兴趣和爱好体现得相当浓厚时，它们便会产生对人的吸引力，这种力量一经形成就会吸引人们向目标不断前进。一个民族、社会和国家也首先是一种组织、是一个共同体，也必然需要有维系支撑其存在和发展的凝聚力。[③] 可以说，国家凝聚力是综合国力的重要体现，它的作用绝不亚于经济、科技和军事实力所起的作用，是一个国家稳定、发展，以及开展公共外交的基础。[④]

以色列政府及建国前的犹太复国主义组织、犹太代办处等，都非常重视犹太民族历史与文化对于犹太民族和以色列的凝聚力。犹太复国主义组织通过对

① 艾仁贵：《 "马萨达神话" 的建构与解构：一项集体记忆研究》，南京大学硕士学位论文，2011，第 59 页。

② 徐向群、余崇健主编《第三圣殿以色列的崛起》，上海远东出版社，1994，第 279 页。

③ 章忠民、张亚铃：《国家凝聚力的构成及其矛盾张力探源》，《马克思主义研究》2012 年第 1 期，第 124 页。

④ 都永浩、王禹浪：《论民族意识与国家、国民意识的关系——兼论国家凝聚力的重要性》，《民族研究》2000 年第 3 期，第 1 页。

犹太国家的历史记忆凝聚了流散状态下犹太人的民族精神，唤起了他们对于建立国家的渴望。同样是通过强化犹太文化在巴勒斯坦地区犹太移民中的作用，犹太移民社团在巴勒斯坦不断壮大，成功地应对了自然环境、英国殖民当局和阿拉伯人的挑战，建立了一个新的国家。建国后，犹太文化仍然作为以色列国家凝聚力的重要依托，发挥着极其重要的作用。犹太文化推动了以色列完成民族国家的初步构建，在社会层面也起到了核心价值观的引领作用。面对"群敌环伺"的生存环境，同样是对犹太历史文化的重视使得以色列民众长期保持着对国家的危机感。不仅如此，犹太民族历史与文化为以色列开展公共外交提供了感情纽带与重要理念，成为以色列进行文化外交、媒体外交以及对美公关外交的重要资源。

二　提升国民素质，进而扩大公共外交的社会基础是以色列公共外交的重要理念

当前，国民素质已成为各国经济增长、社会发展以及公共外交能力的决定性因素，而教育作为培养高素质人才这一国家软实力基础的最重要方式，在以色列这个自然资源匮乏的国家得到了政府的高度重视。不仅如此，以色列有着中东国家中最为发达的智库体系，智库作为以色列软实力资源的重要组成部分，教育的发展是其运转的保障。

（一）以色列政府的教育政策

以色列是一个移民国家，犹太移民往往因为其原居住地不同而有着不同的教育方式。为了促进教育发展、提升国民素质，建国以来以色列政府制定和推行的教育政策起到了极其重要的作用，在基础教育和高等教育领域都获得了显著的效果。

1. 基础教育

在教育过程中，基础教育对提高国民素质、培养各类人才起着奠基性作用，已受到各国的日益关注。在联合国教科文组织的政策文本中，基础教育被认为是促进社会转型和公民可持续发展的关键举措。

以色列建国后，尽管国家经济还处在起步的阶段，但时任总理本·古里安一再强调强制的免费教育必须是由议会通过的第一批法律，尽管建国后第二天就爆发了战争，但战火中的本·古里安也没忘把只有两个人的教育部留在后方起草《义务教育法》。在政府的高度重视下，在 1949 年，《义务教育法》便作为第一部教育法律得到颁布。该法律规定政府为年龄在 5 岁到 15 岁的学生提供免费的义务教育，内容不仅包括每一学科的学习，还包括对学生的健康和营养的责任。教育法的颁布，使以色列入学学生人数由 1948 年的 10 万名增加到 1957 年的 50 多万名。① 到了 1970 年，《义务教育法》通过修改，把教育年限扩大为 13 年。

而在教育方式的制定中，基布兹的教育原则产生了重要的影响。于是在以色列的基础教育中，形成了"集体对每个儿童负责，无论天赋如何，每个孩子都应该获得相同的基本教育；父母与教师共同分担教育责任；教学中采用专题教育方法，而不是分学科教学；培养热爱劳动的观点"② 等基本原则。

1953 年，以色列政府又通过了《国家教育法》，加强了国家对于中小学教育的管理和监督，将中小学教育处于国家的统一领导和管理下。本·古里安对《国家教育法》的评价是，"在我们国家中有两部特别重要的法律，因为它们确定了以色列国的主要目标，一部是《回归法》，授予世界各地的犹太人有权利回到以色列，另一部就是《国家教育法》，在以色列的历史上，与以色列成立的 1948 年 5 月 14 日这一个重要的日子能够相提并论的纪念日很少很少，然而颁布《国家教育法》的那一天在我们的历史上就是非常值得纪念的"③。1968 年，以色列又颁布了《学校督导法》，明确规定学校的开办和运营必须获得国家的办学许可证。

可以说，政府完全主导基础教育为以色列提升国民素质确立了保障。经过 60 多年来教育政策的实践，以色列已建立起一套切合国情、相对完善的基础教育体系。

第一，以色列是为数不多的把学前教育也作为义务教育组成部分的国家之一。以色列《义务教育法》规定年龄在 5 岁以上的儿童进入幼儿园，享受政府提供的免费和义务教育。为了减轻家长负担，使更多的适龄儿童能够尽早进入正规的学龄前教育体系，教育部在 2000 年又通过议会教育文化委员会提出修改《义务教育法》的提案，将儿童接受义务教育的年龄从 5 岁提前到 3 岁，

---

① Iram Yaacov, *The Educational System of Israel*, Greenwood Press, 1998. p. 22.
② 俞新天：《教育立国——以色列现代化建设的重要经验》，《世界历史》1992 年第 5 期，第 72 页。
③ O. Ichilov, *The Retreat from Public Education*, Springer Science Business Media, 2009, p. 66.

这项法律的修改又使 5.6 万名属于弱势群体的儿童受益，2001 年，受益儿童更是扩大到 7.8 万人。

通过将学前教育纳入义务教育，以色列政府可以通过教育政策直接影响学前教育。政府制定的学前教育政策，特别强调教育儿童学习基本的生活和社会技能，灌输社会和国家价值观念，鼓励儿童建立伙伴关系、形成独立人格以及帮助他人，学会尊重他人，区分和接受他人的共同点以及不同之处。

第二，在中小学教育中，价值观教育同样占据着显要的地位。《国家教育法》中明确规定，要教育学生做一个忠诚于以色列国的公民；要向学生灌输以色列《独立宣言》的原则内容，即犹太国家和民主国家精神；向学生传授有关以色列国土以及以色列国家的历史知识；向学生传授有关犹太《圣经》、以色列人民以及以色列遗产和犹太传统的知识；教育学生熟悉在以色列的阿拉伯人的语言、文化、历史、遗产、传统以及其他少数民族的语言、文化、历史、遗产以及他们独特的传统。[1] 在基础教育课程中，占世俗初中 30% 课时、世俗高中 16% 课时的历史、地理、人文和社会研究课程中均有涉及价值观的内容[2]，这样就将价值观渗透在基础教育的日常教学中，学生在学习文化课的同时有也受到价值观潜移默化的影响。不仅如此，以色列教育部同时要求学生在书本之外要有足够时间接受价值教育，教育部规定学校每周必须用 1 小时教授以色列文化历史遗产，这个时间不允许用来补习专业知识。

第三，注重创新思想培育和科学技术知识的素质教育是以色列基础教育的重要政策。在以色列，小学四年级后，教师会要求学生写小论文。学生通过查阅相关参考书和图片，之后在教室进行讲解、讨论。通过该方式，既培养了小学生独立思考的能力，又使他们学到了其他同学的有益见解，从而开阔和深化了自己的认识。中学老师也会结合所上课程布置专题，让学生认真准备后进行讨论。讨论时课堂变成了"小议会"，每名学生都会提出自己的观点，争论激烈。在科技学习方面，根据年龄和接受能力的差别，教育部分别编制了适应基础教育各阶段的科学技术教育大纲。其中在中学阶段，学校会开设各种技术课程，通过学习，会较早了解到材料加工、制图、电子、电力等方面的知识，利于兴趣的培养。不仅如此，在初中阶段，也会有关于"以色列工业和国民经

---

[1]　以色列《国家教育法》（1953 年通过，1999 年修正文本）。
[2]　李世宏：《以色列基础教育发展特点分析》，《外国中小学教育》2003 年第 2 期，第 19 页。

济"的课程，从而拓宽学生对经济发展和国家建设方面的知识。高中科学教育大纲则明确要求，要促进学生对科学和技术作为人类文化一部分的认知，开发学生对科学、技术和社会之间相互作用的认识。① 而在高中毕业之后，以色列的学生通常会去先服兵役，数年的军队历练会让学生通过独立思考来决定今后如何安排自己的学业和工作。

第四，在以色列的基础教育中，特殊教育占有极为重要的一席。1988 年 6 月，以色列国会通过了《特殊教育法》，规定政府向 3 岁至 21 岁残疾儿童及青少年提供免费义务教育，并设置了"安置委员会"和"申诉委员会"两个重要机构来负责残疾儿童的入学安排。② 根据这部法律，特殊教育的目的在于促进具有特殊需要的儿童技能和能力的发展，帮助他们获得知识、技能和日常生活能力，使他们获得社会行为能力，从而使他们最终融入社会，成为社会需要的劳动力量。2005 年，接受基础教育的 140 万名中小学生中包括了就近 4 万名接受特殊教育的学生，约占中小学生总数的 2.85%。③ 在这些有所缺陷的国民中，盲生全部都在普通学校学习，因此以色列没有专门的盲校。而聋生的 80% 都在普通学校就读，15% 在普通学校附设的特殊班学习，只有 5% 的聋生在特殊学校学习。④ 在采用一体化策略将具有特殊需要的儿童尽可能安置在普通学校的同时，以色列政府特别强调要帮助普通学校的教师在观念上和技能上做好准备，以适应这些不同学生的需求。因此，有各种专业人员向普通班的教师提供必要的帮助。

在以色列，鼓励接受特殊教育的学生在能力所及的情况下和普通学生共同学习，对于提高这些学生融入社会的能力有着重要的帮助。在财政上，政府也大力支持特殊教育，2005 年以色列全国教育经费为 55 亿美元，其中特殊教育的经费预算就占到了 5.5 亿美元。⑤

第五，虽然基础教育在法律和政策的保障下得到了很好的发展，但以色列政府始终对基础教育有着强烈的危机感。2004 年，教育部委托由关心教育的

---

① 陈腾华：《为了一个民族的中兴：以色列教育概览》，华东师范大学出版社，2005，第 75 页。
② 邸敏：《以色列〈特殊教育法〉及其实施》，《教育与职业》1993 年第 5 期，第 21 页。
③ 陈腾华：《为了一个民族的中兴：以色列教育概览》，华东师范大学出版社，2005，第 93 页。
④ 兰继军、蓝岚：《以色列发展特殊教育的经验》，《中国特殊教育》2006 年第 2 期，第 93 页。
⑤ 兰继军、蓝岚：《以色列发展特殊教育的经验》，《中国特殊教育》2006 年第 2 期，第 91 页。

经济和法律专家、商界人士、社会知名人士共 18 人组成了德夫拉特委员会[①]，他们通过调研做出了基础教育的改革计划——"德夫拉特计划"。该计划得到了以色列政府内阁批准并推行。在德夫拉特委员会看来，教育是社会的基石，是文化和民族团结的基础，是国民经济最重要的支柱，也是影响个人未来成功并获得成功机会的重要因素。以色列是自然资源有限的小国，以色列的发展离不开高水平的人才，经济发展主要依赖高科技。为每个公民提供优质教育是促成社会平等的重要手段，能打破贫困的恶性循环，为国民提供更多选择机会，促进社会流动。[②] 其主要内容包括：注重每个学生的发展；延长教学时间，给予学校更多自主权；提高教师专业性和地位；提高校长的专业性和地位；重组教育系统，强化问责制和透明度；集中教育资源，编制充足和公平的教育经费等。[③]

2. 高等教育

1948 年建国之初，以色列进入高等教育机构学习的人口极少。在大量移民进入以色列以及国家进入相对稳定的建设阶段后，以色列高等教育产生了一个数量与质量的飞跃。20 世纪 50 年代中期到 60 年代中期，在原有的耶路撒冷希伯来大学和以色列理工学院、魏茨曼科学研究所和少数的专业学院的基础上，高等教育理事会批准建立了特拉维夫大学、巴伊兰大学、海法大学和内盖夫本·古里安大学（见表 2－3）。20 世纪 70 年代，为了适应大量在职人员的学习需求，公开大学应运而生。在各类高等教育院校接受教育的人数（含非学历进修人员）从 1949 年 1635 人的基础上逐年大幅度上升。1960 年，高等院校在校人数达到 9275 人，1970 年达到 35374 人，1980 年达到 54480 人，1990 年达到 67770 人。[④] 20 世纪 90 年代，随着求学人口的迅速增加，一大批地区学院、专业学院和师范学院相继组建，到 1998 年时，学生人数已达 15 万人。[⑤] 当前，在高教体系中，实际上可以分为五种教学机构。分别是研究型大学、开发大学、师范学院、地区学院和来自国外的学术机构。

---

① 什洛莫·德夫拉特，以色列社会知名人士，该委员会以其为首，所以以其姓氏命名。

② 邓莉：《21 世纪以色列基础教育改革研究》，华东师范大学硕士学位论文，2014，第 28 页。

③ *Dovrat Report 2005.*

④ 宋陶立：《以色列高等教育研究》，河南大学硕士学位论文，2011，第 14 页。

⑤ Nissan Limor, "The Higher Education System in Israel," *International Higher Education*, Spring, 1999.

表 2 - 3　以色列 7 所研究型大学及建立时间

校　名	建校时间
以色列理工学院	1924 年
耶路撒冷希伯来大学	1925 年
魏茨曼科学研究所	1934 年
巴伊兰大学	1955 年
特拉维夫大学	1956 年
海法大学	1963 年
内盖夫本·古里安大学	1969 年

资料来源：以色列各大学官方网站。

2004 年时，以色列在高校学习的学生达到 24.5 万人，其中攻读本科学位的学生约占 19.1 万人，攻读硕士学位的学生占 4.3 万人，攻读博士学位的学生占 9000 人。[①] 截至 2011 年底，全国人口仅 730 万人的以色列，拥有能够授予本科以上学位的高等院校多达 67 所。其中有 7 所大学、1 所开放大学、36 所专业学院和 23 所师范学院。高等教育系统不断扩大的最显著的结果就是高等教育机构的入学率大大增长。各高等学院和综合性大学的毛入学率从 1991 年的 22.9% 增长到 2000 年的 36.1%。数据显示，以色列高等教育体系的不断扩大不仅满足了不断增长的入学群体，也为高等教育多提供了近 50% 的实际入学机会。正因如此，将近 90% 参加大学入学考试的学生最后都进入了高等教育机构进行深造。在进入大学学习的总人数中，综合大学所占的比例不到 60%，而教师教育学院、其他高等教育机构的学生所占比例急剧增加。而在 2010 年至 2011 年度，据统计，共有 125000 名学生在综合大学，96700 名学生在专业学院，以及 30000 名学生在教师教育学院学习，此外，还有 46000 名学生在开放大学学习。因此，综合大学在读学生所占比例已经降低到 41.99%，而专业学院、师范学院的在读学生比例则分别达到 32.48% 和 10.08%。[②]

1958 年，以色列颁布了《高等教育理事会法》，这部法律在以色列的高等教育政策中具有指导意义。根据该法律规定，当年成立的以色列高等教育理事会是高等教育的最高管理机构。其成员由教育部长提名，经政府内阁批

① 陈腾华：《为了一个民族的中兴：以色列教育概览》，华东师范大学出版社，2005，第 99 页。
② 姜勇：《以色列高等教育体制改革的变迁与启示》，《高教探索》2013 年第 5 期，第 74 页。

准后报请总统任命。一届任期为 5 年，在任教育部长为主席。根据《高等教育理事会法》，教育部虽不是高等教育的管理机构，但在某些领域，教育部与高等教育之间也发生着某些联系。如教育部部长也是高等教育理事会的主席，这有利于教育部长协调各类教育的相互衔接和配合，促进教育的整体发展。

在以色列《高等教育理事会法》中，以色列的 7 所研究型大学均定位为具有国际影响和国际化的大学。特拉维夫大学校长在其大学董事会年会上明确指出，以色列的大学与牛津、剑桥和哈佛相比还不在一个层次，但是其任务是要把大学办成一个灯塔，为国家发展塑造形象。本·古里安大学则高举已故总理本·古里安的旗帜，遵循本·古里安"以色列未来的发展在内盖夫沙漠"的遗训，提出"内盖夫—新以色列"的口号，并确定加强教育体系的重点在于拉近社会距离、提高内盖夫贝都因人素质、吸引更多年轻人参与内盖夫建设。目前，以色列政府在高等教育方面的开支为 GDP 的 1.7%，这在发达国家中排名第二，仅次于美国。[1] 至 2012 年，以色列 7 所大学中的 3 所在学术领域已跨入世界大学前 100 强，其中 4 所大学的计算机科学专业跻身世界大学前 30 名。内塔尼亚胡总理针对以色列大学在学术上跨入世界大学 100 强发表评论时指出，由他领导的以色列政府将会继续对从幼儿教育到高等教育的以色列教育事业加大投资。[2]

和基础教育主要资金来源于政府开支不同，在政府高度重视高等教育的带动下，来自校友、企业、基金会或国际友人的捐赠，已成为以色列高等院校获得资金的重要来源，也代表了最重要的社会力量的投入。在以色列高等教育的预算当中，有一半的资金是来自公共基金，而 15% ~ 20% 出自学生自己所缴纳的学费，另外 10% 来源于国有企业、公益团体以及个人的广泛捐助，其余则由社会中的各类私营部门支付。在以色列的大学里到处可以见到以捐款者名字命名的各类建筑。许多有名望的企业家、科学家、学者在某一领域取得巨大科研成果成为母校光荣的同时，往往会在自己曾经接受过良好教育的母校设立基金或奖学金以资助贫困和优异的学生。

---

① 何慧敏：《以色列高等教育体系研究》，《教书育人》2012 年第 3 期，第 23 页。

② "Hebrew University, Technion and Weizmann on List of World's Top 100 Academic Institutions," *The Jerusalem Post*, August 16, 2012.

以色列政府认为，教育发展的关键取决于教师，教师的质量决定了整个教育的水平。所以，历届政府都十分重视师范教育的发展，加强对教师的培训。早在1963年，以色列教育部就在调查研究的基础上实施了师范教育的改革，建立了3年制的师范学院，并要求师范学院的工作人员至少应该获得大学的硕士以上学位及2年小学教学经验，班级授课教师要求获得教育或心理学硕士学位及5年小学教学经验。不仅如此，为提高教师的业务水平，师范学院设立各种短期与长期培训班来培训教师，特别是培训那些教学水平较低的人员，并鼓励有经验的教师出国进修。

职业教育作为高等教育的组成部分，在以色列也发展迅速。为提高国民素质，以色列政府设立了各类专业学院，对于未满18岁且未完成初等教育的青少年，要求必须参加专门的补习班，同时鼓励学生及成人选修经济发展所急需的相关课程，如电脑培训、企业管理、市场策略等，职业培训教育的发展培养了大批各类技术人才。为了继续推进人才培养提高其受教育程度、提升社会公民总体素质、提高工业水平，由以色列政府主持和倡导，通过教育部创办了公开大学，并在全国各地设立了诸多教学中心，分别接纳中学水准以下、中学水准及大学水准的学员，每个学员无论级别年龄都有接受相应导师指导的机会。公开大学的教学中心通常设有齐全的图书馆、实验室及其他教学设备，为多种学位培训和职业培训创造了较好的学习环境。公开大学及职业教育的设立，在供应合格的工业工程师及技术人才方面充当了人才储备库的作用，为发展经济同样培养了大批实用人才。

总体而言，以20世纪60年代为例，以色列的教育预算平均占国家预算的11%，仅次于国防预算，自70年代以来，以色列的教育经费一直未低于GDP的8%，1995年达到9.5%，中共政府投资占每年教育经费的65%，其余都来自地方政府和其他渠道，地方政府每年预算的40%～50%都用于教育。① 2000年，以色列教育投资总额占当年国内生产总值的10.1%（见表2-4），远远高于经济合作与发展组织30个成员国教育投资的平均比例。据以色列中央统计局的报告显示，按所占国内生产总值的比例计算，以色列教育预算高于当今世界所有发达国家，名列世界第一位。

---

① 姚大学：《以色列教育面面观》，《当代世界》2007年第7期，第59页。

表 2 - 4　以色列教育经费占 GDP 的比重

年　　份	比重（%）
1990	8.5
1992	8.6
1994	9.3
1996	10.1
1998	10.1
2000	10.1

资料来源：虞卫东：《当代以色列社会与文化》，上海外语教育出版社，2006，第 319 页。

（二）教育发展提升了以色列国民的科学文化素质

国民科学文化素质，主要指国民通过学习、实践的积累而获得的科学文化知识容量，以及由此进一步形成的知识体系和智力结构。它是国民的文化知识、科学技术水平、劳动技能、经营管理才能等的总称。以色列自然资源贫乏，可以说其国民所拥有的知识、能力和创造力等科学文化素质是以色列发展最大的资源。

以色列是全球国民受教育程度最高（国民获得大学本科学历的比例最高）的两个国家之一（仅次于加拿大），46% 的人完成了高等教育（OECD 成员国平均值为 31%），其 14 岁以上公民平均受教育达 11.4 年，这一水平与同期的美国、英国相等，法国、匈牙利为 10 年，而瑞士、日本等国只达到 9 年[1]；在学历方面，以色列每 1 万名劳动力中取得理工科硕士和博士学位的为 7 名，而英国为 5.3 名，美国为 4.8 名，加拿大为 3.3 名，日本为 2.6 名，德国为 1.9 名[2]；思想文化方面，以色列共有报纸 29 种，平均每百人拥有 21 份报纸，各种杂志和刊物多达 890 种。全国公共图书馆和大学图书馆有 1000 多所，平均不到 4000 人就拥有一座公共图书馆。有大小博物馆 120 个（其中包括国家级博物馆 8 个），每年参观人数近 1000 万；[3] 在艺术方面，以色列被公认为世界上音乐水平最高的国家之一。据 1990 年的统计，以色列已拥有数十个音乐团体和机构，其中包括 17 个交响乐团、7 个合唱团和 1 个歌剧团，一年中举办

[1]　杨春霞：《以色列："教育立国"之路为何走得如此坚定》，《外国教育研究》2002 年第 8 期，第 20 页。
[2]　赵伟明，《以色列经济》，上海外语教育出版社，1998，第 35 页。
[3]　李芳洲、姚大学：《以色列教育发展与现代化》，《西亚非洲》2007 年第 12 期，第 37 页。

了 327 场不同形式的音乐会和歌剧演出[①]，在耶路撒冷和特拉维夫等大城市，几乎每天都有音乐会上演，以色列爱乐乐团在世界享有盛誉。与周围的阿拉伯国家相比，以色列在国民的科学文化素质上更是遥遥领先。

从工作岗位对科学文化素质的要求上看，以色列每 1 万名工作者之中平均有 135 名工程师和科学家，超过美国的每万人中有 85 人的水平[②]，是全球人均工程师和科学家数量最多的国家。此外，在人文社会科学领域，每 1 千人中就有 9 人从事研究工作，人均发表学术论文数量居于全球首位，每 1 万人里有 109 篇。

作为国民科学文化素质水平的标志之一，仅有近 800 万人口的以色列，一共有 11 位公民获得过诺贝尔奖，其中有 2 名经济学奖（2002 年卡内曼、2005年奥曼）、1 名文学奖（1996 年阿格农）、3 名和平奖（1978 年贝京、1994 年拉宾、佩雷斯）和 5 名化学奖得主，而获得诺贝尔化学奖的 5 位科学家全部是在以色列接受了完整的高等教育，2004 年诺贝尔化学奖获得者阿龙·切哈诺沃和阿夫拉姆·赫什科，一位博士毕业于以色列理工学院、另一位则在希伯来大学获得博士学位，2011 年诺贝尔化学奖得主丹·舍特曼博士毕业于以色列理工学院，2009 年诺贝尔化学奖得主阿达·约纳特、2013 年诺贝尔化学奖得主埃瑞·沃沙尔则都是在以色列国内的魏茨曼科学研究所完成了博士阶段的学习。

培养具有较高科学文化素质公民的以色列各大学，自 20 世纪 70 年代以来也越来越重视应用技术的研究开发工作，纷纷成立了研究机构，充分利用其人才优势，积极促进学校与企业之间的联系，从而成为推动以色列科技发展的一支生力军。7 所研究型大学均从事科技开发工作，其中耶路撒冷希伯来大学、特拉维夫大学、以色列工程技术学院和魏茨曼科学研究所依赖其雄厚且高素质的科技队伍和先进完备的实验设施，在以色列的科技进步和成果转化中发挥了举足轻重的作用。[③] 到 20 世纪 80 年代末时，以色列 30% 的科学研究已是在大学进行，大约 45% 的民用科学研究也是由大学完成。[④]

---

① 潘光：《试论以色列的文化发展和科教兴国》，《世界经济研究》2004 年第 6 期，第 73 页。
② 陈腾华：《为了一个民族的中兴：以色列教育概览》，华东师范大学出版社，2005，第 14 页。
③ 余建华：《以色列科教兴国战略的特点》，《西亚非洲》2001 年第 1 期，第 41 页。
④ Iram Yaacov, "Quality and Control in Higher Education in Israel," *European Journal of Education*, 1987（2），p.150.

（三）教育发展提升了以色列国民的民主法治素质

国民的民主法治素质，是指国民通过教育，对国家民主和法治理念和原则的了解、认同和维护。国民的民主法治素质主要体现在严格遵守该国民主和法治的原则，以及运用合法的方式捍卫自己的权利。

建国 60 多年来，尽管作为一个移民社会和有着阿拉伯人等少数民族的多民族国家，以色列一直以建设民主法治国家作为发展的目标和引以为豪的成就。而获得这些成就，离不开教育发展对以色列国民民主法治素质的提升。

以色列建国后，成为全世界犹太人的主要移居地，由于移民来自世界各国，各自对民主法治理念和原则的了解相差很大，教育则成为以色列公民提升民主法治素质的主要手段。以色列的学校会组织学生讨论国际国内大事和新闻，每个班级都有一位教师进行辅导，老师的职责中就包括每周 1 小时讨论目前的国家大事，在很多学校每天都要进行 15 分钟的新闻陈述和讨论。不仅如此，学校也和社区有着互动的制度，每个学生每周要用 2～3 个小时的时间去社区工作，通过接触不同经济地位、不同文化背景的以色列公民，为他们提供服务，进而通过了解社会，树立民主意识。[1] 此外，学校通过制定规章制度，强调合作和论辩的精神，重视培养学生批评与思考的能力。这种建立在知识、价值、态度基础之上的民主法治教育，提升了公民的民主法治素质，学生们在到了行使政治权利的法定年龄后，在议会选举、地方选举以及政治监督中，充分行使自己的权利，不断推动以色列的民主法治建设。

以色列国民民主法治素质的提升，离不开以色列阿拉伯人民主法治素质的状况，而以色列教育发展在提升以色列阿拉伯人民主法治素质方面起到了重要作用。

在阿拉伯教师资源方面，以色列独立战争后，大多数文化水平较高的巴勒斯坦人因为战争逃到了国外，因此当时要为以色列国内阿拉伯学校配备合格的教师难度都很大。但由于以色列教育政策的推动，到了 20 世纪 70 年代，这种情况已得到了好转，不合格教师比例从 55% 下降到 22%。在 80 年代，阿拉伯学校的教师素质得到了进一步的提高，有 3 所阿拉伯师范学院被改造成了四年制的能够授予学士学位的高等师范学院，1997 年至 1998 年，阿拉伯学校出现了建国以来第一次不缺少教师的情况。[2] 在以色列政府的主导下，阿拉伯小学

---

[1] 李芳洲：《以色列教育发展与人的现代化》，《内蒙古民族大学学报》2008 年第 1 期，第 85 页。
[2] 于蔚天：《以色列教育立国经验研究》，西北大学硕士学位论文，2011，第 44 页。

的数量从 1949 年的 45 所增加到 1997 年的 382 所，1949 年，只有 1 所阿拉伯中学，而到 1997 年，增加到了 156 所。①

在阿拉伯学生接受基础教育方面，在 20 世纪 50 年代早期，女生在阿拉伯学生中只占 18.6%，在 1995 年，女生入学率已经比男生还高了。在 20 世纪 80 年代时，阿拉伯高中毕业生获得高校入学资格证书的比例已经达到了 45% 左右。② 而在 1992 年到 1996 年期间，以色列教育部确立了优先发展阿拉伯教育的政策，阿拉伯教育系统接受了大量的资金，阿拉伯学生的教育状况得到了一定程度的改善。

可以说，在教育发展中以色列阿拉伯人的民主法治素质得到了不断的提升，他们通过在学校的教育，逐渐尝试通过选举投票、组建政党等方式谋求其作为以色列公民的正当权益。1996 年阿拉伯民主党组建了"阿拉伯联合名单"参加选举，一举获得 4 个议席。在之后的 4 届大选中，该党分别获得 5 席、2 席、4 席和 4 席。1995 年，另一个阿拉伯人政党"全国民主联盟"成立，其主要主张包括通过机构自治等形式赋予阿拉伯民族以平等的少数民族地位。该党参加 1999 年、2003 年、2006 年和 2009 年议会大选，分别获得 2 席、3 席、3 席和 3 席。长期以来致力于维护阿拉伯人利益的政党"争取和平与平等民主阵线"也主要依靠阿拉伯民众的政治参与支持，在 1996 年至 2009 年的连续 5 届议会选举中分别获得 5 席、3 席、3 席、3 席和 4 席。③

（四）教育发展推动了以色列的智库建设

智库也称"思想库"，主要是指由各方面专家、研究人员组成的专门的研究咨询机构，这样的机构主要是为决策者在处理社会、政治、经济、军事、文化、科技、外交等各方面问题时出谋划策，以提供最佳理论、策略和方案。智库在现代社会中对政府的决策和企业战略发展的影响十分巨大，是一个国家软实力的重要组成部分。在现代国家中，智库的作用越来越大，以至于西方媒体认为，智库实际上是继新闻、立法、政府后的"第四部门"。④以色列有着成熟的教育体系，以及教育体系中培养出的学术精英、政治精英、商界精英等精英

① 赵伟明：《以色列经济》，上海外语教育出版社，1998，第 28 页。
② Ram Yaacov, *The Educational System of Israel*, Greenwood Press, 1998, p. 92.
③ 王彦敏：《以色列政党政治研究》，人民出版社，2014，第 226 页。
④ 许共城：《欧美智库比较及对中国智库发展的启示》，《经济社会体制比较》2010 年第 2 期，第 77 页。

阶层，可以说，以色列的智库建设有着很好的人才储备。不仅如此，以色列作为一个民主法治社会，其政府重视智库的建言，民众也相信智库生产的调查报告等产品。当前，智库在以色列已发挥着越来越重要的作用。

1. 以色列智库现状

经过多年的发展，当前以色列智库的研究范围已经覆盖了政治发展、公共政策、巴以关系、国家安全等众多以色列国内外的关切领域（见表 2-5）。这些智库有的是高等院校的组成部分，有的是独立的法人，但其运转资金主要都是依靠以色列国内和世界犹太人的基金会资助。

表 2-5　以色列主要智库及其研究方向

耶路撒冷公共事务中心	以色列安全、地区外交、国际法、犹太事务
巴依兰大学贝京—萨达特中心	中东和平、安全、恐怖主义
海法大学犹太阿拉伯中心	以色列的犹阿关系、犹太-阿拉伯关系的跨学科研究
特拉维夫大学摩西达扬中东非洲研究中心	中东、社会转型、妇女与性别、伊斯兰政治、和平倡议
涛步（Taub）社会政策研究中心	社会政策、经济政策、教育、劳动力、卫生、社会福利
海尔兹利亚跨学科研究中心反恐怖主义国际研究所	反恐、安全
希伯来大学杜鲁门和平研究所	冲突解决、中东、历史、政治和社会发展
本·古里安大学非政府机构研究所	非政府组织
瑞特（Reut）研究所	安全、社会经济学、犹太世界、中东
犹太人政策研究所	犹太事务、以色列与海外犹太人关系、地缘政治学
艾德瓦（Adva）中心	社会政策、平等与社会正义、社会福利
耶路撒冷以色列研究所	耶路撒冷、环境、巴以冲突管理
国家安全研究所	国家安全
以色列民主研究所	政治改革，国家安全，宗教与国家，宪法
以色列巴勒斯坦研究与信息中心	巴以冲突、环境、大众传媒、社会与经济发展

资料来源：本表为作者根据以色列各主要智库网站的信息制作。

在以色列国内政治发展领域的研究中，以色列民主研究所（The Israel Democracy Institute，IDI）在国内影响最大，它是一个独立的和无党派背景的智库，其研究目标在于推动以色列的政治发展。该研究所的智库理事都是以色社会中最有影响的国家精英，同时也有一个国际咨询委员会，目前的主任由美国前国务卿乔治·舒尔茨担任。该研究所的研究特点是就政治发展的某一议题在以色列国内进行大样本的民意调研，其中有不少议题是受以色列议会的委托。不仅如此，该研究所每年都会围绕以色列当年的政治发展状况，出版一份《以色列民主指数》，这份刊物在以色列传播很广，对以色列公务员、领导人和民意领袖有着重要的参考价值。由于以色列民族研究所在国内政治发展研究的杰出贡献，在2009年，该研究所获得了以色列国内最有影响的一个奖项——以色列终身成就奖。

同样是聚焦国内政策的智库，建立于1982年的涛步社会政策研究中心（The Taub Center for Social Policy Studies in Israel）的聚焦点则是以色列的社会经济状况。该研究所就其关注的问题独立展开高质量和中立的调查，并且通过和以色列政策制定者之间的直接交流影响以色列的公共政策制定。每年涛步社会政策研究中心都会出版一份《国家报告声明》，该刊物每期长达数百页，数据翔实，内容覆盖宏观经济、人力资源、教育、卫生等多个方面。

海法大学的犹太阿拉伯中心（The Jewish Arab Center）建立于1972年，该智库的目标主要是改善以色列国内的犹太人与阿拉伯人之间的关系，以及推进巴以之间的和平进程。这一目标通过三种互相联系的方式得以实现：第一，该中心能够协调海法大学人文、社会科学、教育、法律等多学科，从而进行对犹阿关系的跨学科研究；第二，该中心立足于海法大学的校园，推动校园中犹太、阿拉伯学生参加共同的活动、研讨会和研究工作；第三，在社会活动层面，该中心和此领域内的相关政府机构以及非政府组织保持着紧密的联系，组织以色列国内犹太裔、阿拉伯裔以及巴以两国的社会活动家和其他行业的代表，共同参加学术研讨会、讨论会和学习班。该中心自建立以来，在消除以色列国内犹阿两族隔阂方面做了大量的工作，不仅包括理论上的研究，而且通过直接参与大量的社区服务，推进了以色列境内犹阿两族持久友好关系的建设。

在安全和外交领域，影响最大的智库当属位于特拉维夫的以色列国家安全研究所（The Institute for National Security Studies），该研究所有50多位专家，分布在12类研究项目中：军控与地区安全、巴以关系、网络安全、法律与国家安全、军事与战略事务、恐怖主义与低烈度冲突、以色列社会与公共舆论、军事均衡、国土安全、技术变革与政策制定、谈判研究、中国研究等。除了向政府提供相关咨询外，该中心同时出版数份国际知名期刊，如《战略评估》（季刊）、《军事与战略事务》（1年3期）等。此外，在该研究所网站上每隔两三天就会发布一期《INSS观察》，每期只有一篇文章，是对最新的国际和安全形势进行评论。

和以色列国家安全研究所相比，同样关注安全与外交议题的耶路撒冷公共事务中心（The Jerusalem Center for Public Affairs）规模相对较小，该中心共有十余名专家，出版刊物《犹太政治研究评论》（半年刊）。现任中心主席道若·古德，曾经出任以色列常驻联合国代表，也担任过前任总理沙龙和现任总理内塔尼亚胡的顾问。由于他个人在以色列和美国的影响力，该中心在近些年来成为影响以色列外交政策的重要智库。

2. 教育发展是以色列智库建设的保障

以色列政府和社会的重视，使得以色列智库成为影响以色列发展的重要力量；而以色列的教育发展则为智库培养和储备了丰富的人才资源，从而促进了智库的建设。

第一，在以色列，政府官员通常有着很好的教育背景，在离开行政岗位后，不少人都选择进入智库工作。以以色列国家安全研究所为例，其现任负责人是长期供职于以色列国防部，并曾担任国防部情报部门主管的阿摩司·雅德林，他毕业于以色列国内的内盖夫本·古里安大学，并拥有哈佛大学的硕士学位。像雅德林这样拥有高学历的前政府官员在该智库工作的人数还很多，如资深研究员伊夫拉姆·阿斯库来是希伯来大学大气科学博士，曾在以色列原子能委员会工作40余年；国家安全与公共舆论项目的负责人耶胡达·本·梅厄博士曾担任过以色列外交部的副部长，也曾是巴依兰大学心理学系的系主任。和他们共同工作的是同样拥有博士或硕士学位，并长期在高校或智库工作的专家。如研究部的主管阿娜特·库兹就是特拉维夫大学政治学博士。可以说，以色列国家安全研究所的人员配置基本反映了以色列国内智库的人员现状。

第二，以色列不少智库都以所在大学的学术资源为依托，对其研究领域涉及的相关学科进行整合，这些学科的教师通过参加共同的研究项目、学术讨论和国际会议推动智库的研究。建立于1983年的特拉维夫大学摩西达扬中东非洲研究中心（Moshe Dayan Center for Middle Eastern and African Studies, Tel Aviv

University）是该大学历史系和人文学院的组成部分；起步于 1993 年的巴依兰大学贝京—萨达特研究中心（The Begin-Sadat Center-Bar Ilan University），如今在以色列政府中东政策的制定中拥有不小的影响，而该中心的发展主要就是依托该大学政治系的学术力量；海法大学的犹太阿拉伯中心作为跨学科研究的智库，只有数名行政人员，没有专职的研究人员，研究团队的组成则来自于大学的各个院系。

第三，附属于大学的智库往往也充分利用大学能够接收国际访问学者的便利，推进其项目的研究。如海尔兹利亚跨学科研究中心的反恐怖主义国际研究所（International Institute for Counter-Terrorism-IDC Herziliya）就积极推动国际学者赴该所进行相关领域的学术交流，并将国际学者作为该所研究团队的组成部分。特拉维夫大学摩西达扬研究中心图书馆有着丰富的中东和伊斯兰研究的英语和阿拉伯语文献，也专门设置了访问学者和访问博士生的项目，并且安排中心的研究员与访问学者进行一对一的学术交流。在以色列高校中最有影响的希伯来大学杜鲁门和平研究所（Harry S. Truman Research Institute for the Advancement of Peace, The Hebrew University of Jerusalem）对于国际学者的项目也长期予以高度重视，专门设立了博士后奖学金制度，获得该奖学金的博士后每年可以得到 2 万美元的资助。

第四，在以色列，不少智库都能够通过开设课程培养学生和青年人，这样的设置不仅直接为智库建设培养了学术梯队，而且通过课程讲授传播了智库研究人员的学术和政策观点。希伯来大学杜鲁门和平研究所面对希伯来大学的学生设立了专门的奖学金，鼓励其关注和该所研究方向一致的领域，并和该领域的研究员建立合作关系，如针对博士生的专项奖学金，每年有 1 万美元，以及15000 美元一年的拉宾奖学金。以色列国家安全研究所和特拉维夫大学有着长期的合作关系，其部分研究员在特拉维夫大学国际安全等专业的硕士项目中进行授课。特拉维夫大学摩西达扬中东非洲研究中心则通过开放丰富的馆藏资料和对其研究领域感兴趣的学生以及社会公众取得沟通。没有资格在大学中培养学生的智库，则通过其他方法和在校学生以及青年人建立联系机制，如耶路撒冷公共政策中心，通过举办专门针对学生的学术研讨会和征文比赛来获取和未来精英的联系，以及传播该智库的观点。而关注以色列社会平等的艾德瓦中心（Adva Center）则举办相关主题的系列课程，青年学生和社会公众都可以通过报名参与到该课程中。

在以色列历届政府的重视下，对教育的重视已经成为其社会的传统和宝贵财富。本·古里安把教育看作是关系以色列生死存亡的大事，他指出，"没有教育就没有未来"。梅厄夫人说，"对教育的投资是最有远见的投资"。曾担任以色列第三任总统的夏扎尔说过"教育是创造以色列新民族的希望所在"。前总统纳冯教授甚至在卸任之后，又兢兢业业地当上了教育部长，这在其他国家是罕见的。曾任以色列教育部总司长的希奥山尼博士在 1994 年出版的《以色列政府信仰教育》一书序言中则指出："以色列国将教育作为民族优先的事业，因为我们相信，投资教育将帮助以色列维持世界上最先进国家行列的地位。"[①]

教育发展为以色列带来了国民素质的整体提升和高质量的智力资源。科学文化素质的整体提升让以色列国民能够熟练地运用现代科技以及学习领会本民族和全人类的思想与智慧；而民主法治素质的提升促进了以色列公民的政治参与，也维护和加强了以色列民主法治的国家制度。而作为国家智力资源的重要构成——智库，也得益于教育发展的硕果。国民素质的整体提升与智库的成熟运作，为以色列开展公共外交奠定了国内社会的基础。

第二节　以色列公共外交理念——以以色列对美公共外交为例

以色列已故总理拉宾曾说过，以色列外交政策的底线是不能开罪美国，不能冒美国取消对以援助的风险。以色列前总理巴拉克的发言人也曾指出："以色列和美国的独特关系，必须给予最优先的地位。"[②] 以美关系的重要性，客观上要求历届以色列政府必须重视对美国的公共外交，而在以色列对美公共外交的实践中，形成了一以贯之的公共外交理念。以色列通过强调犹太民族的宗教与感情纽带，在美国培育了相当成熟的犹太游说集团，而美国犹太人在社会中较高的地位也使得这些游说集团能够接触并影响到参与美国政治决策的精英。与此同时，为了培育美国民众对以色列的感情，以色列政府与美国犹太社团通过历史与宗教文化交流、教育交流、文艺交流等文化外交途径，尝试拉近

---

① 张晓鹏：《以色列教育："智慧的民族"立国之本》，《上海教育》2007 年第 22 期，第 37 页。

② 李伟建等：《以色列与美国关系研究》，时事出版社，2006，第 104 页。

美国民众与以色列的感情。通过公关外交和文化外交，以色列成功地塑造了美国社会对以色列的认知，构建了其在美国的国家形象。

一 公关外交理念与以色列对美公共外交

以色列对美公关外交理念的具体实施主要得益于由美国犹太人组成的游说集团，其中美国以色列公共事务委员会，就是亲以色列的对国会施加影响的著名院外组织，该组织原名为美国犹太人公共事务委员会，总部设在华盛顿，并在纽约、旧金山和奥斯汀等地区设有分支机构，负责协调当地的犹太复国主义运动和集资工作，"代表那些相信支持以色列符合美国利益的美国人"。该委员会的历任主席，都是美国犹太社团中最富有影响的领导人，同时也是以色列的坚定支持者。1984 年以色列大选前，该委员会发言人肯尼茨·巴尔金说，"如果工党联盟获胜，改变以色列的政策，我们会支持他们，如果利库德获胜，在西岸采取强硬的政策，我们也会支持他们"。[1] 它的最高权力控制在 18 人组成的执行委员会手中，成员是由每两年来自 38 个全国性犹太组织的 150 名代表选举产生。

美国国会的运作是由参、众两院的 500 多名议员决定的，尽管议员人数众多，但该委员会却能够在短时间内熟识国会山的每位议员。它保留着一份由计算机存储的能与国会每个议员联系上的关键人物联络单，这些人要么与国会议员有着密切的关系，要么与犹太人主要竞选捐款者有私交，在关键时刻，该委员会能够迅速通过这些重要人物找到需要结识和沟通的议员。

在公关外交中，可以和美以公共事务委员会齐名的是以影响美国最高行政当局为目标的主要犹太组织主席会议。该组织有两大功能，一个功能是在美国犹太团体内部就一些事务进行组织内讨论，从而让犹太团体通过有效沟通和协商来对外保持一致，这样犹太人和以色列就在美国外交政策制定中的影响力大大加重。如 1981 年时，仅在里根总统宣布他支持对沙特的武器销售计划两天后，主要犹太组织主席会议即代表美国犹太社团，发表了题为《中东备忘

① George W. Ball and Douglas B. Ball, *The Passionate Attachment: American's Involvement with Israel, 1947 to the Present*, Norton Company, 1992, p. 211.

录——关于美国利益处于险境的警告》的公开声明，统一犹太社团的立场。①
另一个功能则是传递消息，即将以色列方面的有关观点传递给美国政府要员，
同时将美国的观点带给以色列。

除此之外，在美国有着较大影响的犹太公关外交组织还有美国犹太人委员
会（American Jewish Committee）、反诽谤联盟（Anti-Defamation League）、犹太
联合理事会（Council of Jewish Federations）、J 大街组织（J-Street）、美国现在
就和平组织（Americans for Peace Now）、以色列政策论坛（Israel Policy Fo-
rum）、支持以色列安全的美国人（American for a Safe Israel）等。

据统计，在美国约有 450 万名犹太人属于全国 38 个主要的亲以组织。其
中有 100 万名到 150 万名犹太人更为重视犹太团体的利益，这部分犹太人为影
响力广泛的犹太社团提供了很多负责任的领导人。②

与此同时，以色列对美公关外交也很注重通讯刊物的建设，代表刊物主要
有《近东报道》、《评论》和《犹太周刊》等，而其中最为著名的则是《近东
报道》。该刊物每期发行约 6 万份，免费赠送给新闻媒介、国会议员及社会知
名人士。

不仅如此，美国犹太公关外交组织还在总统、国务院、国防部和国家安全
委员会等政府部门安插代表，施加影响。由于犹太人力量的强大，总统不得不
设立犹太人事务顾问；国务院不得不设立犹太人联络办公室；而国会本身就有
为数不少的犹太人在内工作，经常是里应外合，和犹太人院外集团相互呼应配
合，最终的目的则是保护犹太人和以色列的利益，并使其利益最大化。

除去依托美国犹太裔社团的活动外，以色列也注意在符合美国价值观的前
提下提出其要求和建议，以获得美国精英阶层的支持。如犹太教和基督教有着
很深的历史渊源，而且美国宣扬民主，反对共产主义，因此以色列及美国犹太
人就注重向美国政府官员宣传以色列是中东唯一的民主国家，在对抗苏联以及
中东地区专制独裁国家问题上是美国坚定不移的战略伙伴，在地区和国际问题
上是可靠的盟友等，以此来换取美国领导人的信任。

---

① Nicholas Laham, *Selling AWACS to Saudi Arabia: the Reagan Administration and the Balancing of America's Competing Interests in the Middle East*, Westport, 2002, p. 3.

② Ari L. Goldman, "Polls Show Jews both Assimilate and Keep Tradition," *The New York Times*, June 7, 1991.

此外，以色列政府在具体的工作开展中，采取比较隐蔽的方式，开展游说的公关组织不直接负责捐款，不建立政治行动委员会等，甚至在美国建立亲以色列的智库。如前美国以色列公共事务委员会主席拉里·温伯格和他的妻子，担任美国以色列公共事务委员会副主席的芭比·温伯格，以及美国以色列公共事务委员会研究工作副主任的马丁·因迪克，于1985年成立了华盛顿近东政策研究所。虽然该研究所的许多人员是货真价实的学者或经验丰富的美国政府前官员，但是他们几乎说不上是中东问题中立的观察者，而且都会倾向以色列。[1]

总体而言，以色列对美公关外交的所秉持的理念，都比较符合美国国家精英的观念和政治行为方式，更容易获取精英群体的支持。在1945年时，由于犹太游说集团的努力，杜鲁门的母亲甚至被一位犹太朋友说动，写信给自己的总统儿子，要他支持犹太国。[2] 而在1977年底到1978年初，以色列游说集团的重要成员甚至以民间身份协调了《戴维营协议》的会谈。[3]

二　文化外交理念与以色列对美公共外交

公关外交在操作中更多是针对美国的精英阶层，但与此同时，以色列也很重视其在美国普通民众中的国家形象，而文化外交正是以色列面向美国社会、提升其国家形象的重要方式。

1. 历史与宗教文化理念

在美国，有众多在大屠杀中幸存的犹太人，他们经常在公共场地举行聚会和大屠杀纪念活动，这些活动往往作为表达强烈支持以色列的时机，而美国犹太幸存者也成了美以之间进行沟通的桥梁。受20世纪60年代民权运动的影响，犹太人作为少数族裔，成功推动并使得大屠杀记忆成为他们在美国社会彰显的犹太遗产。到70年代中期，美国公众对大屠杀历史的兴趣，使得在美国出现了一个扩展大屠杀历史教育的社会运动，许多公立学校的教师开始讲授相关的课程。在这一运动的推动下，1978年美国举行首次大屠杀纪念日活动，

---

① 约翰·米尔斯海默：《以色列游说集团与美国对外政策》，王传兴译，上海人民出版社，2009，第255页。

② Peter Gorse, *Israel in the Mind of America*, Alfred A. Knopt Inc., 1983, p. 193.

③ 孙晓玲：《犹太利益集团与美国中东外交政策》，复旦大学博士学位论文，2005，第91页。

卡特总统进行了演讲。到了 80 年代，大屠杀教育课程和研究项目在高等学校也获得了快速的发展，这些课程尤其倾向邀请大屠杀幸存者在课堂讲述。1983年，里根总统在为建造大屠杀纪念博物馆而移交地产的仪式上，向在场的大屠杀犹太幸存者宣布："你们在这里和在以色列的安全天堂将永不受损。"① 1993年，美国大屠杀纪念博物馆建成，其建设耗资 1.68 亿美元，坐落于美国首都华盛顿市中心的国家广场，距离国会不远，两旁分别是杰斐逊纪念碑和华盛顿纪念碑，就地理位置而言，本身就神圣化了大屠杀的历史，实际上它已经被视为与华盛顿、杰斐逊等开国元勋的纪念碑同等重要的地位。在这之后，围绕大屠杀主题的纪念馆陆续建立，如建立于洛杉矶的西蒙·维森塔尔中心的宽容博物馆，以及纽约大屠杀纪念馆等，而这些纪念馆也被赋予了其他一些社会功能，如同样建立在美国首都华盛顿的克卢茨尼克国家犹太博物馆，除去展览功能，就往往被用来召开国际会议和社区活动等。此外，各州有关大屠杀教育的立法以及颇具规模的大屠杀教学研究群体的存在，使得美国的大屠杀记忆和教育变得高度"机制化"。而美国大屠杀纪念馆自 1993 年开馆以来，到 2004 年时，就已有约 2000 万人参观，其中 80% 的参观者并非犹太人。② 以大屠杀教育为主旨的国际非政府组织——"直面历史"（Facing History and Ourselves）也在建立后的 20 余年时间里便吸引了 100 万名学生和 1.1 万名教师参与到其课程中。③

　　在宗教文化领域，由于美国是一个基督教文化在社会中占主导的国家，而以色列也拥有着丰富的基督教文化资源，因此宗教文化交流在以色列深化对美国文化外交方面起到了重要的作用。早在美国建国之前，北美大陆的清教徒们就十分推崇和践行古代希伯来先知的道德理想主义，并以之确立政治原则。可以说，希伯来先知的道德理想深刻地影响了美国政治体制的形成。20 世纪五六十年代以来，在以美之间，犹太教和基督教的对话与交流逐渐增多，相应的机构相继成立。其中"基督徒和犹太人国际理事会"（The International Council of Christians and Jews）是最有影响力的组织。随着对话的深入，美国基督教界

---

① 汪舒明：《大屠杀记忆和美国外交》，复旦大学博士学位论文，2011，第 92 页。

② Yair Auron, *The Pain of Knowledge：Holocaust and Genocide Issues in Education*, Transaction Publishers, 2005, p. 110.

③ Yair Auron, *The Pain of Knowledge：Holocaust and Genocide Issues in Education*, Transaction Publishers, 2005, p. 115.

出现了一些强烈亲犹亲以的派别，如美国基督教右翼（福音派等）就强烈支持以色列，支持锡安主义事业，默认以色列在巴勒斯坦被占领土上扩建定居点。

也是在宗教对话的推动下，越来越多的美国民众来到以色列旅游，在以色列各地基督教和犹太教文化的遗址处，美国访客占据了很高的比例。他们对以色列政府的遗址保护称赞有加。不仅如此，很多美国游客还会前往对基督教文化遗产保护较差的周边阿拉伯国家参观，当他们从宗教感情出发对这些中东国家进行比较时，无疑会对以色列更为亲近。

2. 教育交流理念

在以色列高校的留学生中，美国学生的人数最多。其中不仅有在以色列攻读学位的学生，而且更多的则是在以色列进行交换学习的学生。以 2011 年至 2012 年为例，在该学年美国有 8 所著名大学，都推出了针对以色列的海外留学交流计划，鼓励学生到以色列进行一学期的交流。此外以色列还通过美国—以色列教育基金会来开展教育交流。该基金会是由美国和以色列政府共同成立的。在美国和以色列政府的支持下，该基金会推动优秀的美国和以色列的学者和学生到对方国家的高等院校和科研机构从事教学、研究和学习。该基金会自 1956 年成立以来已经有超过 1200 个美国公民和超过 1500 名以色列人参与进来。[①]

除了大学之间的交换活动外，以色列还通过一些教育文化活动加强美国犹太学生和以色列之间的感情联系。如 1994 年犹太代办处与北美犹太联合会等组织发起的"伙伴 2000"行动计划。在该计划中，特拉维夫的 18 所学校与洛杉矶的 16 所学校结成"姊妹学校"，"姊妹学校"间合作进行课程开发，向对方社区互派代表团，双方师生保持密切联系，并影响学校所在社区的交流。2009 年"伙伴 2000"计划给予该项目的年度预算为 72.75 万美元，另外学生家长出资 77 万美元，学校也拿出 40 万美元，因而其总预算可达 189.75 万美元。[②] 自 2000 年以来，该计划已惠及包括美国在内的多个国家的 14.5 万名 18 岁至 26 岁的犹太学生，参与该计划的学生会在以色列进行 10 天的免费旅行，研究表明，绝大多数参与活动的人在返回以后都会增加自己的犹太身份

① 王倩：《以色列对美国的公共外交研究》，华中师范大学硕士学位论文，2013，第 29 页。
② 杨阳：《以色列与美国犹太人关系研究》，上海外国语大学博士学位论文，2010，第 103 页。

认同感。^① 在美国，许多学生回到自己的大学，在校园犹太社团中承担起更大的作用。部分学生报名参加犹太研究课程，并申请了随后前往以色列的旅行和到以色列进行学习的活动。大多数学生返回之后，决定在犹太社区追求工作目标或者以传统或非传统的方式从事犹太生活。

此外，以色列主导的以美教育交流甚至包括了向美国大学生提供在以色列的实习岗位，成立于2004年的玛莎以色列（Masa Israel）正是执行这一任务的机构，该机构由以色列政府和以色列犹太代办处共同负责。从2008年开始，玛莎以色列推出北美大学生到以色列实习的计划，到2011年底有超过2600美国大学生接受了在以色列的实习岗位，而申请2012年该实习项目的美国学生就多达1064名。玛莎以色列项目不仅给这些毕业生安排实习岗位，还为他们提供高达7500美元的补助和奖学金作为在以色列的生活费用。^② 美国青年通过在以色列的实习，有助于他们了解以色列社会的状况。

3. 文艺交流理念

1958年，一本反映19、20世纪欧洲犹太人逃亡巴勒斯坦的书《出埃及记》在美国成为畅销书，这本书反映了犹太人虽承受苦难但仍然英勇自强，阿拉伯人的形象则极其恶劣。此书一度成为美国人了解以色列的主要渠道。两年后该书被改编成电影，以色列的英雄形象更是光彩夺目。直到今日，对于许多普通美国人来说，以色列的形象仍然来自《出埃及记》。^③ 1978年，名为《纳粹大屠杀》（Holocaust）的四集电视纪录片在美国公映，大约有1.2亿人至少看了其中一集，这相当于当时一半的美国民众。^④ 该片的公映在美国引起轰动，成功地将对犹太人的同情注入美国公众的意识之中。

生活在美国的数百万犹太人中，很大一部分是接受过高等教育的文艺工作者，他们在以色列与美国的文艺交流中扮演了重要的角色，在这中间，又以文学领域最为显著。20世纪下半叶，美国文学重要作家中有很大一部分是犹太

---

① Bronfman, "Birthright Needs Communal Funds," 2007 – 10 – 18, http://www. haaretz. com/print-edition/opinion/birthright-needs-communal-funds – 1. 231433.

② David Shamah, "Israeli Intern Program helps North American College Grads Get a Leg up," 2012 – 4 – 27, http://www. timesofisrael. com/israeli-intern-program-helps-north-american-college-grads-get-a-leg-up/.

③ 孙晓玲：《犹太利益集团与美国中东外交政策》，复旦大学博士学位论文，2005，第72页。

④ Yair Auron, *The Pain of Knowledge*: *Holocaust and Genocide Issues in Education*, Transaction Publishers, 2005, p. 109.

人，他们在很多作品中都明显地表现出对犹太人生活和命运的深刻关怀，对美国文学、历史和文化产生了重大影响。①

在这些英语文学作品中，不少是关于犹太民族离散历史和大屠杀的。辛格的《奴隶》、马拉默德的《基辅怨》等作品以历史母题为切入点，揭示了近代欧洲犹太人被污蔑、被陷害、被屠杀的史实，作品中悲伤而愤怒的叙述口吻给世人以强烈的震撼。贝娄的《赛姆勒先生的行星》《贝拉罗莎暗道》、辛格的《莫斯卡特一家》、辛西娅·奥兹克的《罗莎》等作品直接以大屠杀为背景，刻画了大屠杀幸存者曾经历的苦难、对现代社会的不适以及无法被现代社会理解后的悲怆。②

这些文学作品在美国社会被广泛阅读，美国犹太人在建构自身族群历史意识的同时，也让美国民众了解了犹太民族的文化，从而深刻影响了美国人对以色列的认知。

第三节　以色列公共外交理念的创新点

一　增强散居世界各地犹太人对以色列的认同，是以色列公共外交理念创新的首要考虑

根据世界犹太人大会（World Jewish Congress）的统计，截至 2011 年，全世界大约有 1342.8 万犹太人。其中，美国约 570 万名、以色列约 570.4 万名，其余大多分布在法国、加拿大、俄罗斯、英国、阿根廷、乌克兰、巴西、德国等欧美国家，大洋洲的澳大利亚和非洲的南非也是犹太人居住较为集中的国家。③

在以色列之外生活的犹太人，虽然人数占所在国总人口比例很低，但在社会中都掌握着相当多的资源。以美国为例，2007 年初，犹太人占美国人口总

---

① 陈世丹、司若武：《弥漫着犹太文化品性的当代美国犹太文学》，《河南师范大学学报》（哲学社会科学版）2008 年第 3 期，第 183 页。

② 张军：《二战后美国犹太文学中的"历史母题"及其社会功能研究》，《学术论坛》2012 年第 12 期，174 页。

③ 世界犹太人大会网站：World Jewish Congress：http://www.worldjewishcongress.org。

数的1.75%。① 但是犹太人占据着显赫的地位，控制美国大约5%的国民收入，且在美国工商界、金融界、文化传媒界、政界等都占有重要地位。在文化传媒领域，美国千余家报纸中，犹太人经营的占到了半数。《纽约时报》《华盛顿邮报》《华尔街日报》等世界著名报纸都在犹太人的控制之下。美国三大广播公司哥伦比亚广播公司、全国广播公司和美国广播公司也均为犹太人所创立。而在美国政界，也涌现出一大批能够直接影响对外政策的重要人物，如基辛格、布热津斯基、沃尔福威茨等。

散居世界的犹太人能够成为以色列公共外交理念的创新点，最为重要的原因是其对以色列的认同。近两千年的流散历史让以色列这个唯一的犹太国家成为海外犹太人的宗教和情感寄托，虽然大部分犹太人没有选择回归以色列定居，但是在金钱的捐赠上却从不吝惜。除此之外，犹太人也会对所在国政府的对外决策主动施加影响，推动其制定有利于以色列的政策。如绝大多数的美国犹太社团都秉持以下原则："唯一有权决定以色列政策的是以色列，因为它独自承担风险；美国犹太人必须公开地与以色列团结在一起，有不同意见只能私下交换。"②

二　对基督教文化遗产的重视是以色列公共外交理念的重要创新

在以色列，基督教文化也是公共外交的重要资源之一。基督教是有着广泛传播的世界性宗教，信徒众多，而以色列的领土所在，正是《圣经》中提到的"应许之地"，也是耶稣成长、传教之地。虽然犹太教并不承认《新约》，但是以色列政府极为重视将基督教宗教交流作为构建国家软实力的资源。基于此，对于在基督教文明史上占有重要地位的教堂，以色列政府均予以保护，而且兴建了一些以基督教历史，或基督教、犹太教、伊斯兰教和平相处为主题的博物馆。在基督教历史上的重要地点如拿撒勒、耶路撒冷、太巴列等，每天来自世界各地的参观者和朝圣者络绎不绝，而这绝不仅仅在于对以色列国内经济发展上的促进，更是提升其软实力的有效途径。基督教文化是西方文明的重要组成部分，不仅美国、法国、俄罗斯等西方国家的民众视基督教文化为其社会的根基，就是一些非西方国家，如韩国或非洲的不少国家，也日益受基督教文

---

① 杨阳：《以色列与美国犹太人关系研究》，上海外国语大学博士学位论文，2010，第21页。
② 孙晓玲：《犹太利益集团与美国中东外交政策》，复旦大学博士学位论文，2005，第133页。

化的影响。这些国家的很多学生因为宗教信仰的原因而选择来到以色列留学，这既带动了以色列教育的国际化，也增进了以色列和这些国家青年之间的友谊。不仅如此，这些国家不少有经济条件的公民也选择在以色列长期居住，虽然大多数人都得不到国籍，但他们依然乐意在以色列工作和生活，而以色列政府也不排斥，相反，政府有选择地鼓励、接受技有所长的外国人在以工作，从而为以色列的发展吸引更多的人才。

此外，在政府主导下，以色列也积极推动基于基督教文化的公关外交。在和梵蒂冈实现建交后，数位天主教教皇都曾来到以色列的基督教遗迹参访，以色列总理和总统也借机与教皇进行了深入的交流，并时常访问梵蒂冈，而梵蒂冈对以色列的友好态度也使其在西方社会中增强了政策的合法性。

三 国际社会对犹太人在二战中遭遇大屠杀的愧疚与同情是以色列公共外交理念创新的依托

在第二次世界大战中，当欧洲犹太人在纳粹屠刀下痛苦挣扎的时候，西方国家或者迫于国内的政治经济形势，或者迫于反犹主义的沉重压力，或者迫于对战争与法西斯势力的恐惧心理，都不愿意在十分敏感的犹太人问题上有所作为。面对纳粹种族灭绝政策的步步升级，西方民主国家只是进行了道义上的谴责，而没有采取切实的行动。

对于这一状况，犹太复国主义运动领导人魏兹曼于1943年3月1日在美国麦迪逊广场发表演说时，没有言过其实，也没有过分的感情用事，"当未来的历史学家汇集我们这个时代的悲惨记忆时，有两件事情他们会认为是难以置信的：一件是罪行本身，其次是世界对这一罪行的反应……文明世界面对这场有计划的大屠杀而无动于衷，这会使他感到迷惑不解……他不明白为什么世界良知还需要被唤起，他更不理解的是，为什么一些自由国家，它们自己也在和这种具有活力的、有组织的野蛮行为进行武装斗争，还需要要求和呼吁才能给这一暴行最早的和最主要的受难者以庇护"[①]。

而1944年英美政府拒绝轰炸奥斯维辛的事件，则是西方国家在二战中态度的真实反映。为了使奥斯维辛犹太人的营救工作取得比较大的进展，犹太代

①　沃尔特·拉克：《犹太复国主义史》，徐方、阎瑞松译，三联书店上海分店，1992，第670页。

办处和战时难民委员会等组织曾向英美方面提出了轰炸奥斯维辛的请求，甚至包括具体的操作方案。此时，英美政府也已掌握了大量的关于奥斯维辛的情况，包括具体的位置、主要防守点，以及通往奥斯维辛的铁路线。客观上看，1944 年夏天，世界反法西斯战争的战局已发生了根本性转变，轰炸奥斯维辛并非脱离现实，德国根本没有足够的兵力阻止逃跑的人群，成千上万的犹太人被救出是完全有可能的。[①] 然而，英美方面却断然拒绝，英国担心实施这一行动"会浪费有价值的生命"，而美国则认为空援对于保证在于其他地方进行的、具有决定性意义的战役中取得胜利是必不可少的。[②]

二战胜利后，西方国家对犹太人遭受大规模屠杀都产生了不同程度的愧疚感，对以色列这一新生的犹太国家抱以同情。而以色列政府也尝试通过外交手段将西方国家的愧疚与同情转为对以色列的政策支持，并获得了成功。

时任美国总统杜鲁门将纳粹对犹太人的暴行描绘成"历史上最触目惊心的罪行"之一，而幸存者的悲惨境遇，则是"对西方文明的一个挑战"，他本人为此"深感不安"。[③] 1947 年 5 月 14 日，在本·古里安宣告以色列建立后仅仅十几分钟，美国总统杜鲁门就宣布美国事实上承认以色列。1949 年春，已经卸任的杜鲁门会见了以色列首任大拉比伊扎克·赫尔佐格。当大拉比将杜鲁门比作让犹太人结束巴比伦之囚并重建圣殿的波斯国王居鲁士时，他动情地从座椅上起身，双眼噙泪，向拉比求证，他本人对犹太人的帮助是否确实可以这样解读。[④]

1951 年 9 月 27 日，联邦德国总理阿登纳在联邦德国国会发表演讲公开向犹太人和以色列致歉。阿登纳表示，纳粹德国以全体德国人的名义犯下了难以启齿的罪恶，并带给犹太人难以衡量的痛苦和灾难，其罪行罄竹难书，因此德国将对犹太人予以物质和道义补偿。联邦政府准备与犹太代表和以色列政府协商，并提出具体的物质赔偿方案，以减轻精神上的无尽折磨。与此同时，阿登纳同意以 10 亿美元赔偿作为谈判基础，经过谈判，德以两国代表于 1952 年 9

① Donald L. Niewyk, *The Holocaust: Problems and Perspectives of Interpretation*, Houghton Mifflin Company, 2003, pp. 273 – 274.
② 张倩红：《后大屠杀时代：纳粹屠犹的社会后果分析》，《史学月刊》2005 年第 9 期，第 80 页。
③ 哈里·杜鲁门，《杜鲁门回忆录（下卷）》，李石译，东方出版社，2007，第 162～164 页。
④ Allis Radosh and Ronoald Radosh, *A Safe Have: Harry S. Truman and the founding of Israel*, Harper Collins, 2009, p. 345.

月 10 日在卢森堡签署了赔偿协定。根据协定，德国同意在未来 14 年内向以色列支付 34.5 亿马克，其中 4.5 亿马克赔付给犹太人个人，其余 30 亿马克主要以实物形式支付给以色列。

在西方国家之外，包括中国在内的不少亚非国家，也和犹太民族一起在二战中共同经历了反法西斯战争，并在战后建立了民族国家。而这些共同的记忆，也为以色列推动对发展中国家的公共外交奠定了共有的情感基础。

当前，在以色列向国际社会推动大屠杀教育、加深与世界各国情感沟通的过程中，以在耶路撒冷的大屠杀研究国际学校（The International School for Holocaust Studies）最有代表性。该学校于 1993 年建立，附属于以色列大屠杀纪念馆，除过推广多语种的关于大屠杀的出版物和纪念品外，每年都会出资邀请世界各国学者前往该学校参加为期两周的"大屠杀讲习班"的学习。在两周的时间内，主办方安排了密集的讲座、讨论和集体参观，最大限度地向各国学者传播以色列和犹太人对大屠杀的记忆和反思，以培育各国知识精英对以色列的同情和支持。

第三章　以色列公共外交的项目运作

第一节　以色列公共外交项目运作概述

项目层面的文化外交主要是指文化外交的具体活动，是公共外交的物质基础。公共外交的作用必须通过具体的活动项目才能发挥出来。缺乏了具体活动项目的公共外交将变成无本之木、无源之水。项目运作层面的以色列公共外交经过时间的历练，正朝着内容以色列化、载体时代化的方向发展。

一　项目运作内容以色列化：从大屠杀历史到创新文化

自建国后，以色列公共外交的项目数量不断增多，运作也逐渐成熟。20世纪40到50年代，大屠杀历史成为以色列与西方沟通的桥梁。以对美公共外交为例，早在1945年，在受访美国人中就有84%相信德国在集中营和其他行动中屠杀了数百万人，各种各样的纪念活动、幸存者群体已经开始初步形成。在此基础上，以色列在建国前后就非常注重以大屠杀历史为主题进行对美国的项目运作。1947年，"基督徒与犹太人国际大会"在第一次会议中便通过了10个决议，以提升基督教对犹太人的"兄弟之爱"。[①] 在对欧公共外交中，由联邦德国与以色列双方于20世纪50年代初共同推动的"与以色列的和平"组织（Peace with Israel）开启了德国同以色列和解的先声。在第二次世界大战中，600多万犹太人被纳粹德国惨绝人寰地屠杀，成为德国永难磨灭的耻辱，如何对待这一历史包袱也是考验和见证德国是否能够洗心革面的力证。而该组织发

---

① Lawrence Baron, "The Holocaust and American Public Memory, 1945 – 1960," *Holocaust and Genocide Studies*, 2003（1）, pp. 62 – 88.

起的社会运动项目在德以和解中承担了道义破冰与培养友善的责任，并呼吁德国政府在对以关系上要采取主动、实现和解。① 当时正值以色列建国初期，经济匮乏、国家安全堪忧，也无法向移民提供必要的食宿和就业。在美国和犹太人难以提供更多输血式援助的情况下，以色列对德公共外交项目成功运作，推动了德国就大屠杀罪行对以色列的赔偿，从而帮助以色列渡过了经济难关。

20 世纪 50 年代末至 60 年代，科学技术成为以色列公共外交项目运作的新内容。以沙漠农业技术、灌溉技术、工业化措施等为具体内容，以色列政府制订了一系列公共外交项目，邀请非洲、拉美等地区国家的政府官员、技术人员前往以色列考察和学习，以培养发展中国家对以色列的感情和认同。60 年代，以色列向第三世界国家派出了三千多名技术专家，除了帮助刚刚摆脱殖民统治获得独立的落后国家外，这些技术专家还和受援国的技术人员及民众广泛接触，从而提升以色列的国家形象。在公共外交项目的带动下，到 1967 年时，41 个非洲独立国家中有 33 个与以色列建立了外交关系，而拉美国家也成了以色列在联合国大会投票时可以争取的"票仓"。

20 世纪 60 年代末至 70、80 年代，由于第三次中东战争带来的外交影响，以色列面向发展中国家、以科学技术为内容的公共外交项目限于停滞；但由于建国 20 多年来以色列政府对犹太文化的重视，以色列此时已成为犹太文化复兴的中心，以犹太文化为主要内容的公共外交成为连接以色列与欧美国家的纽带。1966 年，长期以希伯来语进行文学创作的以色列著名作家萨缪尔·约瑟夫·阿格农获得了诺贝尔文学奖，他在瑞典颁奖仪式上的演说中数十次强调以色列、耶路撒冷对于犹太文化的重要性，其演讲全文在犹太文化与西方文化的联系性上展开，让欧美国家感受到了当代以色列文化的影响力，阿格农的文学著作也相继被翻译为 40 多种语言出版。阿格农于 1970 年去世后，他的故居被耶路撒冷市政府购买，并改为博物馆，布展内容强调了以色列坚强不屈的民族性格和现代犹太文化的发展历程，已成为以色列对外文化交流项目的组成部分。在以色列以犹太文化为内容的公共外交项目推动下，美国犹太院外集团于这一时期日渐增强。犹太院外集团与犹太人所掌控的美国媒体结合在一起，成为一股强有力的政治力量。美国时任总统尼克松对此深有感触，他在 1972 年

---

① Lily Feldman, *The Special Relationship between West Germany and Israel*, George Allen & Unwin Inc., 1984, p. 37.

时告诉基辛格，"犹太人在美国社会形成了一个紧密结合的集团，他们把以色列利益置于一切之上，他们对宣传工具的控制，使他们成为危险的敌手"①。此外，以色列政府也依托犹太文化积极开展对美文化外交。20 世纪 80 年代，以色列开始与弗吉尼亚州进行接触，逐步拓展文化交流，该州成为首批开启与以色列进行文化交流的州。在以色列公共外交项目的推动下，1986 年弗吉尼亚州成立了弗吉尼亚州以色列委员会，从而将与以色列的文化交流项目逐渐机制化。该委员会同时负责研究双方在文化、教育及经济等领域共同发展的机会，也促成了弗吉尼亚州在以色列建国 40 周年时举办盛大的庆祝活动，使得弗吉尼亚州民众对以色列有了更为深刻的了解。

20 世纪 90 年代，伴随着冷战的结束，国际与地区形势大为改善，以色列公共外交项目运作的对象国家数量显著增加、内容更为充实、项目运作也更具持续性。1992 年，伴随着以色列和印度的建交，科学技术成为以色列对印度开展公共外交项目的重要资源。仅仅 7 年时间，以色列在印度便开展了 100 多个援助项目，其中农业项目 60 个、灌溉项目 18 个、计算机项目 16 个、化工项目 8 个、电信项目 7 个、塑料制品项目 4 个、纺织项目 4 个、医疗项目 3 个、其他项目 15 个。② 这些援助项目的持续深入，改善了印度的技术水平，在印度与以色列的知识精英间建立了联系机制，并达到了以色列以"援助换友谊"的公共外交目标。而伴随着苏联的解体，以色列在这一时期也动员社会力量出资支持东欧犹太教育的复兴和发展，如开办犹太教育和文化中心、建立图书馆、资助希伯来语教育等，这些公共外交项目有力地促进了前苏东国家犹太社会组织的迅速发展，推动了犹太社团所在国家市民社会的成长，并有助于以色列提升对东欧国家的外交能力。在文学艺术领域，以色列公共外交项目也逐渐丰富。以色列爱乐乐团在国际音乐界有着极高的地位，冷战后该乐团长期在世界各地进行巡回演出。以色列爱乐乐团邀请了国际著名的印度犹太裔指挥家祖宾·梅塔作为该乐团的终身总监，更是提升了其国际形象力，一些国家的不少民众都是在对以色列音乐有了感性认知后才建立了心

① 〔美〕亨利·基辛格：《动乱年代——基辛格回忆录》（第一册），张志明等译，世界知识出版社，1983，第 252 页。
② Farah Naaz, "Indo-Israel Cooperation: Agriculture, Trade and Culture," *Strategic Analysis*, September 1999, p. 898.

中的以色列形象。

进入 21 世纪，以色列在创新领域走在了世界前列，并且将"创新文化"列为其公共外交项目的重要主题，以色列经济部首席科学家阿维·哈森在 2015 年接受外媒采访时就曾表示："我们是小国，没有资源，创新是我们赖以生存的基础，会支撑我们的经济，使得社会可以持续发展。在以色列，我们的创新不仅仅是技术创新，还包括人们敢于冒风险、敢于创新、敢于开拓知识的前沿。"[①] 因此，关于创新文化的公共外交项目涵盖了教育、文化、科技等各领域。以教育为例，创新文化成为以色列高校海外招生项目的核心词汇，不仅越来越多的中国、印度等发展中国家的学生因为创新文化的吸引前往以色列学习，美国、欧洲等国的更多学生也选择前往以色列交流，感受以色列的创新文化。以色列理工学院就长期向国际学生开设有关初创企业的 MBA 课程项目，在课程设置中，学校很好地结合了 21 世纪以来以色列初创企业在发生巨大变化市场中取得的成功经验。对于项目的优势，以色列方面认为，当前 90% 的初创企业失败证明了传统商业知识的不足，已不再适合市场需求，而初创企业 MBA 课程项目不仅向学生提供理论工具，还为学生传授企业经验，并且能够在以色列一流的初创企业中学习。该项目确实也获得了绝大多数国际学生的认可，在国际学生们看来，他们"正在学习如何更好地认知企业的复杂性、如何操作一家创业公司，以及将一个想法变成一个成功创业公司的领导技能。该项目合适的实践安排与课程内容是其从事商业工作所需准备的一部分"[②]。

不仅如此，21 世纪以色列执行公共外交项目的主体也更为丰富。如以色列国家图书馆就制订了一项名为"希伯来文手稿国际数字图书馆计划"的公共外交项目。2015 年，在该项目的推动下，以色列国家图书馆与大英图书馆签订了一项合作协议，双方将实现大英图书馆集藏中至少 860 份希伯来珍贵手稿的数字化。通过该项目，大英图书馆集藏的共计 3200 份手稿将得以实现细致的编目分类，以支持公众通过以色列国家图书馆希伯来手稿数字图书馆和大英图书馆网站查看至少 2110 部经典古籍的数字化图像。[③]

---

① 李治国：《以色列创新文化值得借鉴》，《光明日报》2015 年 10 月 29 日。

② Shlomo Lifshitz, "Learning Innovation in the City of Tomorrow," 2015 - 2 - 18, http://www. israelnationalnews. com/News/News. aspx/191504

③ 《以色列国家图书馆与大英图书馆签订合作协议，推进希伯来语手稿国际数字图书馆》，《新世纪图书馆》2015 年第 8 期，第 46 页。

二　项目运作方式时代化：从人际传播、组织传播到大众传播

公共外交的项目运作需要适当的方式才能传播得更广，或传承得更久。项目运作的方式可以是人际传播或组织传播，也可以是大众传播。而以色列公共外交项目的运作随着时代的变迁，也借助过各种方式来传播其信息、价值观和国家形象。

以色列在中东地区长期处于外交孤立的状态，这就需要其得到全球霸权国家美国的大力支持。在危机时刻为了最迅速地得到美国的援助，以色列对美公关外交项目往往采取人际传播的方式。以美以公共事务委员会的公共外交项目为例，该委员会目标明确、分工细致，就是通过人际传播的方式联络、说服美国国会议员，让美国国会通过采取决议案等方式，迫使美国行政部门给予以色列支持，最终取得了较大成功。如1973年第四次中东战争正在进行时，美以公共事务委员会通过36小时的电话"闪电战"，立即使国会两院出台并通过了一项决议案，要求政府提供以色列所急需的武器装备；1977年该委员会对国会议员的公关外交促使美国政府停止向反对以色列扩张政策的联合国教科文组织捐款。据统计，自二战后至1982年间，以色列共获得美国782个决策案例的胜利，占总数的60%，而在美国总统不支持的状况下，也有27%的可能性获得胜利。① 人际传播方式在教育交流领域的项目中也被广泛使用。在其他国家担任希伯来语专业外教的以色列人，能够借助与学生的互动来传播以色列的价值观。以上海外国语大学希伯来语专业外籍教师为例，由于希伯来语专业学生少，以色列籍外教与四年只有一届的学生朝夕相处，建立了深厚的感情和长期的联系。此外，上海市虹口区曾是第二次世界大战中犹太难民的栖居地，该区一所学校也因此开设了希伯来语兴趣课，每周五下午以色列外教均会前往上课，让这所学校的选修学生在学习希伯来语的基础上，了解二战中上海市民与犹太难民的友谊。自2015年开始授课以来，该项目获得了积极的社会评价，学生和家长都对这一课程持欢迎态度，不少学生因为这门课程对以色列产生了兴趣，该校校长也希望能够有更多的该校学生学习希伯来语。以色列在技术援助领域的公共外交项目运作同样离不开人际传播，在援助项目结束后，受援国

---

① Mitchell Bard, *The Complete Idiot's Guild to Middle East Conflict*, Macmillan, 1999, p. 174.

的技术人员往往会和以色列建立持久联系，如果不考虑技术专家们长期交往所形成的认同，其技术援助的开展将会受到意愿及资金方面强有力的制约。

与人际传播相比，组织传播最主要的特征就是传播必须凭借组织自身的系统进行。在组织传播中，信息传播通道与组织系统是同一的，传播的动力来自组织本身具有的强制力。组织传播同样也是以色列公共外交项目运作的重要方式。其中，大屠杀教育项目是以色列借助组织传播方式最成功的案例。位于耶路撒冷的亚德瓦谢姆大屠杀纪念馆除去展览功能外，还承担着以大屠杀为主题的公共外交项目，而其组织传播方式进行的大屠杀教育专题讲习班成效显著。每年该纪念馆都向全球邀请各国学者前来参加。在接受了初步的报名后，该纪念馆会通过视频面试等途径从中筛选出较为优秀者，获选者参加这一为期两周的研讨会的费用均由以色列艾德森家族基金会提供。在讲习班期间，以色列方面围绕大屠杀主题安排了极为丰富的交流课程，讲课内容涉及犹太教、犹太历史、犹太文化与文学、大屠杀历史等诸多方面，并准备了其国内外关于大屠杀主题的出版物清单以及亚德瓦谢姆大屠杀纪念馆定期出版的杂志，使参与者能够在短时间内高强度地学习以色列制订的授课内容，在内心接受以色列对大屠杀的定义及其价值观，从而达到项目运行的目的。与此同时，每隔两年，大屠杀纪念馆会就大屠杀与教育问题主办一次国际研讨会。2010 年时，以色列亚德瓦谢姆大屠杀纪念馆和欧洲 13 个国家、100 多所大屠杀科研机构、档案馆、图书馆、博物馆的学者通力合作，开始从事浩大的"欧洲大屠杀研究基地"工程（European Holocaust Research Infrastructure），又称"世界大屠杀档案馆在线索引"工程，旨在将世界 51 个国家 1800 多家大屠杀档案馆、图书馆按国别进行分类汇总，不仅对每个档案馆馆藏文献特征、范围进行简要介绍，还提供其官网链接，任何人只要通过该项目官网即可在线接触世界范围内的大屠杀档案馆。"欧洲大屠杀研究基地"工程已于 2015 年 3 月 26 日开通入口，其不仅是一个庞大的数字系统，更是一个连接全球大屠杀研究人员的人力网络，通过提供奖学金、暑期学校、讲习班和研讨会等形式，该工程正在将全球大屠杀研究者、档案员、信息技术工作者联系起来，这必将为跨学科、跨国界从事大屠杀研究创造新的平台，将在世界范围内构建大屠杀研究社团。① 此外，"生

---

① 张倩红、刘丽娟：《犹太社会与"大屠杀"的国际认知》，《历史教学》2015 年第 6 期，第 14 页。

存者之旅"是以色列政府于 1988 年开始运行的另一个大屠杀教育主题的公
共外交项目，该项目主要是组织来自世界各地的学生、科研工作者以及有影
响力的社会人士前往波兰，探寻大屠杀历史遗迹。活动一般安排在每年三四
月间犹太人的逾越节之后，为期两周，并在大屠杀纪念日那天达到高潮，成
千上万的"生存者之旅"成员在这一天集体从奥斯维辛走向二战期间纳粹
德国建造的最大集中营——波克瑙，借此纪念二战期间的所有遇难者。[①] 通
过该日的活动，参与者会将生存者的徒步行进与战时受难者在这条路上历经
的死亡之旅形成强烈对比，对大屠杀形成跨越国界的愧疚感，并对以色列产
生积极正面的印象。在"生存者之旅"的成员参加完波兰的纪念活动后，
以色列政府会安排其前往以色列参加以色列阵亡战士纪念日及国家独立日。
此外，在以色列公共外交的影响下，欧美等国也相继在国内开展大屠杀教
育，到 20 世纪 90 年代时部分欧美国家已经形成了较为成熟的大屠杀教育
体系。

　　大众传播是指大规模的媒介组织向大范围的受众传递大批量信息的点对面
的单向传播，最大特点是遵循"大数"原则，根据有限的不精确的反馈信息
和传者对公众需要的估测及传播政策的要求，传送出被认为是适合大多数受众
需要的信息，网络和社交平台出现后，媒介组织的概念进一步扩大，大众传播
的社会影响力也进一步加强。以色列从建国起就善于运用媒体开展公共外交，
进而塑造国家形象。在以美关系中，媒体在澄清信息方面就扮演了不可或缺的
角色。以色列国内发行量最大的希伯来语报纸《国土报》设有英语版，这使
美国关注以色列的社会精英能够更为便捷地获取以色列国内的主流新闻；以色
列最重要的英文报纸《耶路撒冷邮报》于 2009 年也出版了专门面向美国的周
刊，这为以色列在对美宣传方面如何选择新闻素材提供了便利。由于美国犹太
人掌控了大量的美国主流媒体，这给了以色列政府推动媒体外交项目带来了极
大便利。在纸媒领域，以色列借助犹太文化的纽带，与新闻出版界有着长期的
特殊友好关系。1979 年 7 月 23 日，时任美国驻联合国大使安德鲁·扬与巴解
组织驻联合国的观察员特尔奇就一项不利于以色列的巴勒斯坦问题提案举行了
秘密会晤，但这一会晤被以色列特工人员获悉，以色列政府于是将该消息捅给

---

① 钟志清：《以色列的大屠杀教育》，《光明日报》2014 年 1 月 6 日。

了美国三大新闻杂志之一，也是由美国犹太人掌控的《新闻周刊》，新闻发布后在美国顿时引起了轩然大波，近半数的美国公民认为安德鲁·扬的举动不当，大量报刊评论文章也进一步跟进，反对他与特尔奇的秘密会晤。在社会舆论的强大压力下，扬不得不对《新闻周刊》的报道做出回答，声称与特尔奇的见面"纯属巧合"，尽管如此，到 8 月 15 日时，安德鲁·扬还是在以色列媒体外交的压力下辞去了美国驻联合国大使一职。在电视领域，以色列也能够根据时代的变化，不断运作新的公共外交项目。2006 年，以色列在美国的主要电视台中播出了国家宣传片《从第一声问候开始，你就会爱上以色列》，就在一定程度上改善了中东和平进程陷入停滞后以色列在美国民众中的形象。近年来，以色列也尝试借助美国犹太社团运用社交媒体推动公共外交项目。如在2014 年 7 月，以色列与哈马斯在加沙地区发生了军事冲突，美国犹太社团就通过社交媒体在纽约成功举行了支持以色列的集会，并且借助新媒体将集会的情况进一步传播，以获得联合国与美国民意的支持。[①] 与此同时，从以色列政府到民间组织都非常重视驻以的外国媒体，并尽量为他们的采访提供便利，其国内知名的媒体服务机构还经常组织讲座，或者在突发事件发生后为媒体提供采访线索。2010 年，美国《纽约时报》常驻耶路撒冷记者伊森·布朗纳就认为以色列的媒体外交很成功，因为尽管内塔尼亚胡右翼政府做出了接二连三不利于以色列国家形象的决策，但仍有多于 50% 的美国民众支持以色列。[②]

第二节　以色列公共外交项目运作——以以色列对华公共外交为例

中以两国于 1992 年建交，双方建交时间较短，理念层面的沟通仍需进一步深化。尽管如此，在以色列对华公共外交的实践中，项目运作发挥了重要的作用，在文化外交及媒体外交中尤为显著。

---

① "New Yorkers rally in Support of Israel," 2014 - 7 - 21, http://www.timesofisrael.com/new-yorkers-rally-in-support-of-israel/.

② 张晓羽：《以色列媒体人反思"公共外交"成败》，2010 年 11 月 15 日，http://gb.cri.cn/27824/2010/11/25/3245s3067616.htm。

一　文化外交与以色列对华公共外交的项目运作

（一）教育交流项目

教育交流传播科技文化知识，不像政治关系和经济关系那么敏感，因而能通过相关人员接触与传递信息，增进各国人民间的相互了解，进而改善相互认知，促进国际关系发展，从而为政治、经济乃至总体国家关系改善创造条件和氛围。在中以教育交流的开展中，交流项目主要体现在以下方面：

第一，以色列国内各类基金会和该国政府资助中国留学生赴以色列攻读学位，以及开展博士后项目。

以博士后项目为例，以色列基金会为中国赴以博士后提供了丰厚的报酬。其中，罗斯博格（Rothberg）家族创立于1984年的果尔达·梅厄基金会在推动中国博士后项目中做出了较大贡献，中以建交后，该基金会资助中国自然科学领域的青年博士赴希伯来大学一流系科开展博士后项目，并为其联系合作导师，合作导师通常均为以色列国内一流的科学家。1998年9月，芭芭拉·科特（Barbara Kort）夫人通过以色列巴伊兰大学设立了"百名博士后研究项目"基金，并与中国国家留学基金委签订《芭芭拉和弗雷德·科特博士后奖学金谅解备忘录》，决定资助中国物理、生物化学、数学以及社会科学等领域的百名博士后研究人员赴以色列进行学习与深造，该项目在十年间取得了丰硕的成果，切实提高了我国赴以研究人员的学术水平，培养了相关领域的高层次科研人才。[1]

近年来，以色列政府为了吸引中国学生到以色列留学，推出了众多面向中国学生的奖学金项目。以色列高等教育委员会（Planning and Budgeting Committee of the Council for Higher Education）面向中国博士后设立了可持续三年的专项资助基金，提供的资助远远超出了青年博士毕业直接留在国内高校的经济收入，因此吸引了不少中国国内优秀的理工科博士，他们所在的博士后工作站均是以色列各研究型大学的优势学科。借助以色列一流的科研平台，有的青年博士回国后直接进入到了"千人计划"的人才项目中。2015年1月，以色列高等教育委员会和中国国家留学基金管理委员会共同签署了《中国国家留学

---

[1]　田艺琼：《新中国对沙特、以色列人文外交比较研究》，上海外国语大学硕士学位论文，2013，第48页。

基金管理委员会与以色列高等教育委员会谅解备忘录》，计划自 2015 年起，中以双方每年共同资助 60 名中国学生赴以攻读硕士学位，200 名中国在校本科生或研究生暑期赴以短期交流学习。硕士学位留学生招生项目主要分布在沙漠研究、化学、土木工程、电子工程、考古、伊斯兰与中东研究、工商管理等学科。以方为暑期进修生提供全额学费及住宿费，为硕士研究生提供半额至全额学费及一定数目的住宿费。国家留学基金委为暑期进修生提供一次往返国际旅费，为硕士研究生提供在以留学期间规定期限内的奖学金、生活费（含医疗保险）及一次往返国际旅费。由以色列外交部负责管理的以色列政府奖学金自 2005 年启动，面向所有专业的中国留以学生，获得该奖学金的中国学生除了免除学费外，每月 850 美元的生活补助基本能覆盖其在以色列的大部分日常生活花销，此外，以色列外交部向数量更多的留以中国学生提供半额政府奖学金，半数以上在以的中国研究生能够获得该奖学金。

对于在以的中国学生，不管是以色列基金会还是政府相关部门，都会为其组织交流活动，通过面对面的互动，以方向中国学生们大力推介以色列的成功发展经验。以政府奖学金为例，以色列外交部会针对这部分学生定期举行活动，如参观博物馆和政府机构及观赏音乐会等，以培育他们对以色列的亲近感。正是在以色列社会和国家对以中教育交流的重视下，越来越多的中国学生选择以色列作为自己留学的国家，而且自费生的比例逐渐增高，所在学科也覆盖了自然科学、社会科学、人文艺术等领域，留学层次遍及本科、硕士和博士、博士后以及访问学者。从 2011 年至 2014 年，中国赴特拉维夫大学留学的人数已经从 20 多名上升到近 200 名。[1] 当前，自然科学领域留学人员占中国留以总人数的 66%，社会科学领域留学人员占 34%，其中本科生、硕士生、博士生和博士后分别占总人数的 18%、24%、57%。另外，还有部分教学科研人员以"访问学者"的身份赴以色列学习交流，人数约占在以色列留学人员的 1%。[2]

第二，以色列通过与中国高校开展合作项目，推动中以教育交流不断深入。

2007 年，特拉维夫大学与中国人民大学合办孔子学院并开始运行，这是

---

① 魏莱:《中国赴以色列留学 "升温"》，《环球时报》2015 年 10 月 24 日。
② 张倩红主编《以色列发展报告（2015）》，社会科学文献出版社，2015，第 293 页。

中以两国高校较早的合作项目。在孔子学院的推动下，2009 年末，以色列总理内塔尼亚胡在以色列年终论坛上向各界倡导，以色列初高中要开设汉语教学，学习中国文化。2010 年 3 月以教育部成立了"汉语教学专家工作委员会"，专门组织和研究开设初高中汉语教学的规划和筹备工作。2012 年特拉维夫大学东亚系已有 700 多人注册学习汉语，成为特拉维夫大学最大的系。① 孔子学院除引领特拉维夫大学东亚系汉语教学外，也支持特拉维夫市中小学开设汉语教学，并在教学资料及师资上予以有力支持。在特大孔子学院的影响下，受益学习汉语的以色列青年达千人之多，并推动了以色列其他大学乃至全国的汉语教学。在此基础上，2014 年，特大孔院承担了中国国家汉办主干教材《快乐汉语》希伯来语版的改编和翻译工作，现已顺利完成并投入使用。为了适应以色列迅速增长的汉语学习需求，同年起，该孔院与特大教育学院合作开办了以色列中小学汉语师资培训项目。在传播中国文化的同时，特大孔院也积极参与推动中以学术交流，如在 2014 年 11 月便动举办了"中以法学国际学术研讨会"；2016 年 1 月，在与特拉维夫大学良好合作的基础上，中国人民大学出版社以色列分社在特拉维夫大学成立，这也是中国出版机构在以设立的首家分社。

2014 年 5 月，北京大学和希伯来大学共建的孔子学院揭牌，通过主办"孔子学院日"、"中国日"、北大艺术团演出等活动，该孔院的汉语教学工作在以色列社会逐渐扩展；2015 年 6 月，希伯来大学孔子学院希伯来文网站建成上线。在孔院项目交流的深化中，依托北京大学与希伯来大学深厚的文化底蕴和人才优势，因地制宜深度挖掘孔子学院内涵，中以双方将该孔子学院定义为研究型孔子学院，并开设了高端中国文化等学分课程。中方教授为希伯来大学学生讲授本科学分课程"中文报刊阅读""今日中国：媒体、社会与人""中国的商业与社会"以及研究生课程"媒体与现代中国：社会政治解读"，满足了希伯来大学亚洲学系高水平研究型学生对于当代中国了解的需求。此外，希伯来大学孔子学院创建了汉学研究中心，该中心推动了中以文明互鉴，成为中以汉学学术交流、互动的平台。2015 年 8 月，首批来自希伯来大学孔子学院的学生代表团到北京大学参访学习。2016 年 8 月，来自希伯来大学继

---

①　薛华领：《汉语进入以色列主流学校》，《神州学人》2012 年第 11 期，第 45 页。

续教育学院、耶路撒冷代表性中小学、语言中心、出版社等机构的师生在希伯来大学孔子学院的邀请和联络下，来华开展了为期 10 天的中国历史文化之旅。

在孔子学院项目成功运作的基础上，中以两国高校逐渐启动了更为全面深入的合作项目。

2014 年 5 月，清华大学与以色列特拉维夫大学签署合作协议，创建并启动交叉创新中心，将联合开展创新性研究与教育，用创新的模式与方法应对当下地区和全球性重大挑战。此后，2015 年 1 月 29 日，中国国务院副总理刘延东和以色列外长利伯曼在北京共同签署《中以创新合作三年行动计划》，其中专门提出要推动共建"中以 7 + 7 研究型大学联盟"（中方成员高校为：清华大学、北京大学、南京大学、中国人民大学、山东大学、中国农业大学、西北农林科技大学；以方成员高校为：巴伊兰大学、本 - 古里安大学、耶路撒冷希伯来大学、以色列理工学院、特拉维夫大学、海法大学和魏兹曼科学研究院）。2016 年 3 月 29 日，由以色列高等教育委员会、中国教育部和清华大学主办的首届中以大学校长论坛在耶路撒冷举行。清华大学与特拉维夫大学在论坛期间签署了关于全面深化创新创业教育与研究合作的协议，该协议以合作共赢为基础，为实现两国共同发展目标进行有效探索，双方将进一步加强跨国、跨学科的合作创新，重点关注生物信息与生物计算在医疗健康领域的应用，开展包括联合科研、教师互访、学生交流、图书资料共享等多种形式的合作。

2014 年 12 月，以色列理工学院与中国汕头大学共建的广东以色列理工学院在广东汕头奠基，2015 年 4 月中国教育部正式批准筹建该学院。以色列科学家、中国科学院外籍院士阿龙·切哈诺沃担任以方院长。广东以色列理工学院是以色列理工学院第一次在以色列以外，建立涵盖本科教育的学校。在 2015 年 12 月 16 日举行的启动仪式上，广东省省长朱小丹指出设立广东以色列理工学院是中以两个国家、两个民族、两种文化面向全球、面向未来的标志性合作项目，将成为中国教育国际合作的标杆，成为具有全球影响力的知名学府和国际性区域创新中心，成为中以两国合作的重要平台。按计划，该学院最终将设置涵盖工学、理学和生命科学三个领域的 10 个专业，在校生规模超过 5000 人。①

2015 年 4 月，华东师范大学和以色列海法大学合作共建的"上海 - 海法

---

① 胡晓玲：《广东以色列理工学院启动：未来将引领创新助推改革》，《21 世纪经济报道》2015 年 12 月 18 日。

国际研究中心"成立。之后，双方高校不断推进务实合作，2016 年 6 月初，华东师范大学 – 海法大学转化科学与技术联合研究院中外筹建工作组在上海成立并投入工作，2016 年暑期，60 名华东师大学生赴海法大学参加教育学和海洋科学暑期实习项目，以及以"创新创业"为主题的暑期游学项目。

此外，以色列非政府组织中以学术交流促进会在中以高教合作中扮演了重要角色。该协会成立于 2011 年，至今已推动四川外国语大学、石河子大学、北京语言大学、西北大学、云南大学、上海交通大学等高校和以色列高校进行合作，并设立了以色列研究合作项目。在此基础上，该协会以以色列研究合作项目为平台，资助中国大学以色列研究领域的教师赴以学习，派遣以色列和美国犹太教授前往授课，并以举办中以战略研究研讨会为契机推动中以高校交流。

第三，教育交流项目也经常成为以色列对华重要外交活动的组成部分。

2012 年是中以建交 20 周年，中国驻以色列使馆与特拉维夫大学联合承办的第十一届"汉语桥"世界大学生中文比赛以色列赛区预赛在特拉维夫大学举办。时任驻以大使高燕平在致辞中指出，语言是人类最重要的交流工具和文化载体。对于犹太民族来说，希伯来语不仅是用来沟通交流的工具，更是犹太民族千年智慧的载体，顽强不息精神的体现。汉语具有同样神圣的意义，代表着五千年的中华文明，载负着中华民族璀璨的文化和悠久的历史，中文蕴藏着无限的智慧。中以建交 20 周年既是两国关系史上的重要里程碑，也是双边关系的新起点，两国经济优势互补，合作潜力巨大，前景广阔，以色列青年重视汉语教育及学习，就能更深入地了解中国，有助于中以友谊。

在庆祝以中建交二十周年的重大活动中，以色列地方政府联合会邀请了24 名来自北京大学和上海外国语大学的希伯来语和阿拉伯语专业的学生于2012 年对以色列进行了为期 26 天的访问，这些学生在以色列各大学参加相关课程的学习，并生活在以色列 8 个不同城市的居民家中，从而切身了解以色列社会、文化和日常生活。活动临近结束之际，以色列总理内塔尼亚胡在总理府会见了到以交流学习的 24 名中国大学生，他对此次教育交流项目非常欢迎，并希望中国学生通过在以色列的学习，能够造福于两国人民。①

---

① 中国驻以色列大使馆：《驻以色列使馆临时代办施泳出席在以总理府举行的中以人文交流活动》，2014 年 7 月 31 日，http://www.fmprc.gov.cn/ce/ceil/chn/sgxw/t957193.htm。

2013 年，以色列总理内塔尼亚胡访问中国。访问期间，内塔尼亚胡在接受新华网的采访时，着重提出了教育是以色列成为创新之国的根源，而中国与以色列都有着重视教育的传统，并且希望能够推动中以教育交流。2014 年，时任以色列总统佩雷斯访华，在出访前接受中国媒体联合采访时，佩雷斯明确表示"我们很愿意向中国派遣留学生，同时欢迎中国的青年人来以色列留学，衷心希望进一步加强与中国的人文交流与合作"。①

2016 年 9 月，中共中央政治局常委、全国人大常委会委员长张德江在访问以色列期间，也将教育交流项目作为访问的重点之一。在会见内塔尼亚胡时，张德江委员长提出要加强中以两国在科技创新、人才开发等方面的密切合作；在会见以色列议长埃德尔斯坦时则强调要促进教育等方面的合作深入发展，厚植中以友好的社会基础。此外，张德江还访问了以色列 7 所研究型大学之一的魏茨曼科学院，并同以色列科学家就科技创新、技术成果转化等进行了座谈。

（二）历史文化交流项目

近代以来，中华民族和犹太民族的交往逐渐增多，其中犹太人来华和中犹两大民族在第二次世界大战间共同抗击法西斯的历史得到了以色列政府的特别重视，并成为其对华文化外交中历史文化交流项目的重要载体。

鸦片战争后，犹太人形成了来华的三次高潮：第一次是上海、香港等通商口岸的开放，为塞法迪犹太商人跟随英国等列强进入中国发展创造了有利条件；第二次则是从 19 世纪 80 年代起，在俄国和东欧掀起的反犹狂潮，促使部分俄国犹太人来到中国，哈尔滨、天津、上海等地成为这次犹太人来华的聚集地，并组建了新的犹太社团；而最大的一次犹太人来华高潮则出现在第二次世界大战爆发前，纳粹德国对犹太人的迫害造成了大量犹太人涌入中国，1939 年至 1940 年不到两年时间，有约 14000 欧洲犹太难民来到上海，高峰期平均每月有 2000 至 3000 人抵达。据有关统计，1945 年 8 月时上海已有犹太人 24850 人。②

中以建交后，以色列政府十分重视犹太人来华的历史，特别是在第二次世界大战中犹太人来华避难的经历，而得到很好修缮和维护的上海犹太难民纪念馆则成为以色列对华公共外交的重要平台。当前，关于"犹太难民在上海"

---

① 王水平：《佩雷斯：中国成就无可比拟》，《光明日报》2014 年 4 月 9 日。
② 郑依柳：《旧上海犹太人的变迁》，《人口研究与报导》1989 年第 1 期，第 20 页。

的名单、数据库、音视频、口述实录等已初具规模，2014 年 9 月，一面刻满逃亡上海犹太难民名单的青铜纪念墙和一座纪念雕塑在上海犹太难民纪念馆落成，13732 个名字，组成了世界上唯一一座以"拯救"为主题的名单纪念墙。由于中以双方对于二战期间上海所庇护犹太难民的数量还没有确定，因此当来到这里缅怀的犹太人发现自己或是家人仍没有被登记在册时，就会在数据库中补充相关信息。2015 年 8 月，上海犹太难民纪念馆二期建设完成后开放，曾在二战期间吸引大量犹太难民聚会的白马咖啡馆得到复建，一座名为"风雨同舟"的雕塑也同时揭幕，以纪念中以两国人民的历史友谊。

中以建交后，不仅便利了犹太民众前往上海犹太难民纪念馆，以色列政府高官和社会团体访华时往往都会来此参观。2013 年 5 月 7 日，以色列总理内塔尼亚胡来到上海犹太难民纪念馆，并在上海出席招待晚宴时表示，以色列不会忘记过去，对二战期间上海对于犹太人的接纳和帮助永远心存感激，他同时强调中以两国在历史上形成的深厚友谊，将有助于双方在更广阔的领域中谋求合作。

此外，哈尔滨作为另一个中国曾经最大的犹太社区，在以色列对华文化外交中也起着不小的作用。2004 年，时任以副总理兼工贸部长的奥尔默特访华时专程访问了被其称为"第二故乡"的哈尔滨。他的祖父 1917 年移居哈尔滨，并一直生活在那里，去世后被安葬在至今保存较好的哈尔滨犹太公墓。他的父母也都在中国长大，并于 20 世纪 30 年代离开中国，移居到现在的以色列。2007 年，当奥尔默特以以色列总理的身份再次访华时，又一次谈起了自己的中国情结："我父母都在中国长大。在我小的时候，我父母经常给我讲他们在哈尔滨和齐齐哈尔的生活经历。那时，我父亲是当地一个学校的教师，用中文教中国孩子历史。中国文化已经成为我们家庭传统的一部分，也是我在以色列童年时代最初的记忆。"①

2015 年 8 月，为了感恩上海这座城市在二战期间为数万犹太难民提供庇护和中转，以色列驻上海总领事馆于 26 日在上海犹太难民纪念馆发布了《谢谢上海》公益宣传片。该宣传片的拍摄制作总共历时 4 个月，走访了以色列的海法、特拉维夫、耶路撒冷等地，录制了上百段人物视频，搜集了大量珍贵的拍摄素材，之后经过筛选、剪辑浓缩为 1 分钟长的宣传片。为了配合宣传片的

---

① 黄晓南、朱剑慧：《奥尔默特：以中关系发展令人欣喜，前景广阔》，2007 年 1 月 6 日，http://news. xinhuanet. com/world/2007 - 01/07/content_5574958. htm。

发布，在新浪微博上已拥有 192 万粉丝的以色列驻华使馆发出了一条充满感恩的微博，并且指出，"我们永远感谢你们，永远不会忘记这段历史""二战期间，2 万多名犹太人从被纳粹占领的欧洲逃至上海避难""谢谢上海"。这条微博和短片引发了中国网友的广泛关注，在微博下方，《谢谢上海》的宣传片至 8 月 27 日上午时播放量已达到了 12.9 万。

公益宣传片中共有数百名以色列公民出镜，其中包括二战期间在上海长大的犹太难民、上海友好城市以色列海法市市长尤纳·亚哈维、诺贝尔经济学奖得主罗伯特·奥曼等。他们举着写有汉语、英语或希伯来语"谢谢"的标牌，面露微笑，向曾经给予犹太难民帮助的中国人民致以谢意。在《谢谢上海》公益宣传片于以色列的拍摄过程中，没有遇到任何困难，反而得到了受访者积极的配合。"不论是谁，有着什么样的身份，我们请求他们是否可以入镜拍摄，他们都说非常愿意。一些犹太难民中的幸存者至今还活着，他们知道自己参与拍摄，非常激动。"①

此次宣传片的拍摄中，也得到了以色列总理内塔尼亚胡的大力支持。在宣传片中最后出现的内塔尼亚胡，用真挚的语言亲自表达对上海的感激之情。"我们永远感谢你们，永远不会忘记这段历史。谢谢！"

在宣传片的发布会上，以色列驻上海总领事柏安伦向中外媒体表示："我们永远不会忘记，中国人民在犹太难民处于'历史最黑暗时刻'施以援手，我们的感激之情发自肺腑，以中友谊是在犹太人经历大屠杀的艰难时刻建立起来的，衷心希望借助这部公益片能进一步加强两国友谊。"他同时希望该片能在越来越多的公开场合播放，甚至是其他国家，"不仅是为了让更多的以色列人和中国人知道历史上这段动人的友谊故事，这同时也是一种宝贵的国际友谊，必须要让世界各地更多的人知道这段历史"。

2015 年 9 月，首部中以合作的原创音乐剧《犹太人在上海》在中国上映，这部以战火时代的上海犹太人命运为背景的音乐剧一经亮相，便迅速赢得了舆论的认可，上演五天后，就被第十七届上海国际艺术节升格为年度"开幕首演"，创造了一台剧目从上演到被选为艺术节开幕演出的最短纪录。该剧的内容从 1941 年太平洋战争后停泊在外滩码头的犹太人航船开启，诉说了主人公

---

① 《以色列拍公益片〈谢谢上海〉，总理出镜感恩》，2015 年 8 月 27 日，http://politics. people. com. cn/n/2015/0827/c1001 - 27524945. html。

斯特恩等犹太青年在逃离纳粹阴影之后，受到上海人民照顾，和上海人民并肩与日本军国主义殊死抗争的感人故事。《犹太人在上海》这部中英双语音乐剧的演员阵容也体现了中以之间的密切合作，剧中数位以色列演员均是由导演前往以色列物色，如扮演男主角的杰夫便是来自以色列著名的卡梅尔剧院的演员。在中以双方的努力下，该剧的题材内容和艺术水准获得了国际社会关注和肯定，并赴以色列、英国、意大利、美国等地巡演。

第二次世界大战中，一些犹太人也曾参加了中国的反法西斯战争，其中以犹太医生罗生特最具代表，他也被陈毅称为"活着的白求恩"。罗生特毕业于维也纳大学医学院并获医学博士学位，由于受到纳粹迫害，他1939年夏流亡到上海，在中国从事医疗卫生工作，先后转战华中、山东和东北解放区，在新四军、八路军和东北民主联军中担任高级卫生工作职务，并历任大军区医学顾问、纵队卫生部部长。他是唯一获得高级军衔的外国医生，也是中国共产党特别党员。1949年11月，罗生特返回奥地利，后去以色列探亲，不幸于1952年病逝于特拉维夫。罗生特在特拉维夫的墓地得到了很好的保护，成为以色列对华公共外交的重要资源，不少中国赴以代表团都会前往特拉维夫郊外罗生特墓前吊唁。2014年5月21日，刘延东副总理访问以色列，在希伯来大学的讲演中再次强调了罗生特是增进中以人文交流、发展两国关系中的宝贵财富。2015年4月，中国驻以色列大使詹永新携使馆工作人员再次于清明节期间，前往犹太公墓祭奠在抗日战争中与中国人民并肩作战的这位犹太医生。

近些年来，围绕二战中的大屠杀记忆，中以之间进行了较为深入的交流。1939年至1940年间，中国驻维也纳总领事何凤山向数千犹太人发放了前往上海的签证，使他们免遭纳粹的杀害，被称为"中国的辛德勒"。以色列政府非常重视何凤山在中以历史文化交流中的作用，2000年，何凤山被以色列政府授予"国际正义人士"称号；2001年，以色列政府在耶路撒冷为何凤山建立纪念碑，碑上刻着"永远不能忘记的中国人"。在2010年上海世博会以色列的国家馆日，为犹太人签发"生命签证"的何凤山肖像与爱因斯坦的一份相对论手稿共同在以色列馆的显要位置展出，吸引了众多参观者驻足。2011年，"纪念国际正义人士何凤山博士诞辰110周年活动"在何凤山的家乡湖南益阳举行，以色列驻华大使及益阳的友好城市以色列佩塔·蒂科瓦市市长等参加了纪念活动。此后，2013年11月，何凤山的英文版传记在以色列正式发行。出版何凤山传记英文版的以色列茉莉集团首席执行官盖伊表示，何凤山的事迹应该被更多人铭记，出版这本传记只是第一步，将来他们也许会将何凤山的故事搬上银幕，让更多的人知道这段历史；中国驻以色列大使高燕平指出，何凤山英文版传记的出版不仅能让中国人、犹太人以及全世界的人记住当年大屠杀的悲剧，也能让全世界从中吸取教训，思考如何避免这样的悲剧重演。2015 年 1 月 27 日，联合国维也纳总部举行仪式纪念何凤山。以色列常驻维也纳联合国和其他国际组织代表兹维·海费茨在纪念仪式上说，二战时很多国家在移民问题上执行严格政策，作为驻奥地利总领事的何凤山却给犹太人发放签证，才使他们最终逃离奥地利。中国常驻维也纳联合国和其他国际组织代表成竞业在讲话中指出，何凤山当时冒着极大的风险，毅然向数千名奥地利身陷绝境的犹太人签发前往中国的"生命签证"，使他们躲过了大屠杀的劫难，他的义举充分体现了中华民族正义、善良的美德和人道主义情怀。① 2015 年 4 月，中国及以色列驻奥地利使馆联合举办何凤山纪念牌揭幕仪式，中以两国驻奥大使、联合国工发组织秘书长李勇、中国常驻维也纳代表团临时代办、有关国家驻奥外交机构和媒体代表等 60 余人出席。中国驻奥大使赵彬在致辞中回顾了何凤山于二战期间救助犹太难民的情况，指出中华民族历来具有急公好义、扶危济困的传统美德，以色列驻奥大使海菲茨则高度赞扬了何凤山在二战期间救助犹太难民的大义之举，表示以色列政府和人民永远不会忘记中国人民的无私帮助和深情厚谊。

此外，在二战中，南京大屠杀也是中华民族遭受日本侵略最惨重的民族记忆之一，而在国际社会有着巨大影响力的以色列大屠杀纪念馆，则为南京大屠杀纪念馆的建设提供了宝贵的借鉴经验。2013 年 12 月 19 日，外交部长王毅参访以色列大屠杀纪念馆，他在纪念大厅向 600 万犹太人死难者敬献花圈。王毅表示，以色列大屠杀纪念馆通过大量史实和证言，把当年法西斯主义产生的根源、社会背景和整个过程全景式发掘和展示出来，还历史以真实，给后人以警示，值得我们深思。② 2014 年 5 月 22 日，在以色列访问的中国国务院副总理刘延东参观了以色列大屠杀纪念馆，向大屠杀死难者敬献了花圈，并向纪念馆

① 王腾飞：《联合国维也纳总部举行仪式纪念"中国辛德勒"何凤山》，2015 年 1 月 28 日，http://news. xinhuanet. com/overseas/2015 – 01/28/c_1114166022. htm。

② 魏星：《中国在历史问题上发现以色列的价值》，《东方早报》2014 年 5 月 8 日。

赠送了侵华日军南京大屠杀遇难同胞纪念馆主题雕塑作品。刘延东对陪同参观的以色列大屠杀纪念馆馆长沙利夫和图书馆长罗扎特说，中华民族和犹太民族同为二战受害者，在反对法西斯主义和军国主义的斗争中，相互支持，患难与共。中国外交官何凤山冒着生命危险，拯救了数万犹太人的生命。他的事迹陈列在这里，是中华民族和犹太民族友谊的宝贵记录。① 2014 年 9 月 10 日至 12 日，应以色列大屠杀纪念馆邀请，侵华日军南京大屠杀遇难同胞纪念馆代表团参观访问了以色列大屠杀纪念馆，并与沙利夫馆长进行了会谈。② 2015 年 9 月，全国人大常委会委员长张德江在访以期间也参观了大屠杀纪念馆，并向二战期间的犹太人死难者敬献了花圈。

（三）文艺交流项目

中以建交后，文艺交流项目发展迅猛。其中，以色列非常重视现代希伯来语文学的汉语翻译。当代以色列最富有影响力的作家之一阿摩司·奥兹便认为，了解一个民族最好的方式是阅读其文学作品。1992 年中以两国的建交开创了中国译介希伯来文学的繁荣局面，同年便有三部希伯来文学方面的译作问世，即《现代希伯来小说选》《耶路撒冷之歌：耶胡达·阿米亥诗选》，以及《近代希伯来文学简史》。1996 年至 2006 年，共有 60 余部希伯来小说被翻译成中文。其中，译林出版社独自购买了阿摩司·奥兹的五部长篇小说版权，在 1998 年到 2000 年间陆续推出了《何去何从》《我的米海尔》《了解女人》《沙海无澜》《费玛》等，将一个以色列作家的五部作品一并推出，这在当时，堪称中国希伯来文学翻译史上规模最大的一次了。《我的米海尔》引起了评论界的广泛关注，池莉、徐坤等女作家对奥兹作品表现出了强烈认同，池莉经常提及奥兹简约优美的语言对其创作产生的影响，《我的米海尔》在 1999 年甚至获得了中国第四届外国文学图书奖，成为第一部在中国获奖的以色列文学作品。③ 进入 21 世纪后，阿摩司·奥兹于 2002 年创作的自传体长篇小说《爱与黑暗的故事》翻译为中文后被中国学界视为奥兹最优秀的作品，并引起了国

---

① 新浪网：《刘延东参观以色列大屠杀纪念馆：历史不能重演》，2014 年 5 月 22 日，http://news.sina.com.cn/c/2014-05-22/220530203150.shtml。

② 中国驻以色列大使馆：《南京大屠杀纪念馆代表团访问以色列》，2014 年 9 月 11 日，http://www.fmprc.gov.cn/mfa_chn/wjdt_611265/zwbd_611281/t1190296.shtml。

③ 钟志清：《现代希伯来文学在中国》，《苏州科技学院学报》（社会科学版）2007 年第 2 期，第 71 页。

内众多读者的阅读兴趣。

随着以色列文学走进中国，中以文学界的交流也逐渐升温。1994 年，首届希伯来文学翻译家国际会议在耶路撒冷隆重召开，中国有三位代表应邀出席了此次会议。其间，以色列翻译家协会会长奥菲娜·拉哈特特别邀请参会的中国学者参加与以色列翻译家协会会员的座谈，并在座谈会上做了题为《论希伯来文学汉译过程中的文化差异处理》的发言。[①] 2007 年夏秋之交，阿摩司·奥兹应邀访华，在北京的"阿摩司·奥兹作品研讨会"上，奥兹与莫言、阎连科等中国作家进行了深入交流；在上海期间，又与王安忆等驻沪作家、文化界人士和媒体见面，并做了《身为以色列作家》的演讲。他在接受中国媒体采访时表示，"现代中国和以色列之间尽管差别很大，但我相信，我们在家庭生活的组合、家庭生活的温情、家庭生活的深处等方面有共同之处：传统与现代、价值观念与情感通常带有普遍性。我不但希望我的小说在富有人情味上让中国读者觉得亲切，而且要在战争与和平、古老身份与全方位变化、深邃的精神传统以及变革与重建文化的强烈愿望方面唤起人们对现代以色列状况的特殊兴趣"。[②] 此外，2014 年在中国召开的"中以文学国际研讨会：文学与民族认同"，在中以文学界也产生了重大影响。除了两国理论界的对话外，中国作家阎连科，诗人高兴、傅浩等也与以色列最富有才华的 70 后作家和诗人西蒙·阿达夫就诗歌小说创作中的诸多问题进行了讨论。

中以两国在艺术领域的项目合作同样具有社会基础。在二战中来到上海的犹太人中，就有不少蜚声全球的音乐家，这些音乐家为新中国的音乐发展培养了开拓者和生力军，也为两国建交后以色列艺术团体来华演出做了感情的铺垫。犹太作曲家弗兰克尔 1939 年来到上海，在上海国立音专（上海音乐学院前身）任教，后来曾任上海音乐学院院长的音乐家桑桐（本名朱镜清）就是他的学生之一。犹太音乐家卫登堡 1939 年 2 月来到中国，直至 1952 年 7 月在上海去世，在中国生活了 13 年，一直以教授音乐为业，新中国建立后，又在中央音乐学院上海分院（上海音乐学院前身）任教，为中国培养了众多音乐人才。中以建交后，1993 年 5 月，两国签署了文化交流协定。1994 年 11 月，

---

① 徐新：《首届希伯来文学翻译家国际会议散记》，《中国翻译》1995 年第 1 期，第 47 页。
② 《阿摩司·奥兹在中国》，《中华读书报》2007 年 8 月 29 日。

具有世界一流水平的以色列爱乐乐团访问北京、上海，受到中国民众的热烈欢迎。① 此后，不仅是以色列爱乐乐团，耶路撒冷、海法、内坦亚、里雄隆锡安等城市的高水平交响乐团也纷至沓来。每年在中国各大城市的音乐厅和艺术中心都有以色列乐团的演出，并且得到了中国观众的交口称赞。2013 年 4 月，中国钢琴家兼指挥家许忠担任了以色列海法交响乐团的艺术总监和首席指挥，任期四年。近年来，中以在流行音乐领域的交流也逐渐增多。以色列流行乐坛著名创作型歌手吉拉德·赛格夫于 2014 年 7 月在北京举行了首场在华个人演唱会；2015 年 8 月，赛格夫又在深圳完成了他在华的第二场演出，向中国观众带来了犹太民族音乐和以色列流行音乐。②

此外，由中以政府共同发起的以色列"欢乐春节"文艺交流项目也在逐年完善，以 2016 年为例，该项目于 1 月 7 日启动，持续近 2 个月，由音乐会、现代舞、武术和杂技巡演、中国音乐推介等 30 场活动组成，覆盖了以色列特拉维夫、海法、埃拉特等 8 个城市。其中不少活动都是由中以艺术家共同完成，如在海法市举办的"中国新春音乐会"，便由以色列四大交响乐团之一的海法交响乐团与两位中国歌唱家联袂出演，演出曲目包括了中国乐曲《春节序曲》《红旗颂》《乔家大院》，以及中国民歌《小河淌水》等。

二　媒体外交与以色列对华公共外交项目运作

媒体外交覆盖的范围很广，在传统媒介领域，媒体外交是指政府运用新闻、出版、无线电广播、电视、电影、录像带以及新兴的电子通信手段，宣传对外政策。互联网兴起后，建立在互联网开放性原则之上的新媒体外交，使政治主体不仅可以自行创造传播内容，而且还可以构建政治支持网络并进行远距离意见分享互动，由此带来国家信息边界的销蚀和话语主导权的转移。以色列长期以来重视推进对华媒体外交项目。2009 年以来，微博、微信等新媒体在中国国内推出，得到了中国青年群体的广泛使用：截至 2012 年 12 月底，新浪微博注册用户已超过 5 亿；2014 年 5 月时，微信就已有 6 亿用户，而截至 2016 年，微信用户数量已突破 9 亿。面对新媒体的浪潮，以色列又很快掌握了如何运用网络和社交平台来筛选媒体素材，以构建其在华国家形象。

---

① 潘光：《中国—以色列关系的历史演进和现状分析》，《社会科学》2009 年第 12 期，第 161 页。

② 王水平：《中国是可以作为家的地方》，《光明日报》2015 年 8 月 24 日。

（一）"创新国家"议题的媒体外交项目

1. 以"创新国家"为议题，推动中以媒体交往与合作，为两国关系的深化营造舆论环境

2013 年 5 月，新华社社长李从军前往以色列访问，时任以色列总统佩雷斯在会见李从军时表示以色列希望在农业和科技等领域加强和中国的合作，并力图推动新华社加强对以色列的报道。2014 年 7 月，李从军在北京会见了以色列驻华大使马腾，双方签署了合作备忘录。合作备忘录旨在拓展中以媒体交流的渠道，让中以两国的普通民众更好地了解对方的经济、文化等方面。

2014 年 11 月，在以色列驻华使馆的邀请下，"凤凰网名博走进以色列"大型活动启动，凤凰卫视资讯台执行总编、凤凰网总编辑、《工人日报》编辑部主任等中国资深媒体人前往以色列进行了为期一周的访问。为了推动"创新国家"议题在中国的传播，以色列驻华使馆围绕此次访问在凤凰网开设了独立的专题网站"智慧与梦想——凤凰名博走进以色列"，"创新国家"也成为此次媒体外交项目的主题。

2015 年 7 月，经济日报社社长应以色列方面邀请率团访问以色列。通过此次访问，经济日报社和以色列媒体探讨了双方在有关领域合作的可能性。2012 年至 2014 年 3 年间，该报纸并未刊发过关于以色列创新的专题文章。而就在访问后，《经济日报》于 8 月便发表了《以色列采访记（上、下）》两篇文章，均是聚焦于以色列的"创新国家"特质，10 月又刊发专文《以色列创新文化值得借鉴》。2016 年，《经济日报》相继发表了《"一带一路"开启中以经贸合作新篇章》和《探秘"创业国度"以色列》的专题报道，推动了以色列在华"创新国家"形象的塑造。

2015 年 7 月，在以色列驻华大使馆的推动下，由人民日报社国际部原主任率领的中国网络名人代表团访问了以色列。这次访问以"创新经济"为主题，为期一周，重点参观了以色列特拉维夫新型科技园区，并与企业代表交流，以学习以色列企业管理和科技创新经验。访问期间，网络名人们将通过微博、微信等平台与网友们分享在以色列的见闻，并插入微博话题"微观以色列"，向中国普通民众展现了以色列的"创新国家"形象。

当前，中国媒体在以色列的常驻记者已成为中国在中东地区最庞大的记者团体之一，新华社、《光明日报》、中央电视台、中国国际广播电台、《科技日

报》等国内媒体在以色列均设有记者站。当以色列国内举办"创新国家"议题的活动时，均会重点与我国记者沟通，以达到其预期效果。以《科技日报》为例，该报在 2012 年至 2015 年的涉以报道中，以色列高科技新闻数量均占到涉以新闻数量的半数以上，其比重在 2013 年甚至达到了 83%。① 《光明日报》在对以色列的报道中关于"创新国家"的议题也从 2014 年起显著增加，2014 年 5 月，《光明日报》刊发了其驻以色列记者撰写的《以色列创新精神（上、下）》两篇文章，引起了国内的较大关注。

2. 在中以共同主办或参与的大型论坛期间，借助媒外交项目塑造"创新国家"的形象

2015 年 10 月，中国科技部与上海市政府共同主办的浦江创新论坛举行，以色列则是该年论坛的主宾国。由于浦江创新论坛在国内外备受舆论关注，为了更好地借助此次论坛，以色列方面将主宾国论坛的主题确定为"科技创新引领中以合作"。在之前举行的新闻发布会上，以色列驻华大使马腾向中外媒体表示，"以色列通常被称为创业的国度，我们把以色列称为创新的国度，未来属于创新者"②。论坛期间，以色列副总理西尔万·沙洛姆率领着由 80 名成员组成的以色列代表团来华，其中包括了微软全球副总裁、以色列经济部首席科学家、以色列专利局局长等在内的多位优秀的以色列专家和创业者分享他们的经验。西尔万·沙洛姆在主旨演讲中指出中以两国在科技创新领域已展开许多合作，双方联合进行的研发项目数量之多，已仅次于以美两国，并且认为未来两国在创新科技方面将有更大的合作潜力，在其演讲的最后，沙洛姆用中文振臂高呼"创新！创新！创新！"，更是赢得了中外媒体对以色列"创新国家"形象的极大关注。另外，为了使此次媒体外交项目获取更大的影响力，以色列又联合中国主办方于论坛期间举行了"中以上海创新中心"的揭牌仪式。以色列驻沪总领事借机向媒体表示，中以创新合作基础深厚、互补性强、潜力巨大，中以上海创新中心的成立将为两国科技创新合作注入新的活力。

2016 年 9 月，由清华大学、特拉维夫大学主办的首届中以创新论坛在北京举行。论坛以"创新、开放、合作、引领"为主旨，会聚两国颇具社会影响的学界、政界和商界精英，共同交流、探讨最新的科技发展及高校驱动的创

---

① 张倩红主编《以色列发展报告（2016）》，社会科学文献出版社，2016，第 326 页。
② 张梅：《以色列大使：未来属于创新者》，《中国投资》2015 年第 11 期，第 15 页。

新项目，并获得了中外媒体的广泛关注。特拉维夫大学校长约瑟夫·克拉夫特在论坛中提出，中以创新论坛体现了中以顶尖高校在全球推动高等教育发展和科技进步的使命，并希望通过高校之间的合作，能更有效地将革命性创新从实验室推向市场，将大学的科研成果向社会公众推广。

2016年1月及9月，以色列经济与产业部先后在北京和特拉维夫发起召开了两届中以创新投资大会，并计划于2017年4月于中国举办第三届。中以创新投资大会主办方非常重视媒体的传播作用，除了吸引中以两国企业参会洽谈外，每次均安排数十位来自政、商及科技界演讲嘉宾围绕创新主题发言，引导国际舆论。如在第二届大会中，以色列总理办公室主任扎齐、经济与产业部以色列创新局主席艾维·哈森、以色列旅游部部长雅里夫·莱文、英菲尼迪集团创始合伙人及大会主席高哲铭、2011年诺贝尔化学奖获得者丹·舍特曼等政、商和科技界人士都发表了讲话。

3. 借助"创新国家"议题出版物深化以色列在华影响

2010年，中国出版了丹·赛诺和索尔·辛格所著《创业的国度：以色列经济奇迹的启示》中文版，该书出版后在中国社会引起了积极的回应，至2016年4月，该书已重印了44次。以色列时任总统佩雷斯在为该书所做的序言中指出"以色列唯一的选择就是创造性地追求质量""应该把这本书视为关于以色列历史——一个永远的创业的国度——的一份中期报告"[1]，时任江苏省委书记罗志军向该省领导干部推荐了三本书，《创业的国度》便在其列。[2] 2014年12月，以色列驻华大使马腾在接受中国媒体时采访时也曾推荐此书，他认为中国人民从中可以了解到科技与创新为何会在以色列取得成功。[3] 该书作者、《耶路撒冷邮报》社论版编辑和专栏作者索尔·辛格在中文版出版后多次来华访问并演讲，获得了中国舆论的关注。2014年8月，以色列驻成都总领事馆开馆前夕，他在四川省社会科学院发表了题为《国家创新的动力——创业国度的启示》的演讲；在2015年4月于北京举行的全球创新论坛上，索尔·辛格分析了以色列创新精神的成因，演讲内容被中国主流媒体广泛传播；

---

① 〔美〕丹·赛诺、〔以〕索尔·辛格：《创业的国度：以色列经济奇迹的启示》，王跃红、韩宜君译，中信出版社，2010。
② 毕于瑞：《高扬创新的主旋律》，《群众》2012年第2期，第89页。
③ 韩旭阳：《中国领导人是非常开放聪明的强者》，《新京报》2014年12月28日。

2016 年 7 月，在"青岛创新创业创客活动周启动仪式"上，索尔·辛格再次就以色列的创新经验与中国公众分享。

《以色列谷——科技之盾练就创新的国度》是另一部在中国获得成功的出版物。2015 年 12 月，以色列风险投资行业的资深人士爱德华·库吉尔曼（中文名顾克文）、以色列理工学院高级讲师丹尼尔·罗雅区与中国国务院参事、中国与全球化智库主任王耀辉合著的《以色列谷——科技之盾炼就创新的国度》中文版首批印刷出版的两万册很快便被抢购一空。该书在开篇即指出，各创新元素结合在一起，使得以色列形成并强化了一个盾牌，保护着国家的独立和高科技性，即科技之盾。《光明日报》《科技日报》《中国证券报》《中华读书报》《解放日报》等国内媒体均对《以色列谷》书做了推介。和《创业的国度》一书相比，《以色列谷》则是中外学者共同撰写，也更容易契合中国社会的需求，该书出版后甚至一度在中国兴起了学习以色列创新经验的热潮，"以色列谷"已成为创新的一个代名词。顾克文在接受《光明日报》采访时说："近年来，随着我们基金会与中国投资者的合作越来越紧密，中以之间的商业活动大大增加，我们意识到中国商业人士渴望得到更多有关以色列科技创新的信息，因此我们决定在中国出版《以色列谷》。"[1]

在中以创新合作社会氛围逐渐形成的状况下，一些以色列商人也希望通过出版"创新国家"议题的书籍来获得中国社会的认可。2016 年 5 月，《以色列与中国——从丝绸之路到创新高速》中文版出版，该书的两位作者弗里德费尔德和马飞聂均是了解中国市场的银行家，具有丰富的金融服务经验。在书籍出版后，马飞聂也得到了中国媒体的关注。在接受新华社采访时，马飞聂很明确地将自己定义为中以交流桥梁的商人，"中国的投资者会来找我咨询，把他们的投资意向告诉我，我再为他们对接适合的以色列企业"[2]。

（二）推动人文交流的新媒体外交项目

可以说在中东国家中，以色列是最善于运用新媒体和中国民众取得较好互动效果的。以色列驻华使馆及驻上海、广州、成都领事馆的网站，都能够及时更新以色列和中以关系的近况介绍，并且设置了中、英文的语言版本。而在微

---

①　王水平：《〈以色列谷〉中文版在华畅销》，《光明日报》2015 年 8 月 26 日。

②　陈舒、陆芸：《中国企业出"海"携手以色列"智造"》，2016 年 1 月 15 日，http://news.xinhuanet.com/fortune/2016–01/15/c_1117791086.htm。

博、微信等社交媒体上，以色列政府则更为活跃。

1. 旨在推动旅游交流的新媒体外交

为了推动中国民众选择以色列作为旅游目的国，在 2014 年 6 月以色列旅游部长乌齐·兰多访华后，以色列旅游局开设了名为"以色列旅游"的微信公众平台账号，并且也在新浪、腾讯微博开设了"以色列旅游局"的账号。之后，以色列国家旅游部驻中国办事处开办了"以色列旅游"主题中文官方网站。以"以色列旅游"中文官方网站为例，该网站非常详细地介绍了以色列旅游的各个方面，在全面介绍以色列旅游景点的基础上为中国网民推荐了三条经典的线路以供选择。与此同时，网站还介绍了以色列经济、社会、文化的现状，以拉近中以两国民众的距离。相比于中文官方网站，"以色列旅游局"微信公众平台账号在动态和个性化信息上更有优势，虽然该公众号平均每周只推送一条消息，却可以和变动中的旅游信息很好地结合在一起，让中国微信用户产生很强的现场感。如在耶路撒冷国际马拉松赛期间，该公众号就以耶路撒冷的旅游资源为内容，结合"中国跑团是此次比赛最大的海外跑团"这一新闻点，连续 3 天推出了关于耶路撒冷国际马拉松赛的微信，收到了很好的效果。而在 2016 年，由北京至特拉维夫的海南航空公司直飞航线的开通（每周三班）及中以多次往返签证协议签署前后，以色列新媒体也持续发声，并带动了中国民众和媒体的关注。

在以色列的新媒体外交中，常常借助以色列旅游形象大使、娶了犹太妻子的中国影星刘烨，来推动以色列旅游在中国的影响力。自 2014 年 2 月担任形象大使后，刘烨及其家庭就经常在各类新媒体中出现。以以色列旅游局的新浪官方微博为例，当刘烨一家前往以色列旅行时，该微博基本上每隔一两天都会上传其全家在以色列各旅游景点的照片，借助刘烨及其家庭在中国社会的影响力，以色列旅游很快便被中国年轻人所关注。当前，"以色列旅游局"新浪官方微博的粉丝已超过 8.6 万人。

此外，新媒体在以色列于中国举行的旅游推介活动中均发挥着重要作用。如 2014 年以色列旅游局在中国举办巡演期间，推出了其全新的标志和广告语"以色列：创造之地"，其全新的标志采用了多彩的颜色，以年轻化的设计体现出动感与活力，使中国公众不仅认识到以色列拥有厚重的历史文化，而且也是一个充满活力与能量的国家。借助视觉标志的设计，以色列旅游局为新媒体的传播提供了有利的条件。2015 年，以色列旅游局借助互联网开设了关于以色列旅游的培训课程，涵盖了以色列的概况、历史和各异的城市风情，以期让更多的中国旅游从业者了解以色列。为了扩展这一课程的影响，以色列旅游局甚至运用了手机 APP 版本，以期让接受培训者能够随时随地、更加便捷地参与课程。2016 年，以色列旅游局在年度旅游推介和培训课程之前就通过新媒体进行线上宣传，取得了积极的效果。在以色列政府对新媒体的重视下，以色列国内的媒体也尝试借助新媒体促进中以旅游交流。如《以色列时报》就开辟了中文网站、微博和微信公众号，并围绕"到以色列旅游安全吗？""以色列旅游亮点"等主题发表评论及展开讨论，有效地提升了以色列的国家形象。

2014 年以来，在以色列新媒体外交的推动下，中国赴以旅游人数显著上升。据以色列国家旅游局的统计数据，2014 年中国赴以色列旅游人数首次突破 3 万人，达 3.41 万，比 2013 年的 2.5 万增长了 36.2%，比 2012 年的 1.94万增长了 76%，2015 年中国赴以旅游人数则达到了 4.74 万人次，与 2014 年相比增幅达到 43%。[①]

2. 佩雷斯访华与新媒体外交

2014 年 4 月 8 日至 10 日，时任以色列总统佩雷斯受邀对中国进行国事访问。佩雷斯曾因其在 20 世纪 90 年代推动中东和平进程而获得过诺贝尔和平奖，在中国也有着较大的知名度。为了使此次访华获得更大成功，以色列政府为佩雷斯访华制定了详细的新媒体外交策略。

在访问之前，已是 91 岁高龄的佩雷斯特意开通了新浪微博的账号，问候中国网友并欢迎网友提问，他的第一条微博便得到了超过 4000 条评论和 2000多次的转发。可以说，微博的兴起打破了以往一对一或多对一的传播方式，形成多对多的传播格局，使任何传播行为都能迅速裂变成一个全民围观的现象。只通过简短的 140 字进行即时传播，并用视频和音频弥补文字所缺少的画面感，使每个人都能成为新闻的亲历者和传递者。鉴于微博传播的特点，访华期间，佩雷斯一直坚持通过微博用中文直播访问行程。他发布的与习近平主席的合影获得了近 4 万次的转发，得到了中国舆论的密切关注。在中国的 3 天时间里，佩雷斯的"微博外交"吸引了大量中国网友关注，访华第一天结束后其

---

① 武葳：《赴以中国游客增长惊人，以色列加大对华推广力度》，《中国旅游报》2016 年 7 月
29 日。

微博粉丝达到了 5 万多人，10 日上午时粉丝突破 13 万人，到 4 月 15 日则超过 33 万，而他发出的几乎每条微博都得到了数千条的评论和转发。

在访华结束之前的 10 日上午，佩雷斯专门做客新浪微博，进行了 40 多分钟的在线访谈，回答网友的提问。在访谈中，佩雷斯除了介绍以色列在国家发展等领域的经验，对于网友的问题也都能不厌其烦、详细作答。"从人生哲学到年轻人的教育，还承诺一定会改变申请以色列签证时手续多的现状"①。此外，佩雷斯还多次谈到了"中国梦"。他表示，"中国现在对实现中国梦非常感兴趣，这样一个梦想非常棒。中国正在实现新梦想，这个新梦想不光是中国人自己的，也是全世界年轻人共享的。希望所有的年轻人能成为朋友"②。佩雷斯在新媒体外交的实践中，能够很好地与中国现实对接，从而为其赢得舆论奠定了基础。

不仅如此，在佩雷斯访华期间，以色列驻中国大使馆也借机推出了微信公众号"以色列大使馆"，以介绍以色列的国情，并在短时间内得到了广泛关注。之后，该公众号仍然每隔一段时间继续推送关于以色列政治、经济、文化等方面的介绍内容。

佩雷斯在结束访华前发布的最后一条微博写道："朋友们，我很快就回国了。我在北京看到了美丽的春天，这是鲜花盛开的季节。一定要抽出时间给自己，让春天注满你的心灵。关注生命中美好的事物，并让它盛开。用爱拥抱这一美丽的季节，让它成为成长和欣赏的美好时光。回到以色列之后，我将继续我的新浪微博，继续跟亲爱的中国网友们交流。"借助访华这一重要活动，佩雷斯为以色列对华新媒体外交开辟了一条新的渠道，并在访华结束后成为中以之间一个持久的互动平台，以发布关于以色列及中以关系的消息。至 2014 年 12 月，佩雷斯的新浪微博有粉丝 44 万，腾讯微博有粉丝近 17 万，可以说佩雷斯的"微博外交"取得了巨大成功。佩雷斯访华后，其在新浪微博上所发布的内容范围也逐渐扩展，至 2016 年 9 月 28 日逝世时，佩雷斯在 2 年多的时间里于新浪微博共发布 74 条消息，平均每月发布微博近 3 条，内容则围绕着以色列国家发展成就及中以合作潜力等方面展开。

---

① 刘少华：《国际政要热衷来华当网友》，《人民日报》（海外版）2016 年 4 月 16 日。
② 谢开华：《佩雷斯访华大秀"微博外交"》，参考消息网，2014 年 4 月 16 日，http://china.cankao xiaoxi.com/2014/0416/375984.shtml。

　　以佩雷斯访华为契机开展的新媒体外交不仅拓宽了中以交流的途径，更是将"佩雷斯"这一"中东和平老人"成功转化为了以色列在华国家形象的符号之一。2014 年 6 月从总统职位卸任后，佩雷斯仍活跃在公共领域，他拍摄的视频短片《普通公民佩雷斯找工作》在中国社交网络上获得广泛赞誉，被赞为"以色列最好的国家形象宣传片"。佩雷斯在短片中化身为一名努力寻找工作却处处碰壁的普通以色列公民，他尝试着为快餐店送外卖、当保安给民众安检、在超市做收银员等，并且在短片中指出，"你跟你的事业一样伟大，跟你的梦想一样年轻"。2016 年 9 月 28 日，佩雷斯逝世，再次在中国社会引起了对以色列的强烈关注。他和蔼的笑容和亲切的老者形象、谨慎与真诚的政治家品质已成为中国舆论认知以色列的窗口，以及对中东和平希望的寄托。

第三节　以色列公共外交项目运作的不足

一　项目运作中的目标过于局限，战略型项目缺失

　　以色列在公共外交的项目运作中，往往根据不同时期其国家利益的侧重点开展，而忽略了国家形象是需要长时期维系的这一规律。以技术援助项目为例，20 世纪 60 年代，以色列在非洲运行着大量的项目，而随着冷战的结束、以色列与非洲国家关系正常化后，以色列并没有在非洲投入先前的力量，反而大大减少了在非洲的项目，并将运行的项目转向了中国、印度等新兴大国，以期获得在新兴大国潜在的市场。以色列通过公共外交项目的运作以追求其国家利益无可厚非，但是从对非洲重视程度的重大变化可以看出，以色列在项目运作中的目标过于局限，过多从本国的短期利益出发，虽然能够在一段时间内改善国家形象，但是对于国家间信任关系的构建帮助甚小，并不利于以色列国家利益的长远维系。目标局限的困局也体现在以色列对美公共外交领域。以色列独立后，为了维护国家安全，对美国运行了一系列公共外交项目，但项目运作的对象主要集中于美国的犹太社团。尽管犹太社团在美国掌控着大量的政治、经济、媒体等资源，但由于其人数少，从 40 年代至 80 年代不过 500 万左右；而且居住也极为集中，美国 12 个州的犹太人占到了全美犹太人总数的 86%，即便是在这 12 个州中，绝大多数犹太人也居住在大城市中，如纽约就居住着超过 220 万犹太人。因此，公共外交项目运作过度集中于美国犹太人造成了对

美国社会影响的不足，虽然犹太院外集团对美国政府有着不可忽视的影响力，但是在工作中仍会遇到大量的困难。1981 年 4 月 21 日，沙特政府向美国政府提出 84 亿美元军售订单的消息正式发布，这份订单包括 5 架空中预警机、7 架巨型加油机和一批性能先进的战斗机。这一爆炸性的新闻立即令以色列政府大为惊慌与震怒，以色列随即委托犹太院外集团对美国国会进行游说，并推动犹太人掌握的媒体资源营造对以色列有利的舆论，但由于犹太社团与美国各州在国会两院的大部分议员并没有建立起长期稳定的认知，最终这次游说以失败告终。此外，即便以色列政府依托美国犹太社团对美国政府与社会开展了一些成功的公共外交项目，但项目目标基本也都是以澄清信息为主，而涉及两国价值观沟通、提升相互信任程度的公共外交项目则少之又少。

与常规项目运作的局限性相伴随的，是以色列公共外交战略型项目的缺失。所谓战略型项目，即是以公共外交构建国家间信任关系为目标。而国家间信任关系的构建是一个长期的过程，只有在相互尊重、相互了解的基础上才有可能建立信任关系；同时，国家间信任关系不是简单的双边经济贸易额的体现，不是双边政治高层互访次数的反映，而是体现在国家间于心理层面的相互认同；此外，虽然国家间信任关系建立后是不容易变化的，但仍需公共外交的维系与加强，随着社会主流精英和民众的代际更替，年轻一代对他国的认知可能和年长民众的认知产生不同，因而公共外交战略型项目必须得到长期有效的贯彻。如美国的富布莱特教育文化项目就是一个成功的战略型公共外交项目，1946 年，富布莱特项目经由美国国会提议设立，自项目运行以来，不仅推广到西方国家而且也涵盖了世界绝大部分的欠发达国家和地区，至今已资助了超过 30 万名学者，使得他们通过教育、科技和文化等领域的交流丰富了各自的阅历和能力，提高了国际交往能力和国际社会的认知度。在项目的运作模式方面，富布莱特并非完全由政府组织，而是采用政府与非政府组织共同推动的方式。政府负责项目的预算、政策的制定、项目参与者的审定以及项目运作状况的监管等，非政府组织协助政府负责有关项目的宣传、咨询服务、人员接待与培训以及数据的统计和绩效分析等。可以说，富布莱特文化教育交流项目的成功在很大程度上得益于非政府组织和个人的广泛参与，特别是基金会等的大力捐助极为重要，因为非政府组织在资金和运作上的支持最容易得到西方国家参与交流学者的接受。该项目一方面在世界各国认识美国人民及文化、提升项目交流者获得科学技术知识等方面起到了显著的作用，但更为重要的是富布莱特项目在运作中能够向其他国家潜移默化地输出美国政府的意图、行动、政策及价值观，长时期在对象国民众中维护其国家形象。相比而言，以色列在战略型项目方面则处于缺失状态，在局限性目标的指导下，以色列对公共外交项目运行的绩效评估均以短期利益为重，项目若在较短的时间内无法获取预期的经济、政治或安全利益，即对该公共外交项目的资金投入数额或对象国的选择上进行重新评估。而在单一项目的运行中，以色列政府与非政府组织的合作程度仍需提升，在以色列公共外交中，多数状况下是政府负责的项目与非政府负责的项目同时运行，但两者在同一项目中的有序分工不足，这样带来的后果是很难形成一个在资金提供、服务保障、内容安排、联系机制方面都令公共外交对象感到满意的项目，由此可见，战略型目标的缺失限制了以色列整合已有资源提升其国家形象的能力。

二 项目运作所涉及的议题有待于进一步调整与扩展

以色列在公共外交的项目运作中，有时会过于强调其国家理念、发展成就及政策需求，而忽视对象国社会的接受状况。在此种状况下，公共外交的议题选择就会变得狭窄，原先公共外交项目的议题也会与其他政策"捆绑"，从而失去了公共外交对内容真实性和作用持久性的客观要求。

以"大屠杀教育"为主题的公共外交项目当前就遭遇了这一困境。二战期间，欧洲犹太人遭到了种族灭绝式的大屠杀，西方国家因此有着深重的负罪感，以色列也围绕该主题成功地开展了相关的公共外交。但是在21世纪中东和平进程陷入停滞后，每当以色列在巴以问题上制定、推行了违反国际法及联合国决议的政策时，以色列就会运用"大屠杀教育"主题的公共外交项目，向国际舆论表达"国际社会应该同情以色列，因为国际社会应该为第二次世界大战中对犹太人犯下的错误进行补偿"的观点。虽然在大部分情况下，这一公共外交的应对会能够为以色列起到缓解国际压力的作用，但是长期看来并不有利于以色列的国家形象塑造。以美国为例，当前即使在美国社会中偶尔出现对以色列政策进行大胆质疑和批评的异议人士，也很可能遭到以色列支持者的施压和围攻。2006年，美国前总统卡特出版了《牢墙内的巴勒斯坦》一书。卡特在数次访问巴勒斯坦后，为以色列占领下的巴勒斯坦人的悲惨命运深感震惊，由此他在书中认为："以色列继续控制巴勒斯坦土地，将之变为殖民地，一直是谋求圣地全面和平协定的主要障碍。以色列军队剥夺了巴勒斯坦不甘愿被统治人民的基本人权。"[①] 他同时还指出了沙龙政府修建的所谓"防卫墙"，实际上是以色列对巴勒斯坦人实行种族隔离的"牢墙"。尽管该书是卡特在进行了实地调研并解读了相关资料后，对巴以问题的个人解读，却遭到了美国犹太社团及亲以势力的攻击。他们对卡特进行抹黑和攻讦，指责他"撒谎""偏执""反犹"。犹太院外集团"反诽谤联盟"在报刊上刊登广告，指责卡特"歪曲事实"、"污蔑犹太人"和"反以色列"。犹太院外集团还策动了卡特中心的14名犹太裔顾问集体辞职，以表示抗议。此后，卡特本人和犹太组织纠缠不断。同年，约翰·米尔斯海默和斯蒂芬·沃尔特在英国《伦敦书评》上发表了关于以色列游说集团塑造了美以亲密关系的文章，文章同时指出以色列游说集团操控着美国的政治体系，并使美国的中东政策偏离美国国家利益而向以色列倾斜。观点被刊发后，也同样被美国犹太社团营造的舆论所"绑架"。"反诽谤联盟"攻击两位作者的观点为"典型的反犹分子的犹太阴谋论的分析"，并专门致信《伦敦书评》编辑部控告两位作者。而由于担心被指认为公然讨论犹太阴谋论，担心被认为反对以色列，担心纵容了反犹主义言论，美国主流媒体在开始时基本选择了沉默。[②] 从以上案例可以看出，"大屠杀教育"主题的公共外交项目让"反犹主义"成为美国社会沉重的负担，批评以色列者一旦被定为"反犹分子"，将会承受巨大的压力，其学术、政治生涯，甚至商业活动都将受到阻挠。虽然在短时间内有利于美以两国政府关系的维护，却不利于两国民众相互信任关系的建立。

同时，以色列公共外交的项目也需要进一步扩展。公共外交的目的在于澄清信息、传播知识、塑造价值。而以塑造价值为要旨的不同文明之间的对话和文化交流，已成为人与人心灵和情感沟通的桥梁，成为国与国加深理解和信任的纽带，也是对国家外交政策的生动体现，并可以提升一个国家的整体形象，甚至可以讲，文明对话与交流是公共外交的核心内容。[③] 因此，从文明交流与对话的要求来看，当前以色列公共外交的项目更多地集中于澄清信息与传播知

---

① 〔美〕杰米·卡特：《牢墙内的巴勒斯坦》，郭仲德译，西北大学出版社，2007，第135页。

② 汪舒明：《大屠杀与美国外交》，时事出版社，2013，第183页。

③ 吴思科：《文明对话与交流是公共外交的核心内容》，《公共外交季刊》2011年第1期，第68页。

识，在塑造价值方面的项目仍需要大力拓展。1979 年，以色列与埃及实现了和解，开启了与阿拉伯国家正常交往的历程。之后，以色列曾先后向埃及、约旦、摩洛哥、突尼斯等国家派遣技术专家，并同以上国家开展技术合作，帮助其培训技术人员。随着奥斯陆进程的开启，1994 年起以色列与阿拉伯国家共同参加了数届中东北非经济首脑会议。但是这些公共外交项目均停留在传播知识和澄清信息的阶段，并没有涉及塑造价值的领域。从埃以关系正常化直到当前，以色列与阿拉伯国家的关系并没有改善，阿拉伯民族和犹太民族之间在心理上也没有和解的迹象，反而长期陷入"敌""我"认知的窠臼中去，并进一步导致绝大多数伊斯兰国家民众也对以色列形成了"敌人"的认知。虽然阿以关系错综复杂，但是以色列公共外交可以尝试在阿、以知识精英阶层开展小范围的文明对话与交流活动，以逐步改善自己在阿拉伯—伊斯兰世界的形象。此外，以色列与新兴大国之间在文明对话与交流领域的公共外交项目仍然欠缺，并基本以"独白式"公共外交项目为主，缺少"对话式"的公共外交项目。如在教育领域，以色列通过公共外交项目推动中、印等新兴大国的学生赴以学习，这些学生分布在其国内高校的人文艺术、社会科学及科学技术等学科，但是以色列国内基金会却很少资助以色列学生赴新兴国家学习语言之外的其他学科；在教育合作中也是如此，以色列的公共外交往往更愿意推动其与新兴大国高校理工学科的合作，以传播其在创新方面的领先技术，但是在涉及塑造价值的人文学科方面，并不是很积极，这容易造成新兴大国对以色列的片面了解，虽然在一段时期内有助于以色列拓展其在新兴大国的市场，但在建立国家间信任关系中的作用则十分有限。

第四章　以色列公共外交的机制建设

第一节　以色列公共外交机制建设现状

在组成以色列政府内阁的二十多个部门中，有三个部门的中心工作或重要任务都涉及公共外交领域。其中最为重要的是外交部，在外交部的工作中，公共外交与多边外交、政治事务、法律工作共同构成了以色列外交的四个基本面。在公共外交方面，外交部除了管理以色列的技术援助负责单位国际合作中心外，同时下辖媒体与公共事务司、文化与科学事务司两个司级单位，此外还设置了直属于外交部的世界犹太人与跨宗教事务处。除外交部外，公共外交与离散犹太人事务部（Ministry of Public Diplomacy and the Diaspora）也是参与公共外交的重要部门。该部门重点负责外交情报的收集以及与国外犹太人的官方联络，其职能与外交部的工作相互补充。不仅如此，以色列各重要部门也都建立了较为完善的新闻发言人制度。为了整合公共外交的资源和协调相关部门的工作，以色列总理办公室在 2007 年新设立了国家信息指导司（National Information Directorate）来帮助协调公共外交工作。与此同时，以色列一些半官方公共外交机构在政府的支持下也逐渐形成了成熟的运行机制，如以色列青年交流理事会（Israel Youth Exchange Council）就是一个致力于国际青年交流的组织；而犹太代办处（The Jewish Agency）在联系以色列和海外犹太人之间起着重要作用。此外，以犹太民族基金会（Jewish National Fund）为代表的各类基金会和以色列政府，以及其他的非政府组织也有着紧密的协调机制，在公共外交的长期实践中起着不可或缺的作用。以色列公共外交机制现状具体如下。

1. 以色列外交部

以色列外交部是以色列开展公共外交的枢纽部门。其下属四个机构中，有两个司级机构，而国际合作中心甚至是一个副部级机构，其实际负责人则由外交部副总司长担任。在外交部内，媒体与公共事务司在营造国际舆情方面有着较为成熟的机制，新闻发言人制度是其运转的主要制度之一。以色列外交部的新闻发言人专业化程度很高，基本都有在美国培训的经历，并在此期间与西方媒体建立了密切的联系。以色列新闻发言人对其工作目标极为明晰：凡是世界级媒体都需要报道中东，以色列便 24 小时不间断地向世界媒体发布来自以色列的消息。虽然有时与西方媒体有不同观点，但以色列新闻发言人从不放过任何与西方媒体接触的机会，抓住每一分钟，表明以色列的立场。而对于非西方、非阿拉伯媒体，则采取积极争取的态度。在新闻发布会的举行过程中，面对各国媒体的提问，以色列新闻发言人往往坚持"以攻为守"的原则，主动展示一些来自西方和阿拉伯国家媒体的有关以色列的报道的片段，但不附加更多的言辞指责，而是选择用媒体的专业手法巧妙阐述。

文化与科学事务司也是以色列外交部开展公共外交的重要依托。以色列外交部直接负责以色列政府奖学金名额的分配，获得资助的留学生来到以色列后，文化与科学事务司的官员会时常组织留学生进行了解以色列文化的参观、座谈活动，如参观以色列国家博物馆等。在座谈活动中，以色列外交部的领导也往往会亲临现场，和留学生们深入交流。在教育领域之外，文化与科学事务司也致力于文化和科技方面的交流。以文化为例，该司重视以色列与国外博物馆之间的交流，并形成了定期巡展的模式。通过巡展，以色列外交部不仅让外国公众更为深入地了解到以色列文化，也通过与外国博物馆界的交流，推广以色列在文物发掘、保护、研究方面的技术与经验。

世界犹太人与跨宗教事务处虽然在外交部内地位不高，但在沟通世界各国犹太民族，以及倡导犹太教与世界其他宗教的对话方面功不可没。该处通过支持世界各国犹太团体主办犹太教主题的会议，以及资助基督教文化占主体的国家举办包括犹太教在内的宗教对话会议来开展公共外交活动，此外，该处还负责邀请国外宗教学者赴以参访、讨论。

除了设立专业部门进行公共外交实践外，以色列外交还直接指导包括智库在内的国内非政府组织开展公共外交，并定期沟通。其中较有影响力的有非政府组织监测（NGO Monitor）、巴勒斯坦媒体观察（Palestinian Media Watch）、和平影响检测中心（The Center for Monitoring the Impact of Peace）、以色列公民信息委员会（The Israel Citizens' Information Council）、以色列哈斯巴斯委员会（The Israel Hasbara Committee）、以色列行动中心（The Israel Action Center）、棱镜组（The Prism Group）、独立媒体回顾与分析（Independent Media Review and Analysis）、哈斯巴斯志愿者理事会（The Council of Hasbara Volunteers）、国际合作的商业网（The Business Network for International Cooperation）、以色列国家安全研究所、耶路撒冷公共事务中心、赫兹利亚跨学科反恐研究中心等。

2. 公共外交与离散犹太人事务部

以色列公共外交与离散犹太人事务部在其工作中，一个重要议题便是向国际社会不断强调"大屠杀""种族主义""反犹主义"等概念对以色列以及海外犹太人业已造成的或可能造成的伤害，并呼吁国际社会必须共同承担责任，打击这些邪恶的理念。同时，公共外交与离散犹太人事务部非常重视与海外犹太人的日常沟通。如犹太新年到来之际，该部即通过定制的电子明信片发送节日问候，甚至包括了一些个性化的信息。2012 年起，该项目甚至也通过"脸谱"等新媒体向海外犹太人发送，并提供七种语言（希伯来语、英语、法语、俄语、西班牙语、意大利语和德语）的服务，力争使每位海外犹太人能够用他或她自己的语言发送和接收问候语。公共外交与离散犹太人事务部认为："为了找到一个创造性的解决方案以加强以色列和散居之间的联系，我们采取了悠久的传统发送犹太新年贺卡和更新今天的互联网世界。"①

公共外交与离散犹太人事务部的设立为以色列开展对海外犹太人的公共外交提供了便利，因为如果所有涉及犹太族群的公共外交事务均由外交部处理，会在不少领域带来不便。2011 年 6 月，国际舆论批评以色列禁止救援船队进入加沙地区，而以色列政府则坚称其理由是防止巴勒斯坦伊斯兰抵抗运动哈马斯获得武器。为了在国际舆论中赢得支持但又不破坏与其他国家的关系，公共外交与离散犹太人事务部组织了对救援船队的公共观摩活动。在观摩活动前，该部门和以色列封锁加沙地区的舰队已成功进行了前期的准备以及相关公共外交工作，在舰艇上建立工作室搜集并传播资料。该工作室旨在借助互联网传播

---

① "Government generates virtual Rosh Hashanah cards," 2012 - 9 - 2, http://www.timesofisrael.com/a-virtual-rosh-hashanah-postcard/.

救援船携有武器的照片、剪辑后的视频和其他材料，重点则是全球范围内犹太民族的散居社区、世界各国犹太组织和以色列的友好国家，以期改善以色列的国家形象。在公共观摩活动中，以色列总理办公室、外交部、以色列国防军发言人、犹太代办处和其他非政府公共外交组织都参与其中。埃德尔斯坦部长则在活动中明确表示，"所谓救援船队实际上是对以色列的挑衅，完全是为了攻击以色列在世界各地的形象，因此我们建立了一个特殊工作室，确保政府官员，世界各地犹太社区和以色列的朋友能获得真实的信息。我们在这里揭露恐怖分子以及国际舆论煽动者的真面目，并通过互联网实时传播消息和照片。我坚信会有世界各地犹太社区的活动家和我们站在一起，从而使我们的力量得到几何倍的增长"①。

3. 国家信息指导司

总理办公室是以色列内政外交的中枢机构，2007 年之后，为了更好地协调公共外交涉及的国内与国际事务，总理办公室下设了国家信息指导司这一机构。而在国家信息指导司负责人的选择上，以色列政府更偏好于没有长期从事外交工作、但是熟知传媒及理论的官员。2011 年出任该职位的雅阿兹·罕得勒（Yoaz Hendel）是巴伊兰大学政治系的教师，并且曾担任过特拉维夫大学战略研究中心的研究员；2012 年至 2015 年担任领导的利兰·丹（Liran Dan）之前则是以色列国家电视台的资深编辑。相比外交部和公共外交与离散犹太人事务部，国家信息指导司负责的日常事务性工作较少，往往在大型公共外交活动中发挥重大作用。以利兰·丹的工作为例，他在任期间国家信息指导司成功策划了以色列联合国大会发言、2013 年 3 月奥巴马到访以色列、2014 年 5 月教皇对以色列的访问以及 2015 年 3 月以色列总理内塔尼亚胡在美国国会的演讲等重大的公共外交事务活动。

以 2013 年奥巴马访以的公共外交为例，在奥巴马访问前一个月，国家信息指导司便多次召开协调会议，与参与此次公共外交活动的机构如总统官邸、外交部、国防部、以色列国防军、以色列警察局、机场管理局、耶路撒冷市政府等商讨如何在复杂的公关外交操作中进行合作，以便从以色列向世界传递明

---

① "Public Diplomacy and Diaspora Affairs Ministry Holds Successful Exercise Ahead of Gaza Flotilla," 2011 - 6 - 29，http://www. imra. org. il/story. php3? id = 52931.

确和一致的信息。会议期间，国家信息指导司制订了一个涉及多部门的国家公共外交计划，明确了在公共外交工作中要突出以色列与美国之间强大与深入的关系，犹太人民和以色列的土地之间的深层联系，以及以色列的高科技行业、特别是有助于改善世界各地人们生活的产品。在该计划的基础上，以色列政府着手安排奥巴马在以考察的详细计划和时间表。例如，2013 年 3 月 21 日奥巴马将访问以色列博物馆，他将从"死海古卷"主题展区开始参观，因为该展区强调了犹太人与以色列千年之间的联系；同样在以色列博物馆，国家信息指导司特别针对奥巴马安排了一次主题为"以色列技术——促进一个更美好的世界"的展览。

在媒体外交领域，国家信息指导司强调扩大新媒体的使用范围，所有涉及这次公关外交活动的部门都开设了"脸谱"与国内外社会沟通，总理办公室在美国总统奥巴马到来之前启动了专门的手机应用程序，并通过网络公布，实时更新信息和照片。在国家信息指导司的安排下，在耶路撒冷的梅纳赫姆·贝京遗产中心设立了全国新闻中心，该中心全天候开放，设有面向传统媒体与新媒体的专门办公室，并且配备了多语种发言人与翻译以协助记者；在本·古里安国际机场开设了一个特别的记者接待点，到达的记者可以收到该局提供的新闻资料袋和带有以色列信息的软件；与此同时，以色列政府还向参与报道此次访问的记者提供了多种旅游服务。不仅如此，国家信息指导司在奥巴马访问的每个地点都安装了极为全面的媒体基础设施，包括摄影点、平台、特殊照明、无线网络等，媒体报道的时机也都与白宫充分协调，并在美国总统正式访问前进行了细致的排练。

4. 以色列青年交流理事会

以色列政府非常重视青年交流在公共外交中的地位，但是该国政府没有专门管理青年的机构，于是在政府的支持下，为了推动以色列青年的对外交流，以色列青年交流理事会应运而生。在该机构的促进下，以色列与世界主要国家间的教育交流项目不断扩展。其中，以色列青年交流理事会与美国校长协会（the American Association of School Administrators，AASA）于 1977 年起共同推动的青年大使学生交流（Youth Ambassador Student Exchange，YASE）计划取得了非常瞩目的成就。自 1977 年至今，数以千计的非犹太美国高中学生和以色列（犹太和阿拉伯）高中学生参与了这个为期一个月的交流计划，从而令这些青年人获得居住于彼此国家与家庭的经验。由于参加该项目的青年人还处在高中学习阶段，因此这些青年人在交流期间也会在所在国家进行学习体验。①

在以色列青年交流理事会的精心设计下，每期交流计划的主题都会紧扣当前国际形势。在该项目中，首先是以色列青年大使抵达美国，在那里他们在已选定的参与城市和当地的美国家庭居住一周，所有寄宿家庭的选择都经过了仔细的背景调查。青年大使与他们的寄宿家庭中的同龄人一同上学，并可以体验到美国的日常生活。在以色列青年交流理事会和美国校长协会的推动下，美国每个主办城市的相关机构必须为青年大使提供在该城市期间的活动议程，并与接待家庭共同制定家庭活动，以获得青年人的认同。家庭接待结束后，以色列和美国的青年大使于华盛顿特区和纽约参加讲习班和举行研讨会，以增加他们对世界文化多样性的了解，提高对国际事务的认识。此后，青年学生主要在美进行文化参访，并受邀在联合国、"9·11"纪念馆、自由女神像等地举行情况介绍会。美国的行程结束后，在以色列青年交流理事会的安排下，青年大使前往以色列，在此期间美国的青年大使会获得一个星期的家庭招待，并在耶路撒冷和特拉维夫参加研讨会和进行实地考察。青年大使学生交流计划处于以色列青年交流理事会和美国校长协会长期的直接管理之下，涉及的政治议题较多，同时也是美以青年交流的典范，并推动了更多项目的开展。

进入 21 世纪后，中以在教育、文化等领域的青年交流越来越密切，交流项目也逐渐增多，基于此，2012 年 12 月，与以色列国家青年交流理事会与中华全国青年联合会在特拉维夫达成合作意向，双方签署了青年交流合作计划。中以双方的青年组织同意从 2013 年开始派青年代表团进行隔年互访，邀请对方参与本国举办的青年事务国际会议或研讨会，在青年事务领域进行经验和信息交流，派人参与对方国家举行的青年夏令营、青年节日及其他青年活动，鼓励双方地方青年组织积极开展青年交流项目，促进双方务实合作。

5. 犹太代办处

1929 年就已建立的犹太代办处，曾经作为世界锡安主义组织的行政机构，并在以色列建国前起到了事实上的准政府功能。建国后，犹太代办处的大部分

---

① YOUTH AMBASSADOR STUDENT EXCHANGE（YASE），http://aifl.org/programs/yase/.

职能改由以色列政府承担，但仍包括保持和促进与世界犹太人的联系等公共外交职能。如今，犹太代办处已成为联结以色列与海外犹太人尤其是青年犹太人的重要渠道，也是唯一的全球性犹太合作组织，其网络覆盖全球 80 多个国家，向各地犹太社区派出的工作人员超过 500 名。该机构不仅历史悠久、联系网络发达，也因其影响广泛而资金来源也极为多元和充足，2016 年其总体预算达到了 37.8 亿美元，其中用于青年人学习犹太文化的资金就超过了 13.3 亿美元。① 犹太代办处现阶段的主要公共外交工作包括：拯救处于危难境地的海外犹太人、在全球犹太人中开展犹太和锡安主义教育、在全球支持推动犹太社区建设等。2013 年底，乌克兰危机爆发，乌克兰作为传统上犹太人口较多的国家，包括犹太人在内的大量民众经济利益受损乃至无家可归，犹太代办处则在维护乌克兰犹太人利益方面做出了重要贡献。在受危机影响严重的第聂伯罗彼得罗夫斯克附近，犹太代办处设立的分支机构在 2014 年收留了 400 名乌克兰犹太人，以色列更是从乌克兰接回了 5920 名犹太人，帮助其渡过难关，也免去了其中 150 名中小学生在以色列学校学习的学费与住宿费。与此同时，犹太代办处仍然大力强化海外犹太人和以色列的宗教及文化联系，11240 名海外犹太青年于 2014 年在以色列生活了 5 至 10 个月，6200 名犹太青年在犹太代办处的安排下来到以色列完成了为期 10 天的旅行；而为了让全球犹太青年精英间建立沟通机制，犹太代办处于 2013 年建立了"全球领导力学院"，以期让青年精英能够动员其他犹太人以应对地方性或全球化的挑战，并在这个变化的时代中领导犹太民族跨越组织、地理和教派的边界。在支持推动犹太社区建设方面，仅 2014 年一年，就有超过 7000 名海外犹太学生收到了来自犹太代办处的鼓励学习犹太文化的奖学金。②

6. 犹太民族基金会

犹太民族基金会成立于 1901 年的第 5 届世界锡安主义大会，其最初的主要目标是为鼓励犹太人移居巴勒斯坦地区而在该地区购买及开发土地，基金会的资金来自全世界犹太人的捐赠，蓝色募捐箱已成为该基金会在全世界犹太社区的象征。1948 年以色列建国时，犹太民族基金会拥有以色列所有土地的54%。建国后，关于基金会的未来一度有争论，政府最初准备解散基金会，但

---

① The Jewish Agency for Israel, *2016 Operating Budget*, p. 3.
② The Jewish Agency for Israel, *2014 – 2015 Performance Report*, p. 23.

后来又决定使基金会作为将巴勒斯坦人逃离后的无主土地出售给犹太人的机构。1960 年，以色列政府成立了土地管理局，犹太民族基金会将除森林之外的土地转交土地管理局管理，此后基金会的主要工作是吸收世界各地犹太人的捐赠，用于对以色列土地的开发，至 2007 年，基金会还拥有以色列 13% 的土地。当前，犹太民族基金会在世界各地均设有分支机构，并通过各种方式将海外犹太人与以色列联结在一起，其中最为重要的仍然是以捐赠为纽带。

犹太民族基金会在以色列开展了数十个发展项目，力图吸引海外犹太人的关注和捐赠，这些项目涵盖了森林与生态、教育、水资源、新技术研发、社区发展、文物保护、锡安主义教育等不同领域，和以色列与犹太民族的发展息息相关。以文物保护为例，在该类捐赠中共有 8 个项目，其中一个项目名为"阿特利特非法拘留营"。在该项目的介绍中，基金会详细回顾了拘留营的历史意义。"1939 年，英国发表了'白皮书'，严重限制允许进入巴勒斯坦的犹太人人数，然而仍有成千上万的犹太难民试图到达巴勒斯坦海岸，但许多人在海上被拦截并关押在阿特利特拘留营。位于海法以南的阿特利特在 1948 年英国委任统治结束时仍然保持活跃，许多遭到攻击的犹太人其实是大屠杀幸存者，他们刚刚从纳粹集中营出来，最终却再次落入铁丝网之内。1945 年时，由年轻的拉宾带领，帕尔玛奇游击队进行了一次大胆的行动，将 208 名被拘留者从阿特利特拘留营释放。今天，共 25 英亩的营地作为一个博物馆，讲述一个人的绝望的故事。"[1] 近年来，基金会为了支持以色列建国以来的既定国策，重点制定了一项为期 10 年、耗资 6 亿美元的内盖夫蓝图计划，该计划试图振兴占据以色列总面积 60% 、但只有 8% 全国人口的南部内盖夫沙漠地区，使之在未来成为更适合居住的地区。

以涉及国家发展和犹太文化传承的项目吸引海外犹太人捐赠，这是犹太民族基金会的传统，也是以色列在公共外交机构设置上的重要举措。通过其他公共外交途径，海外犹太人初步建立了对以色列的认同，而对以色列的发展项目的捐赠，会使海外犹太人对以色列更为关注，从而也拉近了两者之间的感情距离。

---

[1]　Heritage Sites, "Atlit 'Illegal' Immigration Detention Camp," http://www.jnf.org/work-we-do/our-projects/tourism-recreation/index-1.html.

第二节　以色列公共外交机制建设——以以色列技术援助为例

技术援助作为国家和国际组织的行为出现于 20 世纪 40 年代的第二次世界大战后，联合国开发计划署（UNDP）和美国政府是最初的倡导者，后在实践中经过不断地调整，到 20 世纪 90 年代技术援助逐渐确立了"受援国能力建设"的核心理念，进入 21 世纪后，技术援助更为强调援助国与受援国的平等合作，根据受援国客观条件进行创新，最大限度改善援助效果[1]。当前，技术援助已成为与贷款援助并列的两种最主要的官方发展援助方式[2]。因国家规模和财政收入的限制，以色列不能像美国等西方大国一样大力推进贷款援助，但与此同时，先进的科学技术创新能力则可以作为以色列通过外交政策构建软实力的基础，因此在以色列建国后，技术援助就成了其提升国家形象、构建国家软实力的重要方式。

一　技术援助在以色列的发展

以色列建国后不到 10 年，便成立了专门负责技术援助的机构以色列国际合作中心。经过 60 多年的发展，至 2009 年，以色列已通过该机构在以色列和海外培训了超过 25 万、来自 132 个国家的培训者，不仅如此，以色列专家在世界范围内也建立了数十个示范工程[3]，其技术援助项目取得了丰硕的成果，极大地增强了以色列的软实力。

在技术援助的对象国中，中东国家的政治意义最为显著。在以色列和大多数中东国家还没有建交，以及和埃及、约旦、土耳其等国虽已建交但双边关系发展仍受地区局势制约的状况下，技术援助担当了"开路先锋"的角色，通过专家派出、技术培训、项目合作等途径，技术援助提升了中东国家在农业、医学等领域的科技和管理水平，以色列借此拉近了和这些国家的民众特别是与

---

[1]　Gordon Wilson, "Knowledge, Innovation and Re-inventing Technical Assistance for Development," *Progress in Development Studies*, 2007（7）, pp. 183 – 199.

[2]　李小云等：《国际发展援助概论》，社会科学文献出版社，2009，第 52 页。

[3]　MASHAV, *Annual Report 2008*, p. 4.

专业技术和管理人才之间的距离，并尝试让其他中东国家逐渐改变长期以来对以色列身份的固有认定。

（一）以色列在科学技术领域的竞争力

尽管以色列在 1948 年建立时，国家各项建设还是刚刚起步，但以色列政府对科技移民的重视，使得大量一流科学家从国外移居到以色列。据统计，1948 年到 1989 年 40 多年的时间里，移居以色列的犹太人中拥有教授、副教授职称和博士、博士后学历的人至少有 10 万。从 1989 年到 1994 年又有 9000 名科学家，5 万名工程师移居以色列。而 1993 年移居以色列的犹太人中科学家、专家和技术人员的比例高达 69.9%。①

科技移民给以色列带来了财富，此外在政府的主导下，以色列在不少领域的科技发展水平位居世界前列，从而为技术援助提供了最重要的保障。在农业技术领域，以色列在农业生物技术、滴灌、土壤改良和工业废水利用方面处于世界领先地位；在生物医药技术领域，以色列拥有 4 所世界级的医学院，医生在总人口的比例中是全球范围内是最高的，而该国发表的科学论文超过半数与医学有关；在能源领域，以色列由于缺乏常规能源，因此在太阳能、风能、电能等新能源的开发上都拥有了国际竞争的能力；水资源利用领域，其海水淡化技术更是走在世界的前列；而在信息技术领域，以色列同样居于世界领先地位，以色列早在 20 世纪 50 年代就开始研究计算机技术，是世界上较早开发大型计算机的国家之一，而随着世界计算机行业发展的重点从硬件产品转向软件领域，以色列又逐渐成为全球软件市场上有力的竞争者之一。到了 20 世纪 90 年代时，以色列信息产业开始进入到全面发展阶段，其信息技术企业也因创新能力而受到各国投资者的广泛关注，当前，全世界所有的通信芯片生产商都在以色列设立了大型研发中心。以色列信息技术产业的价值已不仅限于技术领域，其企业在发展中积累的营销与管理经验也极有借鉴意义。在世界经济论坛《全球竞争 2011～2012》研究报告中，以色列竞争力在全球 130 多个国家中位列第 26 位，特别是在技术创新方面，以色列高居第三位，仅次于瑞士与芬兰。②

---

① 赵伟明：《以色列经济》，上海外语教育出版社，1998，第 75 页。
② 王水平：《以色列的创新精神》，《光明日报》2014 年 5 月 19 日。

（二）以色列国际合作中心的设立

1957年，以色列和非洲国家加纳建立了正式的外交关系，加纳成为以色列在非洲的第一个建交国。1958年2月至3月，以色列时任外交部长梅厄夫人在访问非洲时提出了建立一机构专门负责以色列对发展中国家的技术援助，隶属于以色列外交部的以色列国际合作中心（希伯来语词首字母的缩写简称为"MASHAV"①）于是得以在当年建立。在技术援助经验不断积累的过程中，以色列国际合作中心将其活动整合为5个项目：在以色列的培训课程、在援助国的培训课程、短期咨询顾问派出、长期咨询顾问派出和示范项目建设。其中，这些项目分属11个不同的领域：农业、医药与公共卫生、教育、社区发展、妇女发展、管理、城市与乡村发展、科学技术、中小企业、传播学、区域规划。而在培训课程的语言设置上，以色列国际合作中心考虑到了多数受援国的语言背景，授课语言有英语、法语、西班牙语、阿拉伯语和俄语等。

以色列国际合作中心的负责人都兼任外交部副总司长一职，这也反映了技术援助在以色列对外事务中占据着者重要的地位，一般而言，中心负责人都拥有丰富的外交履历，并且担任过重要国家的大使。在技术援助项目涉及以色列政府其他组成部门时，如工业贸易与劳动部、农业部、环境保护部、卫生部、能源与水资源部、首席科学家办公室等，所有事务均由国际合作中心进行统一协调。

目前，以色列国际合作中心下设五个部门，分别是副总司长办公室、培训部、项目部、政策规划和外部关系部、财务与预算部等。其中副总司长办公室负责联系和管理农业特别顾问、医学项目特别顾问和中东项目协调员；培训部和项目部共同协调或管理附属于国际合作中心的机构：国际农业发展合作中心、梅厄夫人卡尔梅勒山国际培训中心（主要开设妇女发展领域课程）、阿哈龙·奥夫瑞国际培训中心（主要负责开设教育领域的课程）等。附属于该中心的非政府组织技术转移学会（Society for Transfer of Technology）作为政府机构和民间团体之间的联络机构在技术援助中发挥着重要作用。此外，国际合作中心与以色列不少科研院所保持着长期的合作关系，如希伯来大学农学院、布罗恩医学院、内格夫和平与发展战略研究所、阿拉瓦环境研究所，等等。②

---

① "MASHAV"，在中国也被翻译为"马沙夫"。
② MASHAV, *Annual Report 2012*, p. 58.

不仅如此,以色列国际合作中心为了加强技术援助所推动的人文交流,设立了沙乐姆俱乐部(Shalom Club),现已分布在 70 多个国家。该俱乐部成为以色列培训项目历年参加者进行专业学习和社会活动的平台,这些成员通过沙乐姆俱乐部举行的活动相互交流,并且和以色列国际合作中心加强了工作和感情上的联系。[1]

(三) 以色列技术援助的开展

60 余年来,以色列国际合作中心的技术援助项目在全球范围内取得了显著的成就,根据受援国的地理分布,该中心将项目实施区域分为非洲、亚洲与大洋洲、拉丁美洲、中东和中东欧与中亚五个地区,而且明确了各区域内援助的重点国家(见表 4 - 1)。

表 4 - 1　以色列国际合作中心技术援助的重点对象国

非洲	埃塞俄比亚、加纳、肯尼亚、卢旺达、塞内加尔、南苏丹、乌干达、布基纳法索、科特迪瓦、科摩罗、多哥
亚洲与大洋洲	中国、印度、缅甸、越南、密克罗尼西亚、瑙鲁、所罗门群岛
拉丁美洲	哥伦比亚、危地马拉、巴拉圭
中东	巴勒斯坦
中东欧与中亚	马其顿、摩尔多瓦、乌克兰

资料来源:根据以色列国际合作中心网站信息制成。

1. 对非洲的技术援助

非洲是以色列国际合作中心技术援助项目开展最早和涉及领域最广的大陆。1958 年,以色列国际合作中心在加纳、利比里亚、尼日利亚、埃塞俄比亚等非洲国家就已开始了技术援助,到 1962 年底已和 13 个非洲国家签订了技术援助协议。[2] 以色列国际合作中心不仅向受援国派出专家,而且在以色列也开展了医药、农业和社区发展领域的培训课程。仅 1964 年,就有来自 33 个非洲国家的 2710 名学生在以色列接受这些课程的培训。[3] 仅在 1966 年,以色列国际合作中心就对非洲国家花费了 583 万美元,占到了其年度总开支的

[1]　MASHAV, *Shalom Magazine 2012*, p. 29.

[2]　Joel Peter, *Israel and Africa*, The British Academic Press, 1992, p. 5.

[3]　Zach Levey, "Israel in Africa, 1956 - 1976," *Republic of Letters Publishing*, 2012, p. 42.

60%。① 在以色列政府的高度重视下，非洲国家通过接受技术援助，增强了对以色列的认同，新独立的国家于是纷纷与以色列建交，到 1967 年，已有 29 个非洲国家和以色列有正式的外交关系。② 在 20 世纪 60 年代，塞内加尔前外交部长泰阿米曾称赞道："包含技术援助的双边协议的签署，使以色列被非洲新独立国家认为是他们珍贵的伙伴。"③

可以说，技术援助在以色列发展对非关系上发挥了非常重要的作用，在 20 世纪 50 至 70 年代有助于以色列摆脱备受国际孤立的外交状态。正是在技术援助项目的刺激下，以色列与新生的非洲国家相继建立了外交关系④，同时也帮助以色列改善了与第三世界国家的外交关系。尽管在 1973 年第四次中东战争前后，受到阿拉伯国家的外交影响，有 30 个非洲国家与以色列断交⑤，但以色列的技术援助并没有因此中断，国际合作中心的项目在非洲国家依旧得以运转，这也为 80 年代初以色列与非洲国家复交奠定了基础。

通过对非技术援助，以色列在非洲国家心目中，成为其擅长领域的国际技术培训中心，以色列的技术能力不仅获得了非洲国家民众的普遍认可，也为这些国家的持续发展培养了相关的专业人才。在医学领域，以色列在艾滋病、疟疾、肺结核和眼科疾病的防治方面取得了很好的效果。其中，在肯尼亚偏远地区的对眼科疾病的治疗得到了当地社会的充分肯定。⑥ 在农业领域，技术援助也取得了成功。如在 75% 人口均从事农业的塞内加尔，国际合作中心运用以色列本·古里安大学在该领域的先进成果，从改善家庭农场的灌溉和除草技术入手，提升了当地土地的出产率和农民的收入。⑦ 不仅是科技领域，在社会领域中，技术援助在非洲也取得了成效。2008 年起，以色列派出教育专家前往加纳，帮助当地教育人员提高儿童教育水平，专家们通过改变教育理念、营造

---

① Zach Levey, "Israel's Strategy in Africa, 1961 – 67," *International Journal of Middle East Studies*, 36 (2004), p. 80.

② Zach Levey, "Israel's Strategy in Africa, 1961 – 67," *International Journal of Middle East Studies*, 2004 (1), p. 83.

③ Doudou Thiam, *The Foreign Policy of African States*, Praeger, 1965, p. 62.

④ Mordechai Kreinin, *Israel and Africa: A Study in Technical Cooperation*, Praeger, 1964.

⑤ Oded Arye, "Fifty Years of MASHAV Activity," *Jewish Political Studies Review*, Fall 2009, pp. 101 – 102.

⑥ Nyakwar Muga, "A Mission of Hope to the Remote Areas of Turkana," *Daily Nation*, 1986 – 10 – 17.

⑦ MASHAV, *The TIPA Project: Empowering Small-holder Farmers in Senegal*, pp. 3 – 4.

学习环境、缩减课堂班级人数等方式，成功地提升了参与该项目的加纳教师的教学水平，提高了部分儿童的学习能力。①

2. 对亚洲的技术援助

也是从 1958 年起，以色列国际合作中心的技术援助在亚洲国家得到开展。1958～1959 年，到以色列参加培训的亚洲国家人员占到了在以培训总人数的 52％，25 名以色列技术专家根据协议被派至缅甸，② 20 世纪 70 年代，以色列根据部分亚洲国家的需求，将水资源管理作为技术援助的重点，在泰国曼谷开设了该领域的课程，之后又逐渐拓展援助领域，也涉及乡村发展领域的培训以及专家的派出。③ 随着冷战的结束，中国、印度等亚洲大国先后与以色列建立了正式的外交关系，从而使以色列国际合作中心的技术援助在亚洲能够拥有更大的影响力。自 2006 年起，印度—以色列农业合作项目开始实施，根据这一项目的规划，将会在印度的 10 个邦建立 30 个侧重点不同的农业发展中心，以提高农作物的质量。④ 而 2012 年，国际合作中心与越南胡志明市签订合约，建设示范奶牛场，该奶牛场就在胡志明市附近，将成为越南全国奶牛养殖的窗口，而所有生产活动都在以色列专家指导下，并按照以色列的标准完成，以色列同时派出长期咨询专家在该奶牛场工作。⑤ 以色列在亚洲最早开展技术援助的国家是缅甸，60 多年的技术援助在缅以关系的发展中扮演了重要角色，2013 年 8 月，在缅甸政府和以色列外交部的支持下，沙乐姆俱乐部在仰光举行了缅以关系 60 年的庆祝活动，超过 70 名曾经赴以参加培训的缅甸专家参加了该活动，双方共同回顾了在技术援助中两国缔结的友谊，从而有利于加强以色列在该国的软实力。⑥

---

① MASHAV, *Israel-Ghana：Partnership for Development*, p. 11.

② Oded Arye, "Fifty Years of MASHAV Activity," *Jewish Political Studies Review*, Fall 2009, p101.

③ Shimeon Amir, "Challenge and Response：Israel's Development Cooperation 1974－75," Michael Curtis, edit. , *Israel in the third world*, Transaction Inc. , 1976, p. 241.

④ New Indo-Israeli Center of Excellence for Vegetables Inaugurated in Punjab, 2013－12－24, http：//www. mashav. mfa. gov. il/MFA/mashav/Latest_ News/Pages/New-Indo-Israeli-Center-of-Excellence-for-Vegetables-Inaugurated-in-Punjab. aspx.

⑤ MASHAV, *Annual Report 2007*, p. 14.

⑥ MASHAV, "Shalom Club Myanmar Celebrates 60 Years of Cooperation and Friendship," 2013－8, http：//www. mashav. mfa. gov. il/MFA/mashav/Where_ We_ Work/Myanmar/Pages/Shalom-Club-Myanmar-Celebrates－60－Years-of-Cooperation-and-Friendship. aspx.

3. 对拉丁美洲的技术援助

拉丁美洲是海外犹太人聚居的主要地区之一，因此以色列自建国后一直重视和拉美国家关系的发展。以色列国际合作中心对拉丁美洲的技术援助始于1961年，技术援助在拉丁美洲的开展显著地扩展了以色列与拉美国家的关系。玻利维亚和巴西分别于1961年与1962年和以色列签订了协议，成为该中心最先进入的两个拉美国家。到1967年，绝大多数拉美国家均与以色列签订了技术援助协议，到1972年，以色列国际合作中心与除古巴外的所有拉美国家都签订了技术援助协议。[①] 在以色列国际合作中心于拉美的发展历程中，农业领域的技术援助占据了主要方面。从1962年到1970年，359名以色列专家被派往拉丁美洲，其中229人是农业领域的专家；同一时期，先后有2192名拉丁美洲的培训者前往以色列参加培训，1012名参加培训者的领域为农业。[②] 技术援助强调人与人之间的平等交流，这正是人文外交的内在要求。[③] 在拉丁美洲，犹太社团的存在为以色列增进与拉美国家的友谊奠定了良好的基础，而技术援助的开展更是将这种天然的联系推至民心相通。1967年六日战争爆发前，以色列在拉丁美洲的大使馆收到了数百封支持和同情以色列的信件，从1971年至1972年，以色列在16个拉丁美洲国家以中东冲突为主题做了一次民意调查，其中76%的问卷支持以色列。[④] 在拉美的技术援助开展中，国际合作中心常常会和以色列的相关公司合作，从而在进行技术援助的同时达到拓展对象国市场的目的。2007年，一个新的农业培训基地在秘鲁皮斯科市开始建设，该基地由以色列国际合作中心与以色列国内的一个农业发展公司共建。在培训基地建成后，除了举办国际合作中心主办的学术会议和开设的培训课程，也会在基地中长期宣传该公司的灌溉解决方案以及其他的创新性农业技术。[⑤] 此外，灾后重建也是对拉美地区技术援助的成功范例。2010年1月海地地震后，以色列派出医疗队赴海地进行诊疗，此外，以色列还为海地建设了治疗中心，并

---

① Edy Kaufman, "Israel's Foreign Policy Implementation in Latin America," Michael Curtis, edit., *Israel in the Third World*, Transaction Inc., 1976, p. 134.

② Kaufman Edy, *Israel-Latin American Relations*, Transaction Inc., 1979, p. 122.

③ 赵可金：《人文外交：全球化时代的新外交形态》，《外交评论》2011年第6期，第73页。

④ Yoram Shapira, "External and Internal Influence in the Process of Latin America-Israeli Relations," Michael Curtis, edit., *Israel in the Third World*, Transaction Inc., 1976, pp. 174–175.

⑤ MASHAV, *Annual Report 2007*, p. 38.

从以色列带来了医学设备，以色列医疗队在治疗中心工作时，注重对当地医生的培养，当医疗队撤离时，以确保当地医生能够对医疗设备进行熟练使用。

4. 对中东的技术援助

在中东地区，技术援助在以色列发展与该地区国家关系中起到了破冰的作用。在政治价值观、文化等领域都有着重大分歧的以色列与阿拉伯—伊斯兰世界，在技术合作上却一改对立的状态。20 世纪 80 年代随着以色列和埃及关系的解冻，技术援助逐渐在埃及展开，并受到了埃及科技工作者的欢迎。1984年 4 月，第一个埃及科学家代表团受以色列国际合作中心的邀请来到以色列参加农业领域的会议①，之后以色列国际合作中心与埃及政府及学术界在农业、医学等领域展开了更为紧密的合作，国际合作中心不仅帮助了埃及在相关领域的发展，也为埃及人认识以色列、以色列人了解埃及开了扇窗。② 冷战结束后，以色列推行了"新中东"的外交政策，强调了通过经济合作改变冲突的现状。③ 在这一方针的指导下，以色列国际合作中心与约旦、摩洛哥、突尼斯、巴勒斯坦等国展开了较为积极的合作，并收到了效果。1994～1999 年，以色列、埃及、约旦三国执行了第一期的农业合作项目，该项目取得了巨大成功，每年都有上百名埃及的农业工作者、专家来到以色列学习。在此基础上，2006 年，三国又签订了第二个 5 年合作协议，涵盖了课程培训、示范农场建设、专家会议举办等内容，并且每半年三方都会举行一次协调会议推进项目的执行。④ 此外，以色列国际合作中心和土耳其也有着密切的互动，2003 年至2012 年十年间，每年都有土耳其人来以色列参加以色列国际合作中心的培训课程，总人数达 230 人。⑤

作为以色列国际合作中心的重点对象，巴勒斯坦更是在多个领域接受了以色列的技术援助。⑥ 在经济领域，仅 2011 年，在以色列参加课程培训的巴勒斯

---

① Henry Kamm, "Egyptian Scientists Make First Visit to Israel," *The New York Time*, 1985 - 5 - 5.

② Judy Siegel, "Joint Israeli-Egyptian Public Health Programme Enjoying Quiet Success," *The Jerusalem Post*, 1987 - 9 - 4.

③ Ben Porat and Shlomo Mizrahi, "Political Culture, Alternative Politics and Foreign Policy: the Case of Israel," *Policy Sciences*, 2005 (1), pp. 177 - 194.

④ MASHAV, *Annual Report 2006*, p. 41.

⑤ 该数字为本文作者根据 2003 年至 2012 年以色列国际合作中心年度报告整理所得。

⑥ MASHAV, *Annual Report 2011*, p. 39.

坦人数就为 261 人，其中农业领域 82 人，中小企业领域 45 人。以色列布罗恩医学院至今培养了 30 多名巴勒斯坦医护人员，他们中的一些现在仍任教于巴勒斯坦耶路撒冷大学。即便 2000 年爆发了第二次巴勒斯坦人大起义，以色列布罗恩医学院依然在当时和耶路撒冷大学保持着联合培养研究生和学术交流等活动。① 社会发展领域，从 2003 年起，在以色列国际合作中心的努力下，巴勒斯坦妇女发展项目得到有效实施，该项目致力于提升妇女的教育水平、领导力以及在巴以和平进程中的作用，至 2011 年已举办过 3 次学者研讨会。

5. 对中东欧、中亚的技术援助

苏联解体后，以色列和中东欧、中亚国家顺利建立了外交关系，从 20 世纪 90 年代起，以色列国际合作中心也在这些国家积极开展技术援助项目。1992 年，时任以色列外交部长西蒙·佩雷斯就向中亚五国派出农业、公共卫生领域的技术专家帮助这些独立不久的共和国。② 2003 年，以色列国际合作中心在哈萨克斯坦就荒漠化治理、水资源利用、医学等领域进行了技术培训，并建设了农业示范基地。③ 2012 年 6 月，以色列副总理兼外交部长利伯曼访问乌克兰时，以色列国际合作中心与乌克兰文尼察市签署了共同提高当地医疗水平的协议，根据协议以色列会在当地建设一所现代化的医院，并对医院的医生和管理人员进行培训。④

在以色列国际合作中心的项目执行中，国际农业合作中心（The Center for International Agricultural Development Cooperation，CINADCO）的成就最为显著。该中心依托以色列在农业科技领域的优势，聚焦农业发展、食物供给、劳动效率等方面，在援助中深刻地打上了以色列农业和农村发展经验的烙印——即在干旱或半干气候条件下，如何通过适合的农业技术以及有效的研发以实现对农业生产的有效管理。在滴灌技术领域，以色列将"滴灌"作为一种崭新的生产和生活概念通过技术援助传播到发展中国家；在乳业领域，以色列作为世界

---

① Yehuda Neumark, "Promoting Public Health Workforce Training for Developing and Transitional Countries: Fifty-Year Experience of the Braun School of Public Health and Community Medicine, Jerusalem, Israel," *Public Health Reviews*, Vol. 33, No 1, pp. 251 – 263.

② Abadi Jacob, "Israel's Quest for Normalization with Azerbaijan and the Muslim States of Central Asia," *Journal of Third World Studies*, Fall 2002, p. 67.

③ MASHAV, *Annual Report 2003*, p. 33.

④ MASHAV, *Annual Report 2012*, p. 37.

上奶牛单产量最多的国家，能够熟练运用信息技术对奶牛养殖进行高效管理，在援助对象国建立奶牛养殖示范基地；在粮食存储领域，以色列则通过所派出咨询顾问的指导，在发展中国家展示了其空气控制技术和监控系统的成熟。

以色列国际合作中心在进行双边技术援助的同时，也在工作中和联合国相关机构（如联合国科学技术发展基金、世界卫生组织、联合国教科文组织等）以及美国、德国、荷兰、丹麦、意大利等国的对外援助部门展开合作。其中和美国国际发展署（USAID）的合作最为重要，在20世纪80年代，美国国际发展署每年为以色列国际合作中心提供500万美元的经费，2004年，以色列国际合作中心与美国国际开发署共同签署了对埃塞俄比亚的技术援助协议，其中涵盖农业、医学、技术等多个领域，美国为该项目的实施支付了120万美元。[1]

二　技术援助深化了中国与以色列的技术合作

在中国和以色列建交前的1987年，以色列国际合作中心就曾通过联合国科学技术发展基金邀请中国科学家前往以色列参加农业领域的培训。[2] 1992年，随着中国和以色列建交，以色列国际合作中心的技术援助项目也正式进入中国。

作为发展中国家里的大国，中国是以色列技术援助的重点对象国之一。以色列通过20余年对华的技术援助，不仅通过技术转移增强了在中国的软实力，而且深化了与中国政府及企业的科技合作，拓展了广阔的中国市场，同时也提升了其硬实力。

（一）以色列国际合作中心对中国的技术援助

以色列国际合作中心对中国的技术援助可以分为以人际交流为主要特点的教育培训与专家来华，以及更注重以色列国家形象传播的中以合作示范项目的建设。通过这些技术援助项目的实施，以色列在中以建交20多年的时间里，不仅帮助中国在相关科技领域取得了进步，更培育了中国民众对以色列的正面认知。

---

① Oded Arye, "Fifty Years of MASHAV Activity," *Jewish Political Studies Review*, Fall 2009, pp. 103 – 104.

② Israel Ministry of Foreign Affairs, Document of UNFSTD, 1987 – 6 – 23, Documents: Thirty Years of Israel's International Technical Assistance &Cooperation, 1990, pp. 302 – 303.

1. 以色列国际合作中心与中以人际交流

从 1992 年起，以色列国际合作中心逐渐通过邀请中国人赴以参加培训、在中国开设培训课程、向中国派遣短期和长期顾问等方式加强了中以之间的人际交流。进入 21 世纪后，中国与以色列国际合作中心的互动更加频繁，中国作为该中心技术援助的重点对象国，仅在 2003 年至 2012 年的 10 年间，赴以色列参加培训者便超过千人，参加该中心在华课程培训人数超过 2 万人，该中心赴华咨询顾问也达到 81 人次。以色列国际合作中心对华技术援助涉及该中心项目所有的 11 个领域，其中农业领域的培训者超过参与总人数的一半，且以色列赴华长期咨询顾问全部在农业领域（见表 4 - 2）。

表 4 - 2　以色列国际合作中心与中以人际交流

年　　份	赴以色列参加培训者人数	在中国所开设课程参加人数	短期咨询顾问人数	长期咨询顾问人数
2003 年	77	3127	9	4
2004 年	107	3718	12	1
2005 年	130	2065	6	3
2006 年	72	2625	6	2
2007 年	170	2055	8	3
2008 年	162	2353	7	3
2009 年	165	1923	1	2
2010 年	140	917	3	2
2011 年	167	701	4	2
2012 年	109	680	1	2

资料来源：根据以色列国际合作中心 2003 年至 2012 年年度工作报告制成。

在对华技术援助的人际交流中，由于参加人数最多，因此关于农业主题的课程开设在中国的影响最大。从 2003 年到 2012 年，以色列国际合作中心在华开设课程 246 门，农业领域就有 219 门。课程题目的设置一般由中方根据需要首先提出，而国际合作中心对中方提出的需求进行研究后确定具体的教学方案，选派相关领域的教授和专家来中国进行讲学。就每门课程而言，以色列授课的专家一般为两名，通常为期一周左右，而课程的讲授和评估由中以双方合作共同完成，其中中方合作单位主要负责课程的组织工作，一般来讲，以色列专家的工资由以方支付，其他的费用则由中方支付。

在实践中，以色列国际合作中心在中国开设课程与中方人员赴以参加培训有着较好的互动。以医学为例，根据协议，中方每年提交授课题目给以方，由以方聘请有关专家来华进行讲学。讲学结束后，中方与国际合作中心商定时间，在讲学活动的参加者中挑选部分学员组成培训团组，赴以色列进行为期两周的相关内容培训，赴以参加培训的学员会获得以色列国际合作中心颁发的结业证书。[①]

2. 以色列国际合作中心与中以合作示范项目的建设

以色列国际合作中心在中国也通过合作建设一些示范项目，使特定领域的技术援助长期化、本地化，从而获得更为满意的援助效果。自 1993 年至今，该中心与中方建设的合作项目均属于农业领域。

1993 年以色列外交部长西蒙·佩雷斯和总理伊扎克·拉宾先后访华，与中国政府达成了建设北京中以示范农场的协议。该农场作为以色列国际合作中心的示范项目当年即开始建设，主要种植花卉和蔬菜。以色列派遣两名合作领域的常住专家，并提供有关灌溉、温室、果树苗和花卉种植材料；中国负责提供农业专业人员、土地、水源、能源、地方投入以及以方专家执行项目的便利条件。[②] 这样的示范农场在当时的中国是第一个，因而吸引了许多参观者，来自全国及各部门包括中央政府、各省区和农业部门的来访者多达 20 万人以上。[③] 同样在 1993 年，中以国际农业培训中心在中国农业大学成立。其中，以色列国际合作中心的拨款用于派遣教师、编制教材和购置课程所需的设备。截至 2011 年底，中心已先后举办国内现代农业高级研修班 69 期，培训高级农业科技及管理人员 3500 多人次，同时举办援外国际培训班 17 期。我国学员通过在中心的学习后，回到所在地后开展了各种类型的农业技术培训班几百余次，从而将以色列的先进农业技术进一步推广全国，而援外国际培训班的举办，则加强了中国、以色列和发展中国家之间的友谊和合作。2006年 5 月 15 日，中以国际农业培训南方中心在无锡成立，6 月 20 日举办了首

---

① 戴继舫、袁政安：《以色列公共卫生管理简介——中国—以色列 MASHAV 培训项目内容介绍》，《中国社会医学杂志》2009 年第 3 期，第 140 页。

② 朱洪峰、韩慧君：《以色列农业在中国：走进北京中以示范农场》，江苏科学技术出版社，2000，第 43～44 页。

③ 雪山：《活跃在中国的马沙夫》，《国际商报》2008 年 5 月 28 日。

期培训班。[①] 此后，南方中心每年举办 1～2 期现代农业技术与管理培训班，为无锡及周边地区培训了农业领域的国际化管理与农业技术人才。[②] 1996 年 10 月，时任以色列农业部长埃坦访华时提出建立"中以示范奶牛场"的设想，2001 年 2 月，两国政府就此项目签署技术合作协议，位于北京附近永乐店的中以示范奶牛场至今仍在继续对该地区乃至全国的乳业产生积极的影响。奶牛场采用以色列奶牛养殖的成熟经验设计，每天所有的工作诸如牛奶产量、质量、牛群健康和每头牛的繁殖情况均由计算机监控。以色列乳业专家常年指导奶牛场技术人员。2007 年 1 月，时任以色列总理奥尔默特访华时，特别安排考察了中以示范农场。在中以示范奶农场，奥尔默特也做了一回"农民"，亲自挤牛奶、喝牛奶，并为设在奶牛场的"中以现代奶业技术合作中心"揭幕，肯定了示范奶牛场在对华技术援助中的成效。2007 年，该奶牛场每头奶牛的年产奶量创下了 10500 公斤的中国农场纪录。[③] 2002 年 8 月 12 日，中以两国政府在北京正式签署《关于合作建立中国—以色列旱区农业示范培训中心的谅解备忘录》，共同建设位于新疆的中以旱区农业示范培训中心，该中心由以色列国际合作中心和新疆维吾尔自治区人民政府共同具体实施。这是在中国干旱的西北地区的首个中以农业合作项目，该项目的目标是通过对从事农业的人员提供现代农业科技培训，提高农业实践的效率，在水资源短缺的条件下实现农作物产量和赢利的最大化和农业产业化，以促进该地区的农业发展。[④] 该项目总投资 4352 万元，其中以方投资 2848 万元，中方投资 504 万元。以色列投资设备、技术在 3000 亩的农田里建设旱作节水农业示范基地。[⑤] 自 2005 年以来，该项目的农场在有效节水并能生产出优质花卉、绿叶装饰植物和各种蔬菜方面成功地起到了示范作用。在中国，以色列援华专家的工作也得到了中国社会的承认。以色列国际合作中心的示范项目被中国相关部门予以充分肯定和高度评价，并表达了继续合作下去的愿望。两位在华工作的以色列国际合作中心

---

① 浦敏琦：《中以国际农业培训中心南方中心落户无锡》，《新华日报》2006 年 6 月 21 日。
② 鲁启：《中国—以色列建交后的农业合作》，西北大学硕士学位论文，2010，第 17 页。
③ 周铮：《马沙夫中以农业合作之桥》，《农民日报》2008 年 6 月 9 日。
④ MASHAV, *Annual Report 2010*, p. 29.
⑤ 宋晓松：《中以农业合作研究报告》，《商业经济》2009 年第 4 期，第 74 页。

专家刘亚龙和伊戈·科恩曾分别荣获中国"长城友谊奖"和"友谊奖"。①

（二）在技术援助推动下的中以科技合作

以色列在华的技术援助，体现出了以色列的国际责任，也让中国民众认识到了以色列的科学技术发展水平。与此同时，通过技术援助培育起来的以色列在华软实力，也带动了以色列与中国的科技合作。

1. 以色列对华技术援助推动了中央政府间的科技合作

1993 年 2 月，中国国家科委和以色列科学部代表两国政府签署了《中华人民共和国政府和以色列国政府科技合作协定》，该协定的签署正式开启了中以科技合作的序幕。中以科技合作联委会第一次会议同期召开，此后，中国科技部和以色列科技与空间部成立了科技合作联委会机制，定期召开会议。1995 年 10 月，国务委员宋健率中国政府科技代表团访问以色列，同以色列外长和科学与艺术部部长共同签署了《中华人民共和国国家科委与以色列政府关于建立科学与战略研发基金协议》，资助双方研究机构的联合研究。该基金总额为 500 万美元（两国政府分别投入 250 万美元），利用其利息资助双边研发项目。基金从 1997 年开始运作，每 2 年到 3 年为一期，涉及领域包括农业生物技术、先进材料、生物医药工程、水资源管理、纳米技术、水技术、可再生能源等。② 而 2000 年 4 月，国务委员吴仪与以色列外长签署了《中华人民共和国政府与以色列国政府在工业技术研发领域合作框架协议》，为双方的产业研发合作奠定了重要基础。尽管在建交的 10 年里，中以科技合作取得了一定的进展，但 2004 年时以色列科技部部长艾利泽·森德伯格仍讲到："虽然两国科技领域业已进行着较为广泛的合作，但总体情况还不尽如人意，可以进一步加强合作的地方还很多，比如人员交流、建立合作研究资金等。"③

在以色列政府对科技外交的高度重视下，2007 年，中国国家自然科学基金委与以色列科学基金会实现了互访，签署了在基础研究领域合作的谅解备忘录，并建立了固定的合作机制。2008 年中国访以的科技团组为 18 个，2010 年则达到 34 个。2010 年 5 月，全国政协副主席、科技部部长万钢代表中国政府

---

① 王南：《"马沙夫"与中以合作——访马沙夫在华总代表雪山博士》，《人民日报》2008 年 6 月 16 日。

② 周国林：《中以科技合作成绩斐然》，《科技日报》2011 年 8 月 26 日。

③ 田学科：《期待长久的科技合作》，《科技日报》2004 年 3 月 29 日。

与以色列签署了《中国政府和以色列政府关于促进产业研究和开发的技术创新合作协定》，成为中以产业创新合作的里程碑。在该协定框架下，中国科技部与以色列工贸部于 2012 年启动了联合资助产业技术研发项目。目前科技部已认定广东东莞水处理技术国际创新园与江苏常州医疗器械创新园等为重点开展对以色列科技合作的园区，在技术创新合作协定框架下，中以政府积极推动两国企业的对接与合作。不仅如此，中国科技部与以色列科技部还签署了两国加强科技合作的联合声明，双方将大幅度增加"科学与战略基金"规模。①2012 年 7 月，中国国家自然科学基金委主任访以，启动了"国家自然科学基金委与以色列科学基金会合作研究计划"。中以计划在 5 年内各投入 1 亿元人民币，支持双方科学家开展联合研究活动。在中以政府的推动下，2012 年，中以技术创新联委会成立，至 2014 年已召开三届，取得了丰硕的成果。2013年 5 月，在内塔尼亚胡总理访华期间，中国科技部与以色列国农业和农村发展部又签订了《中华人民共和国科学技术部与以色列国农业和农村发展部关于农业研究发展创新合作的协议》，从而扩大了中以科技合作的领域。在中以科技合作的带动下，2004 年诺贝尔化学奖得主、第一位获得科学类诺贝尔奖的以色列人、以色列理工学院教授阿龙·切哈诺沃也于 2013 年成功当选中国科学院外籍院士。

2. 以色列对华技术援助推动了与中国地方政府和企业的科技合作

除了与中国中央政府建立各类合作机制外，以色列也与江苏、上海、广东、浙江、山东、深圳等省市签署了相关产业研发技术创新协议，设立了技术创新专项资金；江苏、北京、黑龙江、福建等省市则在积极与以方探讨共建中以创新园；天津、四川等省市也设立了中以合作孵化器和风险基金。②

2008 年 9 月，江苏省政府与以色列工贸部签署了《关于民营企业产业研究与开发的双边合作协议》，双方每年各安排经费 150 万美元，2009 年和 2010年分别有 4 个和 12 个项目付诸实施。由于合作成效异常突出，中以双方将这种成功的合作方式归纳为"江苏模式"。③ 除江苏外，《上海市与以色列的产业研发合作协定》也于 2011 年 4 月签署。2012 年 5 月，时任以色列工贸部部长

---

① 冯志文：《科技合作是中以双边关系的重要基石》，《科技日报》2012 年 11 月 2 日。
② 陈磊：《为创新之梦携手共进》，《科技日报》2014 年 5 月 16 日。
③ 周国林：《中以科技合作成绩斐然》，《科技日报》2011 年 8 月 26 日。

辛宏访华并出席广东省东莞"中以国际科技合作产业园"奠基典礼,有超过20家以色列企业签订了《入园合作意向书》。2014年5月,以色列政府在特拉维夫举办了首届"以色列创新大会",中国科技部、以色列工贸部和中国江苏省在该大会中共同签署了一项三方协议,该协议旨在促进以色列企业在中国的创新科技园区设立研发中心。此外,以色列工贸部也在会议期间与中国浙江省政府签署了工业研究和发展合作协议。①

2010年7月,福建省科技厅、福建省农科院应邀参加以色列高科技大会期间,与以色列达成农业合作意向。2011年冬,福建省农科院与以色列工贸部签署联合声明,启动中以示范农场建设,总投资8000万元人民币,而其中以方投资就有1000万美元。② 中以示范农场是以色列政府在国外推动的首个农业综合技术展示农场,是以引进、展示以色列成套现代农业生产技术为主,集生产、培训、推广、研究和模式创新于一体的国际合作项目。2014年11月该示范农场开园,参加开园仪式的以色列工贸部长纳夫塔利·贝内特表示,以色列和福建省将力争把福建的中以示范农场建成智能农业的样板、中以合作的典范。

在中以政府的带动下,仅2013年,就有600多位中国的企业家和科学家参加了在以色列举办的生物医药展和国际水技术与环保展,与以色列企业进行了近200场的一对一洽谈。而在首届"以色列创新大会"上,也专门举办了中国主题日活动,300余名中国企业家参加了会议。

在技术援助推动下的中以合作,为中以关系的发展注入了强大的动力。2014年5月,刘延东副总理在访以期间与以色列总统佩雷斯共同出席了首届"以色列创新大会",并与以方签订了关于两国政府成立"中以创新合作联合委员会"的合作备忘录。"中以创新合作联合委员会"将从顶层协调和引导两国部门和地方政府间的研发与创新、教育、卫生和文化合作,研究提出两国合作的重大方向和行动计划,探索新的合作模式,研究解决创新合作中出现的重大问题。

作为一个成立于1948年的年轻国家,以色列更加了解亚洲、非洲、拉丁

---

① 驻以色列经商参处:《首届以色列创新大会于5月20日至22日成功举办》,2014年5月22日,http://www.mofcom.gov.cn/article/i/jyjl/k/201405/20140500597561.shtml。

② 廖云岚:《中以示范农场昨在榕开园》,《福州日报》2014年11月28日。

美洲以及世界其他地区取得独立不久的国家的需要①，因此，在以色列独立后不到十年的时间，就成立了国际合作中心这一技术援助机构，并将其纳入外交政策的范畴，与发展中国家分享知识和技术。

以色列是经合组织（OECD）成员国，但其并非经合组织框架内的发展援助委员会（Development Assistance Committee，DAC）成员国。尽管如此，以色列依然重视通过技术援助履行其国际责任，从而促进了发展中国家对以色列的好感和政治认同，增强了以色列科技和经济发展水平在国际社会的影响力，也在一定程度上抵消了以色列在世界舆论中，长期作为中东冲突挑起者的印象。如其在泰国的技术援助就让泰国民众更加了解以色列的经济发展状况，而不仅是冲突与战争。② 除了在第三世界国家，以色列技术援助的成功经验，也改变了以色列在不少西方国家中的形象，③ 德国、意大利、荷兰、丹麦等一些欧洲国家的援助机构都在积极寻求与以色列国际合作中心的合作。

不仅如此，技术援助也带动了国家间的科技合作，弥补了以色列国内市场有限造成的不足，推动了其经济发展和硬实力的提升。

第三节　以色列公共外交机制建设总结

一　机制建设使以色列公共外交的对象更为全面

与传统外交相比，公共外交的对象是差异显著的各国公众，也更为复杂，因此在推进公共外交的过程中，必须重视外交对象的全面性，而一国在公共外交领域的机制建设则能较好地应对这一挑战。以以色列为例，该国要在国际社会中构建积极正面的国家形象，就必须认真研究其他国家社会的特质，如果仅仅依靠使领馆或外交部机关外交人员的个人判断，在公共外交的执行中往往会顾此失彼。以色列通过公共外交的机制建设，让媒体外交、文化外交、公关外交、技术援助等都有了具体负责的部门，各部门在只需负责其中部分工作的前

---

① Leopold Laufer, *Israel and the Developing Countries: New Approaches to Cooperation*, Twentieth Century Foud, Inc. , 1967, p. 1.

② "Lampang is Lab for Planning Course," *Bangkok Post*, 1975 - 3 - 15; "Dry Land Thirsts for Long-term Solution," *Bangkok Post*, 1987 - 4 - 8.

③ "Oded Arye, Fifty Years of MASHAV Activity," *Jewish Political Studies Review*, Fall 2009, p. 106.

提下，对外交对象的了解就会更加具体和深入。以技术援助为例，以色列国际合作中心的工作重心很明确，其主要对象国就是发展中国家，而发展中国家在国家建设中面临的技术问题有着很大程度的相似性，因此该机构只要针对发展中国家面临的问题进行研究，便能够较好地实现其外交目标，提升以色列在发展中国家的形象。犹太民族基金会是以获取捐赠为途径来展开公共外交的，其最为重要的对象国就是拥有大量犹太社会精英的美国，只要犹太基金会拉近了与美国犹太精英间的感情，以色列的发展状况就能通过美国犹太精英掌控的社会舆论影响到整个美国社会。公共外交与离散犹太人事务部是面向海外犹太人的机构，其主要任务是在长期的联系和交流中拉近海外犹太人与以色列的联系，以色列对美国国会的公关外交并不在其工作范畴之内，这就明确了该部门的工作对象是针对世界范围内的犹太社团，而不必将主要精力放在与美国犹太精英阶层关系的维护上。而由于有专门的机构负责和海外犹太人的交流工作，外交部文化与科技交流司等部门在开展公共外交中就不必强调海外犹太人的观念，只需在国与国之间的交流中做好其他国家文化、教育、科技领域工作者的公共外交工作，赢得目标对象对以色列的积极认知即可。

　　一国公共外交通过机制建设同时也有助于实现公共外交的专业化，从而在说服公共外交对象的过程中更有话语权。以以色列国家信息指导司为例，该部门的设立主要是应对大型公共外交活动的需求，因此在工作人员的选择上并不优先选择拥有长期外交工作经验的工作者，而会选择资深的媒体工作者或是在理论上有所建树的国内事务工作者担任领导。这样的领导选择，有利于在大型公共外交活动中突破传统外交的束缚，赢得最佳的效果。在以色列青年交流理事会领导的选择上，以色列政府同样坚持以公共外交对象更易接受为导向。现任以色列青年交流会理事会代表摩西·韦丹（Moshe Vidan）是海法市教育部门的前任负责人，长期从事教育事业的经验让摩西·韦丹在推动青年交流理事会的工作中能够深入了解其他国家青年的状况与需求，从而更好地取得外交对象的认同。而在犹太民族基金会项目负责人的选择上，则更多考虑其在国内经济和政治领域的工作背景，虽然海外犹太人对以色列怀有好感，但是要劝说其对特定项目进行捐赠，则必须能够站在国家发展的高度进行说服，使捐赠者认知到捐赠的长远意义。

　　以色列政府通过其机制建设，让每个涉及公共外交的部门都能较好地了解其主要的工作对象，虽然表面上看，构建国家形象的任务被碎片化了，但是各部门专业化的工作更有利于从整体上扩大公共外交的对象，进而更为全面地提升国家形象。

二 机制建设有力提高了以色列公共外交的绩效

1. 参与公共外交的各机构在工作中相互补充

根据公共外交的定义，公共外交指的是"一个国家为了提高本国知名度、美誉度和认同度，由中央政府或者通过授权地方政府和其他社会部门，委托本国或者外交行为体通过传播、公关、媒体等手段与国外公众进行双向交流，开展针对全球公众的外交活动，以澄清信息、传播知识、塑造价值进而更好地服务于国家利益的实现"[①]。由此可以看出，公共外交是一个系统工程，需要面向多元的公众，整合多种资源，运用多种行为体，通过多种方式，达到最终目的——即国家利益的实现。在这一个过程中，公共外交的各执行部门只有在主体、资源、方式、直接目的上相互补充，才能有助于最终绩效的提升。如以色列外交部的媒体与公共事务司，其主要通过媒体的手段与外国公众沟通，尽管其能够较好地做到双向交流，但基本是以澄清信息为直接目的，相比之下，文化与科学交流司则更多地以传播知识为直接目的。而前两者也都具有主体上的局限性，即都是以中央政府为主体，因此在公共外交活动的选择上受到了限制。

以色列政府为了补充中央政府主导公共外交的局限，设立了半官方的公共外交机构，并给予资金的支持与人员安排上的指导，从而使其与中央政府直接管理的公共外交机构相互补充。如半官方机构以色列青年交流基金会的设立与发展就对以色列公共外交绩效起到了重要的提升作用。青年具有精力充沛、热情奔放、富有理想、满怀激情、渴望新事物、锐意改革创新等特征，这一群体在当前承担了各国相当多的公共外交事务，其范围涉及各行业、各领域，形式也多种多样；在国际活动中，青年作为人数最多的主体参与了对外劳务输出、工商业务往来、文化科技交流、外事交往、国际维和、志愿活动等事务；此外，青年也是互联网等新媒体的掌控者，在新媒体已成为最重要公共外交载体的状况下，各国开展公共外交不能忽视青年。以色列青年交流基金会很好地建

---

① 韩方明：《公关外交概论》，北京大学出版社，2011，第 7 页。

立了国与国之间青年交流的机制，推动了跨国青年交流，并有力地拓展了其国家利益。

以色列公共外交组成部分的相互补充还体现在中央政府公共外交机构及半官方外交机构对非政府组织参与公共外交提供了大量支持。公共外交的对象是广大的外国公众，非政府组织本就是社会发展的产物，在对接对象国社会方面有着先天优势。以犹太代办处为例，由于该组织在全球范围的影响力卓然，犹太代办处借助于自己的盛誉及世界各地的分支机构与国外教育、文化等领域的非政府组织广泛接触，并通过与以色列政府的联系推动这些非政府组织扩大与以色列的人文交流，同时也给予部分交流项目资助。

2. 公共外交的实施状况得到了及时反馈

一国公共外交的不断深化会提升国家的软实力，但是也需要对外交行为进行人力、物力和财力上的大量投入，因此能够以较小的投入获取最大的收益也是各国公共外交的重要目标之一，而公共外交机制的完善能够使一国公共外交的实施状况得到及时反馈，进而有利于公共外交的政策制定部门进一步修订政策，使其符合不断变化的客观需求，达到"小成本，办大事"的预定目标。

在以色列公共外交的机制建设中，以色列国际合作中心开展的技术援助在信息沟通方面做出了较好的典范。以色列在对外援助中投入的经济成本较少，即使是在技术援助中也偏好于中小型项目的实施，但是以色列的技术援助取得了成功，这得益于以色列注重受援国在接受援助期间的信息反馈。为了能够更为全面地了解受援国发展农业等领域技术的客观条件，以色列国际合作中心推出了示范农场的援助项目，通过示范农场的长期运营了解所在国的农业情况，该中心在制定年度技术援助项目时就可以有的放矢。以中国为例，以色列国际合作中心为了了解中国各地区的农业状况，先后在北京、福建、新疆三个省级行政区开办了示范农场，以了解中国温带平原、亚热带山地和干旱地区农业的状况，从而为其指定对华年度技术援助提供充足的资料信息支持。以色列技术援助的信息反馈机制同时体现在和受援国技术专家的长期联系方面，技术援助的目的就是为了实现受援国的可持续发展，而支撑其可持续发展能力的主要依靠则是在援助中获得技术能力的专业工作者。以色列政府为受援国技术专家所建立的联系机制，也有利于以色列了解受援国的不断变化的状况，从而制订切实可行的援助计划。

以色列公共外交的信息反馈机制还体现在外交部对驻外使领馆公共外交工作的要求。由于在以色列外交部的机构设置中，有四个部门都是以公共外交为主要工作任务，公共外交也因此在整体外交中拥有更大的话语权。在以色列驻外使领馆中都有负责公共外交的部门及官员，如以色列国际合作中心在每个援助对象国的使领馆中均设有推广项目的联系人，文化与科学事务司在驻外使领馆中派有专员，这些公共外交官员不仅受使领馆的领导，也必须保持与外交部相关负责部门的顺畅沟通。

3. 公共外交的运转更为流畅

公共外交要达到提升国家形象、服务于国家利益的目的需要经过政策制定、政策执行、信息反馈、政策修订与执行等过程，这一过程的运转是否流畅，关系到公共外交能否产生最大绩效。以色列建国后能够不断调整、完善公共外交机制，使其外交过程的运转更为流畅。在以色列的公共外交中，其外交部是公共外交的核心部门，既是政策的制定者，也是重要的执行者。为了让政策的制定与执行更为流畅，以色列政府将文化外交与技术援助的负责机构均设置在外交部的管理下，以更好地完成外交任务。

半官方的公共外交机构在公共外交运转中也起到了重要作用。虽然以色列外交部在总体上负责指导、统筹非政府组织参与公共外交，但是建立于社会基础上的非政府组织数量庞大，外交部很难了解到这些非政府组织的需求。而以色列青年交流理事会、犹太代办处等半官方机构则在与非政府组织的沟通方面有着制度性优势。以色列国内外的非政府组织提出项目申请后，半官方机构会组织对项目进行评估，筛选出具有价值的项目后，再经过与外交部相关部门的协商，决定对重点项目的资助和推广。同时，外交部也会对半官方的公共外交机构进行授权，只要是能够推动公共外交的项目，犹太代办处等机构可以通过该机构募集来的资金资助项目开展。

为了增强大型公共外交活动中的舆论影响，以色列政府通过设立国家信息指导司来推动全媒体时代下的公共外交。由于大型公共外交活动时间短，往往只是数天时间，这就对公共外交过程的运转提出了更高的要求，只有在短时间内高质量地完成各环节，公共外交活动才能取得成功。基于此，以色列政府将国家信息指导司设在总理办公室之下，这样该机构就能够在短时间内接收到更为全面的信息，并做出最快的应对。

三　机制建设促进了以色列对公共外交资源的整合

1. 机制建设为以色列公共外交提供了资金保障

公共外交因其实施主体和实施对象的多元，资金来源渠道实际上也具备了多元化的可能性，机制建设则让以色列公共外交资金来源渠道多元化从可能性转化为现实。以色列公共外交机制的不断完善，有助于民众形成对公共外交成效的正面预期，也有助于获得资金后制订其合理使用计划。

犹太民族基金会就是一个建立于资金捐赠基础之上的公共外交机构，如果没有来自于海外犹太社会组织及个人的资助，犹太民族基金会根本无法开展其工作，但是在实践中该基金会出色地完成了与海外犹太人的沟通任务。第一，该机构完善的分支网络为开展工作提供了便利，募捐得来的资金能够很快地从分支机构转移至以色列的总部，进而投入到项目的使用中；第二，虽然犹太民族基金会和以色列建国前时相比，其主要任务已经发生了极大的变化，但是在犹太民族基金会公共外交制度的制定中，仍将当前基金会的所有募捐项目与犹太复国主义的历史联系在一起，让海外犹太人感受到自己的募捐和犹太人的历史命运紧密相连；第三，犹太民族基金会对于募捐所得资金的使用实行公开化的原则，定期编写项目进度手册，让捐赠者了解到资金的使用状况，也让捐赠者在进一步认知以色列的同时对该国发展更有信心。

和犹太民族基金会的运转方式相似，除了少部分政府财政支出外，犹太代办处开展项目活动的资金也主要来自于国内外，但与犹太民族基金会的不同在于，犹太代办处的项目主要是关于教育、文化、科技、创新等主题的跨国人际交流。为了赢得更多的社会募捐，犹太代办处每年都会编写年度预算、财务报告、工作总结等，就犹太代办处的工作进行回顾；同时也对每个项目的执行情况随时进行更新，并提出面临的挑战等。这些文字材料都会以七种语言通过其官方网站向社会公布，让国内外舆论监督其公共外交项目的执行。在成功的制度化基础之上，犹太代办处募集的社会资金不断增加，从而为公共外交提供了持续的资金保障。

以色列外交部下属公共外交部门的资金虽然主要由政府提供，但其仍然通过寻找社会合作伙伴来扩大其资金来源。如以色列国际合作中心在技术援助中就注重和以色列高新技术企业的合作，企业通过提供资金，获得了在受援国社会的影响力，有利于其扩大市场，而通过高新技术企业的参与，技术援助也可以得到更为持续地开展，也有助于以色列在受援国建立"创新国家"的国家形象。

而作为非政府组织中特殊的一类，智库在公共外交机制建设中也拥有不可替代的位置。以色列国家安全研究所、耶路撒冷公共事务中心等重要智库在以色列政府的授意下展开公共外交，起到了在国家间增信释疑的作用。虽然以色列智库和政府在工作中紧密互动，但是其运转资金主要来自于社会、特别是国内外的基金会。

2. 机制建设为以色列公共外交扩大了国内民众基础

公共外交是依托于民众的，如果缺少国内民众的参与，公共外交的开展就缺乏稳定的国内支持，而以色列的公共外交机制建设较好地动员了其国内民众参与公共外交的积极性，从而让外国公众认识到一个全面、真实的以色列。

以色列青年交流理事会在项目开展中深刻认识到了这一点，动员更多的以色列家庭踊跃参加到交流项目中，更加有利于来以访问的外国青年增进与以色列的感情。外国青年短时间内居住在以色列家庭中所感受到的日常生活与居住在宾馆中所获得的认知是完全不同的，但这也给公共外交部门提交了新的任务，即如何选择借宿家庭。而以色列青年交流理事会以其半官方的身份能够较为便利地与目标家庭沟通，并运用社会资源对其进行资金补助。此外，以色列青年交流理事会与教育系统更为密切的联系使其在教育、动员和选择以色列青年参与公共外交方面具有优势，让更多的在校青年了解到公共外交的重要性、并学习提升其公共外交素质是青年交流取得成功的先决条件。同为半官方的机构，犹太代办处同样重视以色列国内外青年在项目中的交流与融合，其大量活动让以色列能够有更多的青年参与其中，并在公共外交实践中培育其国际视野。

政府直接开展的公共外交实践同样需要扩大国内的民众基础。国家信息指导司就通过其工作让更多的民众具有了公共外交意识。如在奥巴马和教皇访问以色列期间，所有的公共外交活动都是在以色列境内进行，大量的境外媒体也在同一时间于以色列设立了报道点。为了在公共外交活动中获得成功，国家信息指导司利用其制度优势在正式访问前进行了社会动员和模拟演练，让国内公众提前熟悉在正式访问期间可能扮演的公共外交角色。借助国际媒体展现出良好的以色列国民素质，建立在民众参与基础上的公共外交活动为以色列塑造了积极的国家形象。

　　总之，公共外交的本质是双向交流，如果不注重加强本国的民众基础，公共外交就很难让外国公众获得更加真实的感受。以色列的公共外交机制推动了双向交流项目的深化，其外交部国际合作中心和科学与文化事务司都开展了长期的双向交流活动。国际合作中心的五大项目之一就是在以色列境内进行的技术培训，受援国家的技术工作者在以色列学习期间，同时能够了解到以色列国内的真实状况；科学与文化事务司每年向国外学生提供的政府奖学金也帮助青年学生有机会体验以色列高校的氛围。

第五章　关于以色列软实力建设的若干思考

第一节　以色列公共外交的经验

一　公共外交的目标始终服务于国家利益的拓展

随着公共外交在国际社会中越来越受到重视，学界和公众对于公共外交的讨论和认识显示出较大的盲目性和乐观性：实践上，倾向于以大投资、频繁上大项目的粗放扩张方式扩大覆盖面、追求轰动效应。但公共外交的本质仍是外交，不是简单意义的交往，形象是手段而非目的，使用过多"心灵政治"等后威斯特伐利亚的话语"仰望星空"，容易失去对国际政治现实的理性把握。而以色列在公共外交的长期实践中能够坚持以国家利益为导向的原则，以最小的成本获得最大的外交收益。以以色列的技术援助为例，以色列通过技术援助为受援国带来了急需的技术支持，但与此同时，以色列往往坚持市场导向，即技术援助在改善受援国技术水准时也要符合以色列相关产业企业在该国乃至该地区的长远收益，以色列在不少发展中国家所建设的示范农场等项目即是如此。而以色列对美公关外交更是显示出其对国家利益的追求。以色列政府通过与美国亲以犹太社团的紧密沟通，使美国亲以犹太社团深刻了解到以色列的国家利益所在，在此基础上，犹太院外集团针对美国国会中持特定态度的议员进行游说，尽管经常针对特定议题的游说并没有改变美国民众对该议题的负面认知，但以色列政府在普通民众和精英阶层中选择了后者，只要在重要时期内服务于国家利益的拓展，在长时间内就有在普通民众中修复国家形象的资源与时机。

此外，以色列公共外交的投入也与其外交政策紧密相连。对待不同国家，以色列公共外交的资源投入导向性明确。20世纪90年代，阿以冲突逐渐走向缓和，以色列在埃及、摩洛哥等国投入了不少的技术援助资源，致力于改善与两国的关系。20世纪60年代，以色列为了打破阿拉伯国家对其实施的外交封锁，大力支持撒哈拉以南非洲的技术发展，但是在80年代与埃及建立正式外交关系后，其投入就少了很多。近年来，中东地区极端伊斯兰势力逐渐增强，以色列又重新重视非洲国家，特别是肯尼亚、埃塞俄比亚等非洲大国，以防止自己在地区政治中过于孤立。进入21世纪后，以色列公共外交资源向亚洲主要大国中国和印度迅速倾斜。除了中国是联合国常任理事国外，其快速增长的国内经济是以色列拓展国家利益的潜在市场，因此以色列对中国开展了一系列的公共外交项目，但其获得的经济回报也是巨大的。2015年1月至6月，在中国出口总值同比增长仅为0.9%的状况下，中国对以色列的出口额同比增长超过了17%。2016年中国对以色列的投资额占该国外国投资的23%，已经成为除美国之外对以色列投资最多的国家。以色列重视对华、对印公共外交还因为其对世界政治多极化趋势的判断，以色列在中东地区长期处于外交孤立的状态，只有获得世界主要大国的支持，才能实现其国内发展的目标。

总体而言，以色列能够基于该国的客观状况开展公共外交，对公共外交实施后带来的国家利益尤为看重，甚至有时为了配合国家整体战略而放弃已产生的公共外交短期成效，始终坚持"外交政策必须根据国家利益来界定，政府是舆论的领袖而不是它的奴隶"，[①] 使得公共外交虽然没有在其对外战略中占据更高地位，却更好地服务于国家利益的拓展。

二　公共外交对国内资源的有力整合

以色列是一个小国，如果仅仅依靠其政府开展公共外交，很难取得较好的成效。以色列公共外交的成功之处，在于其有力整合了国内社会的现有资源，解决了公共外交中可能遇到的资金、人才、社会网络、制度等方面的瓶颈。以资金为例，以色列国内的基金会、企业在其中扮演了重要的角色。一些重要的基金会资助世界各国犹太人的联系网络，资助以色列和其他国家高校间的学术交流，均取得了较好的效果，大量访问过以色列的各国学者对以色列的发展充

---

① 汉斯·摩根索：《国家间政治：权力斗争与和平》（第七版），徐昕等译，北京大学出版社，2006，第585、590页。

满了欣赏之情，有效提升了以色列在不少国家中的形象。与此同时，以色列的基金会在智库的资助中尤为突出，作为独立的社会组织，智库在基金会的资助下建立了高效的运转制度，并且在公共外交中扮演了不可获缺的角色。以主要由基金会资助运转的耶路撒冷公共事务研究中心为例，该中心在公共外交中异常活跃，在对华关系中曾就以色列政府最为关切的问题与中国政府多次深入交流，其中心主任道若·戈德的专著《耶路撒冷：伊斯兰激进派、西方及圣城的未来》也在公共外交中被翻译为中文。

在人才方面，由于以色列重视教育，其整体国民素质有了保障，高新技术产业也居于世界领先地位，这给了以色列公共外交一张极为出彩的"名片"。大量民众能够熟练使用英文让跨国旅游交流不再成为障碍，在人际交往中国民素质则显现无疑，而高新技术人才的跨国交流更让以色列得到了"创新国家"的美誉。政府投入与立法支持、高素质的人力资源、基础研究实力雄厚、成熟的技术商业化转化机制、军民双向人才与技术流动机制、独特的犹太文化、广泛的国际合作交流、完善的中介组织服务、合作创新意识等以色列的"创新"特质在长期深入的以色列公共外交中得到了国际社会的认可与效仿。其中，以色列的技术援助在塑造"创新国家"形象时尤为成功。通过以色列技术专家在国外的长期工作生活，让不少国家直接感受到了以色列的"创新"特质，示范农场等合作项目的运转更是长久地让受援国认知到以色列的存在。尽管双边关系可能因为政治等原因走向低潮，以色列技术专家也因此回国，但示范项目的存在为两国随后修复关系奠定了基础。

由于以色列是一个移民国家，其国内不少民众都拥有海外社会网络，以色列政府十分珍视这一国内资源。以犹太家庭、犹太民族为纽带，以色列政府鼓励促进犹太民族的跨国交流。以色列政府、基金会等资助海外犹太人来以旅游，并鼓励海外犹太人来以色列定居、工作。在以色列政府的推动下，更多的以色列公民以个人方式或通过以色列的基金会与该国的项目或机构建立了直接联系，资助对象包括像"发现——以色列生来就有的权利"（Taglit – Birthright Israel）这样的犹太青年访以项目，该项目于 1999 年启动，资助海外犹太青年对以色列进行免费的 10 日访问，目的是消除以色列与海外犹太社团，尤其是与美国犹太社团之间的隔阂，强化海外犹太人的犹太认同和与以色列历史文化的联系。

此外，以色列公共外交能够对国内资源进行长期有效的整合还在于其制度的稳定。以色列建国以来，历届政府都能在立足于该国的既有制度基础上开展公共外交，公共外交的执行部门与涉及公共外交的各部门形成了良好的互动，中央政府能用一个统一的声音组织及倡导社会资源与民众参与公共外交，并推动民众、社会、地方政府、中央政府间形成良好的互动，在全社会中形成一种重视公共外交及国家形象的共识，从而进一步巩固了其政府统筹、社会主导、民众参与的公共外交国内资源整合模式。

三　公共外交与重要对象国社会的有效对接

如何让对象国公众产生更利于本国的认知是公共外交最为重要的任务，而对象国往往因文化、政治制度、经济发展水平各异给公共外交造成事实上的困难，让公共外交进入投入大、收效小的困境。以色列在公共外交的长期实践中，逐渐形成了针对不同对象国而采取不同公共外交策略的方式，特别是极为重视与重要对象国社会的有效对接，从而使公共外交获得了更大收益。

以以色列对中美两国不同的公共外交策略为例，美国是全球范围内犹太人最多的国家，以色列因此重视以犹太民族感情为纽带，借助美国犹太人实现对美国国会的成功游说，以及获得美国社会对以色列的同情与支持。与此同时，以色列政府在对美国的公共外交中突出该国是中东地区唯一的"民主国家"，以色列历任总理访美期间在接受媒体采访时都会表达这一观点，以期获得美国精英阶层在政治价值观方面的认同。此外，移民文化特征、建设国家的拓荒精神，以及"特选子民"观念及天赋使命感都会在以色列对美公共外交中作为重点内容被反复强调。

与美国不同，针对中国，以色列也做出了专门化的公共外交策略。由于中华民族与犹太民族在第二次世界大战中均遭受过法西斯国家的迫害，以色列在进行对华公共外交时，往往将二战时两大民族的遭遇作为沟通两国社会的桥梁，以更好地获得中国民众的认同感。此外，由于中国是一个发展中国家，在科技领域创新能力方面还有待进一步加强，以色列投入大量资金加强与中国在科技、教育等领域的交流，并通过媒体向中国塑造出一个"创新国家"的形象，从而得到中国社会的积极认可。

从针对中美两国的案例可以看出，以色列的公共外交内容极具选择性，这对于公共外交的实施者来说并不是件容易的事。一项公共外交政策制定出台后，很容易形成面向所有国家的单一模式，特别是这一政策已经在一国取得了良好的效果。如果一国要实现与各对象国社会的有效对接，其政府各部分就需要付出极大的努力去克服该困难。这需要驻对象国使馆与公共外交政策制定部门保持定期的沟通，根据对象国社会的特点及变化而不断改进公共外交政策，以色列的驻外使领馆就发挥着这样的作用。以以色列在华使领馆为例，当前以色列在中国除了大使馆外，还在上海、广州、成都三地拥有领事馆，在华使领馆数量居中东国家第一位，其大使及各总领事在中国社会非常活跃，与中国商界、学界、地方政府沟通密切。一线外交官重视公共外交，并将中国社会的状况与需求定期向以色列国内进行反馈，使以色列政府了解到如何与中国社会实现有效对接，从而提升了以色列对华公共外交以及外交政策的质量。而在对美公共外交的信息反馈中，除了在美使领馆外，美国国内的亲以犹太社团也拥有重要地位，亲以犹太社团经常直接参与到以色列的外交工作中，为以色列驻美使领馆及以色列政府提供美国社会的舆情。

第二节　以色列软实力建设的局限

尽管以色列在软实力建设方面取得了显著的成就，并成为其国家发展重要的依托，但由于受其地区外交政策以及国内民族和宗教状况的影响，以色列软实力的进一步提升仍然受到较大的限制。

一　巴以和平进程困境对以色列软实力的制约

自以色列建国以来，耶路撒冷的归属权、巴勒斯坦难民的解决方案等就成了以色列安全和外交政策的重点。1967 年第三次中东战争后，以色列又占领了约旦河西岸和加沙地区，主要基于维护国家安全的需要，一批犹太人定居点在巴被占领土修建，由此定居点也成了巴以和平进程中的一个重大阻碍。尽管如此，这些问题的产生也受到了冷战时期的历史限制，国际社会对于问题产生和持续的原因，以及解决的难度都有着较为清晰、客观的认识。20 世纪 90 年代随着冷战的结束，以色列积极主动地寻求和平解决巴以问题的努力也得到了国际社会的认可和赞赏。因此，就当前以色列软实力构建中的挑战而言，更多地是受到了 2000 年之后以色列对巴勒斯坦政策的影响。

"9·11"事件发生后，以色列和美国通过反恐领域的合作建立了更为紧密的双边关系。2003 年由美国所发动的伊拉克战争，彻底摧毁了激进反犹的萨达姆政权，此后美国又通过"大中东民主计划"，将以色列作为中东地区唯一的民主国家，树立成地区政治的榜样，由此使得阿以力量对比进一步有利于以色列。不仅如此，伊朗核问题在中东地区也不断升温，其政教合一的体制被许多世俗阿拉伯国家视为最为严重的威胁，不少阿拉伯国家对伊朗核计划的恐惧，已超过了对以色列军事威胁的担心。从国际和地区局势上看，进入 21 世纪后，以色列的安全与外交压力大为减小。

但就在国际和地区形势都得到显著改善的情况下，以色列却制定了更为强硬的对巴勒斯坦政策，事实上终结了 20 世纪 90 年代以来的巴以和平进程谈判。强硬的对巴政策损害了以色列在国际社会中的形象，不利于以色列国民确立对巴以问题的客观认识，限制了其软实力的进一步提升。

（一）2000 年以来巴以冲突的频繁爆发

2000 年 9 月 28 日，以色列利库德集团领导人沙龙在军警的护卫下突然闯入东耶路撒冷的清真寺进行访问，并宣称耶路撒冷是以色列永久统一的首都。而在次日阿克萨清真寺的礼拜结束后，大批巴勒斯坦青年涌出清真寺并开始向周围的以色列军警投掷石块，以色列警察则立即向巴群众开火，当场打死 4 人，多人受伤。第二次巴勒斯坦起义（即阿克萨起义）由此拉开序幕。巴以之间爆发的激烈冲突，促使以色列民众选择了以"安全换和平"为其执政理念的沙龙担任总理。沙龙上任之后，便展开了针对加沙和西岸地带的"百日计划"，巴以冲突迅速升级，双方形成了以暴制暴的恶性循环：以色列展开大规模的军事进攻，重新占领巴方自治地区，限制巴勒斯坦民众的行动，强化其在约旦河西岸的存在和与加沙地区定居点的联系；巴方则进行以命相拼的自杀式报复，持续抗争。这种断断续续的暴力冲突整整进行了 30 多个月，直到 2003 年 4 月，美国向巴以双方递交了"路线图"计划，巴以双方在 5 月份接受该计划后，第二次巴勒斯坦起义才宣告结束。

在"路线图"计划的推动下，以色列开始从约旦河西岸撤军，但在主动撤离的过程中，拆除房屋、夷平土地的事件时有发生，造成了巴勒斯坦方面的人员伤亡和财产损失，从而再次遭到了巴方的反抗。在这次暴力冲突发生期间，巴勒斯坦民族权力机构保持了克制，阿拉法特曾数次要求巴安全部队在受到攻击后不要开火。但由于民族权力机构无力制衡巴极端派别的暴力行动，导致哈马斯等极端派别以人体炸弹、汽车炸弹为主要手段进行袭击。整体而言，巴以双方在暴力冲突中处于非对称状态，以方以政府军队为依托，而巴方则以民间激进力量为主导。在很大程度上，以色列的表现决定着巴方暴力活动发生的频率。以色列的克制行为能够促成双方的停火，从而使巴勒斯坦方面的激进组织失去影响力和号召力。但是，以色列一直坚持强硬立场，不断发动军事攻击以及实施定点清除行动，激起了巴勒斯坦民众的斗争精神。

2004 年 11 月 11 日，阿拉法特逝世，巴方以集体领导制实现了权力的平稳过渡，以色列也失去了拒绝同巴方谈判的借口。尽管如此，以色列在 2005 年仍然决定采取单边脱离方式撤离加沙，并没有通过与巴勒斯坦当局进行双边谈判的方式达成。因为以色列是单边撤离，所以巴勒斯坦激进组织如哈马斯等就宣称以色列撤离加沙是其所领导之武装斗争的胜利。而这也产生了一种错误的结论，即只有武装斗争才是争取巴勒斯坦民族权利的唯一出路。由此，以色列过于强硬的政策也不自觉地提高了一直被西方和以色列视为恐怖组织的哈马斯的声望。在 2006 年 1 月的巴勒斯坦立法委员会选举中，哈马斯战胜法塔赫，成为巴政坛的主导力量。2007 年，哈马斯夺取了对加沙地带的控制权，以色列关闭了加沙地带通往外界的关口，加大了对加沙地带的封锁。2008 年 12 月 27 日，以色列空军突然对加沙地带发动大规模空袭，"铸铅行动"就此展开。在以色列发动地面进攻之前，以军的空袭行动就已经造成了巴勒斯坦方面至少 430 人死亡、2200 人受伤。[①] 2009 年 1 月 3 日晚，以军地面部队开始进入加沙地带，对哈马斯发起全面进攻。而就在以色列对加沙发动地面进攻的当晚，联合国秘书长潘基文便发表声明，呼吁以色列立即停止地面军事行动。1 月 8 日晚，联合国安理会以 14 票赞成、1 票弃权通过了第 1860 号决议，呼吁巴以在加沙地带立即实行"持久的、受到全面尊重"的停火。在国际社会的压力下，以色列终于在 1 月 18 日单方面停止了在加沙地带的军事行动。而由于以色列对加沙地区实施了长期的封锁，为了缓解封锁下该地区的人道主义危机，联合国和其他一些国家、国际组织展开了对加沙地区的救援。在救援行动中，2010

---

① International Crisis Group，"Ending the War in Gaza"，*Middle East Briefing*，No. 26，5 January，2005.

年 5 月 31 日，土耳其一艘名为"马尔马拉号"的救援船在驶向加沙途中遭到以色列海军武力拦截，造成 8 名土耳其人死亡，这一事件使以色列再次受到国际社会的指责。而在袭击事件发生后，以色列一方面含混地承认在情报和策略上犯了错误，另一方面强调"马尔马拉号"受控于土耳其"人权及人道主义援助基金会"组织，该组织与哈马斯乃至基地组织都关系密切，船上人员故意使用暴力手段挑动以色列军人开枪，以此拒绝向土耳其表示任何的歉意。[①]随后，土耳其禁止以色列空军进入其领空训练，在官方文件中也首次将以色列作为主要威胁。6 月 7 日，以色列又向加沙附近海域一艘小船上的 5 名巴勒斯坦人开火，造成 4 人死亡，1 人失踪。阿拉伯议会联盟主席胡达·本·阿米尔表示，以色列在公海上袭击和平人士的做法引起了各方强烈不满，"将可能导致类似的报复行动"。伊斯兰会议组织秘书长、土耳其人埃克梅勒丁·伊赫桑奥卢呼吁成员国尽快成立一个由法律顾问组成的专家组，准备向以色列领导人提起国际诉讼。此外，他还呼吁伊斯兰会议组织成员国与其他国际和地区组织一道敦促联合国召开特别会议，通过决议要求以色列解除对加沙地带的封锁。[②] 2011 年，联合国出台调查报告，谴责以色列对土耳其赴加沙救援船过度使用武力。土耳其随即驱逐以色列驻土耳其大使，将外交代表级别降至二等秘书，并暂停与以方的所有军事合作。[③]

但以色列并没有因为国际社会的压力而改变其对哈马斯的政策。除了对加沙地区的封锁之外，以色列于 2012 年 11 月 14 日至 22 日对加沙地区进行了代号为"防务之柱"的军事打击，巴方在 8 天的空袭中死亡 167 人，伤者逾千。加沙持续的冲突不仅不利于巴以和平问题的最终解决，还大大提升了哈马斯的地区声望。如在这次冲突中，哈马斯一度将火箭弹发射到以色列最为重要的两座城市——特拉维夫和耶路撒冷，充分展现了其抗以意志的坚定以及军事能力的提升。停火后，不仅加沙地带民众纷纷上街欢庆"胜利"，而且在法塔赫控制的地区——约旦河西岸也出现民众高举代表哈马斯的绿色旗帜以示支持的场景。[④] 两年后的 2014 年，以色列军队自 7 月 8 日至 8 月 27 日间又对加沙地带

---

① 郑东超：《当前土以外交危机的原因及其影响分析》，《国际展望》2012 年第 2 期，第 95 页。
② 李潇：《中东局势一波未平一波又起》，《人民日报》2010 年 6 月 8 日。
③ 丁隆：《以色列继续"向右转"》，《世界知识》2013 年第 3 期，第 51 页。
④ 陈双庆：《加沙之战的原因及影响》，《国际资料信息》2012 年第 12 期，第 33 页。

发起了代号为"护刃行动"的大规模军事行动,以清除巴勒斯坦武装力量的火箭弹袭击威胁。在持续 50 天的军事行动中,以色列出动陆、海、空军,打击了加沙境内超过 600 个目标。据统计,这次军事行动造成了超过 2000 名巴勒斯坦人丧生。

总体而言,进入 21 世纪后,巴以间的冲突频发,暴露出双方在危机面前的脆弱。由于敌对心理的存在和不断强化,巴以之间缺乏成熟的危机协商机制,故而一旦对对方产生了行为误解或政策误判,往往付诸暴力的解决方式。社会中的偶发性事件、执政政府的更替、地区或国际形势的变化,都会引起巴以双方对对方的高度敏感。但在同样付诸武力的情况下,巴勒斯坦人民由于生活贫穷、社会落后、更为脆弱的心理承受能力,付出的代价也更大,因此,在消除双方敌意的进程中,以色列应担当起更多的责任。当前,欧洲社会就对日趋强硬的内塔尼亚胡政府同情日少而厌恶日多。它们认为以色列已经在对暴力迷恋的泥潭里无法自拔。① 对以色列而言,尽管拥有强大的军事、经济、科技实力,但是这既无法阻止突如其来的火箭弹袭击,也不可能防范随时都可能发生的自杀式报复。与此同时,在一次次的冲突中,以色列政府和军队以暴力手段强占了更多土地、更多资源,逐渐习惯了通过军事打击的方式得到安全与和平;而以色列民众在不断的冲突中也日渐形成了长期恐慌的心理,也就更加偏好选择能够对巴方进行猛烈打击、从而带给他们安定的领导者。

(二) 以色列在约旦河西岸定居点的持续扩建

1967 年,以色列取得了第三次中东战争的胜利,占领了大量的阿拉伯领土,除了约旦控制下的约旦河西岸以及埃及控制下的加沙地带外,还有西奈半岛、戈兰高地等埃及和叙利亚的领土。1982 年黎巴嫩战争后,以色列军队又长期控制了黎南部地区。冷战终结,尤其是进入 21 世纪,以色列实际上已经不需要通过定居点建设以及军事占领来维护自身的安全。如 1982 年西奈半岛定居点的撤离,以及 2000 年黎巴嫩的撤军就对以色列在冷战中所实行的政策构成了挑战。但即使国际和地区形势发生了对以色列有利的变化,以色列在约旦河西岸定居点的修建却在 2000 年之后愈演愈烈。

2005 年 12 月,以色列国防部正式批准在约旦河西岸兴建一处定居点的计

---

① 储殷:《以色列正在失去欧洲》,《世界知识》2014 年第 21 期,第 31 页。

划。根据该计划，将有 100 多户家庭入住新的定居点，其中包括 23 户在 2005 年从加沙地带撤离出来的犹太定居者。这是以色列政府自 1992 年以来第一次批准在约旦河西岸修建新的犹太人定居点，因此引起了国际社会的强烈反对。巴勒斯坦首席谈判代表埃雷卡特谴责以色列政府这一决定，称其将破坏巴以领导人会面后产生的积极气氛，葬送中东和平前程。欧盟时任轮值主席国芬兰于 12 月 27 日发表声明，认为以政府兴建定居点不符合中东和平"路线图"计划中以方应履行的义务。甚至美国也对以色列进行了劝阻，美国国务院代理发言人加莱戈斯称以方此举有悖"路线图"计划中的相关规定，可能对今后的中东和平谈判产生影响。①

　　但以色列对国际社会的批评置若罔闻，新建定居点的计划有增无减。2007 年，以色列便决定于 2008 年在东耶路撒冷和约旦河西岸的犹太人定居点建造 1000 余套住宅。尽管 2007 年 11 月底在美国安纳波利斯举行的中东问题国际会议决定重启中断近 7 年的以巴和平谈判，并期望在 2008 年年底前，以方应当停止犹太人定居点建设，但以色列时任总理奥尔默特却公开宣布，以色列仍将在约旦河西岸继续犹太人定居点建设。② 2009 年 11 月 17 日，以色列内政部又批准了在东耶路撒冷扩建 900 套犹太人定居点住宅的计划，其规划区域为阿拉伯裔居民为主的社区。以方扩建犹太人定居点的消息传出后，引起了巴勒斯坦方面的强烈反应。巴勒斯坦民族权力机构主席阿巴斯的发言人纳比尔表示，以方不顾国际社会意见，继续扩建犹太人定居点的举动表明，以方并不希望和平，也并不想重启中东和平进程。联合国秘书长潘基文也就这一事件发表声明，指出该定居点是建立在巴勒斯坦被占领土之上的，并谴责以色列政府做出的扩建耶路撒冷犹太人定居点的决定。③ 2010 年 9 月底，以色列拒绝继续延长犹太人定居点限建令，而巴方要求只有在以色列停建定居点的情况下才重返谈判桌，导致巴以直接谈判陷于停滞。而在 2011 年 1 月 14 日，以色列又制订了一项在东耶路撒冷新建犹太人定居点住房的计划。在这一计划中，以色列会在东耶路撒冷再次新建 120 套犹太人定居点住房。此举再一次引起了巴勒斯坦方

---

① 黄培昭：《与国际社会意愿背道而驰，以色列又想扩建定居点》，《人民日报》2006 年 12 月 30 日。

② 《奥尔默特承认以色列续建定居点违背和平计划》，《人民日报》2008 年 1 月 6 日。

③ 李潇、吴云：《以色列计划扩建定居点：联合国秘书长表示谴责》，《人民日报》2009 年 11 月 19 日。

面以及国际社会的强烈反对和谴责①。

尽管国际社会的批评声音越来越严厉，以色列政府却依旧我行我素，继续推行在巴被占领土上的定居点建设。2012 年 11 月 30 日以色列批准在约旦河西岸和东耶路撒冷犹太人定居点新建 3000 套住房，同时推动在约旦河西岸地区修建新的犹太人定居点。② 以色列中央统计局公布的数据显示，2013 年以色列在犹太人定居点新建的房屋为 2534 套，比 2012 年增加了 124.7%。以色列定居点活动监测组织"现在就实现和平"领导人奥本海默批评说，这一数据表明，以色列政府一直在不顾国际压力修建定居点。根据该组织的报告，以色列政府仅在 2013 年 3 月至 7 月间就批准了修建 5000 套定居点房屋的计划。③ 而在 2013 年 11 月 30 日，以色列内政部又一次通过了在东耶路撒冷建造 1500 套犹太人定居点住房计划的方案。

在巴勒斯坦民众看来，定居点实际上是以色列占领、欺凌巴勒斯坦的象征，而由定居点不断增加和扩建所实际造成的对巴领土的"蚕食"，成为巴民众进行反抗的导火索，犹太定居者尤其是那些处于较为孤立地区的定居者将成为被袭击的目标。从 2000 年到 2010 年，在巴勒斯坦被占领土的犹太定居点的居民被打死 242 人，同期以定居点居民打死巴勒斯坦平民 47 人。④ 2009 年 11 月，联合国人道主义事务协调厅发表的一份报告称，在巴勒斯坦被占领土上发生的以色列定居者与巴勒斯坦民众的冲突显著增加。该报告指出该年 10 月共发生 41 起以色列定居者袭击巴民众及其财产的事件，高于 2008 年的月平均值 28 起。同月有 23 名巴民众因此受伤，2008 年平均则只有 13 人。⑤

（三）巴以"隔离墙"的修建

2002 年 6 月 23 日，以色列政府正式批准在约旦河西岸建立一道防御墙，以阻挡屡禁难止的巴勒斯坦人体炸弹袭击。"隔离墙"由高 4 ~ 5 米的钢筋混凝土墙、高压电网、电子监控系统构成，而且每隔数百米，都有荷枪实弹的以

---

① 黄培昭：《以色列启动犹太人定居点新建计划》，《人民日报》2011 年 2 月 16 日。
② 李剑：《以色列遭遇外交新困局》，《解放军报》2012 年 12 月 16 日。
③ 范小林：《以色列去年新建犹太人定居点房屋大幅增加》，2014 年 3 月 3 日，http://news. xinhua net. com/world/2014 - 03/03/c_119587656. htm。
④ 沈辉：《深入敌后，犹太人定居点高调复建》，《重庆日报》2010 年 10 月 1 日。
⑤ 《人道协调厅：以色列定居者袭击巴勒斯坦民众的事件有所增加》，2009 年 11 月 18 日，http:// www. un. org/chinese/News/story. asp? newsID = 12568。

色列士兵驻守的岗哨，建成后预计总长度 700 多公里。而为了避免国际社会的指责，以色列方面以"反恐"为由，把"隔离墙"称为"安全墙"（security fence）。在"隔离墙"的走向上，以色列主要考虑的是自身的国家安全，全然不顾未来巴勒斯坦国领土的完整性。为保护一些距离"绿线"① 比较远的犹太人定居点，以色列制订的隔离墙计划向这些定居点所在的"突出部"弯曲，以便与主隔离墙相连。这样不仅圈占了巴勒斯坦的土地和人口，也使巴控区支离破碎、缺乏连续性，从而造成未来巴勒斯坦国在安全、行政管理和基础设施建设方面的严重困难，增加了其建国的难度。而"隔离墙"的存在，尤其使得东耶路撒冷与约旦河西岸其他地区的分隔更加严重，不少巴勒斯坦人难以进入自己的土地，获取其他资源，前往就业场所和获得关键服务。例如，目前大约有 1.1 万名巴勒斯坦人居住在"隔离墙"与"绿线"之间的 32 个社区当中，他们需要以色列颁发的许可才能继续生活在自己的家中；有 15 个社区的土地被隔在墙外，居民不得不申请特别许可才能够前往自己的土地。② 不仅如此，"隔离墙"修建后，以色列依托"隔离墙"增设了大量的检查站，对越过"隔离墙"来到以色列的行人和车辆、特别是对巴勒斯坦人进行严格检查。在约旦河西岸地区有不少巴勒斯坦民众在以色列工作、学习，现在这些居民不得不每天在午夜或凌晨到检查站排队，通行时间要视检查站的情况，如遭遇检查站临时关闭，就不得不旷工。而对于有亲人和朋友在隔离墙外居住的巴勒斯坦民众而言，相互见面也不容易。

2004 年 7 月 9 日，联合国国际法院以 14 票对 1 票的多数做出决定，宣布以色列在巴勒斯坦领土上修建"隔离墙"违反了国际法，要求以色列停止在约旦河西岸的修建活动，国际法院所通过的关于隔离墙的判决书指出以色列不能以军事防御权、国家安全或维护公共秩序为借口，为其在巴勒斯坦被占领土上修建隔离墙的行为进行辩护；同时要求以方停止修建隔离墙并拆除已建的部分，并允许联合国对巴方的居民损失情况进行登记。当年 7 月 20 日，联合国大会也以压倒性多数通过决议，要求以色列执行海牙国际法庭的裁决。

---

① 1949 年，以色列分别与埃及、黎巴嫩、约旦和叙利亚签订停战协议，于是产生了一条停火线，即以色列所称的"绿线"。大致范围是：北部和东北部分别与黎巴嫩和叙利亚交界，东部与约旦和约旦占领区（约旦河西岸）交界，南部与埃及的西奈半岛和埃及占领区（加沙地带）交界。

② 联合国：《以色列违反国际法建设隔离墙长达十年》2015 年 1 月 2 日，http://www. un. org/chinese/News/story. asp？NewsID = 23199。

面对国际社会的指责，以色列仍全然不顾，10 余年来不断地进行着"隔离墙"的修建。而从根本上看，巴勒斯坦人的袭击行动主要根源于以色列的非法占领及肆意军事侵犯，只要巴以双方不重新进行认真且建立在相互信任之上的谈判，不解决巴以之间面临的客观的、深层次的矛盾，巴以冲突就不可能停止。因此，以色列修建"隔离墙"是无法解决其自身安全问题的，而只会有碍于其软实力乃至综合国力的提升。

二 民族和宗教问题是以色列软实力的潜在隐患

民族问题和宗教问题都是影响一国凝聚力建设的重大问题。以色列虽然是一个以犹太民族为主体的国家，但国内的阿拉伯公民也占到了人口的 20%，如何在民主法治的原则下增强阿拉伯公民对以色列的国家认同，成为当前以色列软实力构建的不小挑战。同样，虽然犹太人的宗教信仰、宗教文化在以色列建立以及发展过程中发挥了重要的作用，但随着当前极端正统派的影响日益扩大，其和普通犹太人之间的矛盾也不断凸显，从而不利于以色列国家凝聚力的建设。

（一）以色列阿拉伯人国家认同的危机

在第一次中东战争中，居住在联合国分治计划下以色列国土上的大量巴勒斯坦人背井离乡、前往其他阿拉伯国家，但到战争结束时仍有 15.6 万巴勒斯坦人没有离开故土，从而成了以色列公民，以色列政府称这些人及其后裔为以色列阿拉伯人。

以色列建国后，重视阿拉伯人教育和民生状况的改善，阿拉伯公民的社会经济状况比 1948 年前有了很大的变化，即便与巴勒斯坦以及周边其他国家的阿拉伯人相比，其经济收入、教育程度、平均寿命也居于领先地位。与此同时，从 1949 年至 2003 年，以色列犹太人口从 101 万增长到 516 万，增长了 4 倍以上；同期，阿拉伯人口从 15 万多增长到 158 万，增长了 9 倍，[①] 阿拉伯人口的增长速度超过了犹太人口的增速，从而使得阿拉伯人口在以色列总人口中的比例不断上升。

面对阿拉伯人社会经济状况的进步，加之对其人口膨胀的担忧，以色列政

---

① 刘军：《以色列阿拉伯人口分析》，《西亚非洲》2007 年第 8 期，第 73 页。

府对于如何进一步提升阿拉伯人的社会地位止步不前。2003 年，犹太学生的大学入学率是 48%，而以籍阿拉伯学生则是 31%。在全体大学生中，阿拉伯学生占 8.1%，其中本科生 9.8%，硕士生 5.1%，博士生 3.3%。① 只有很少的阿拉伯人在高科技行业工作，其人数只占到高科技行业市场总从业人数的 4%。而在 2011 年以色列中央统计局的统计数据中，有超过 80% 的阿拉伯社区的社会经济状况在以色列所有社区中排在后半部分。②

在以色列阿拉伯人的政治参与方面，2007 年，工党成员以色列阿拉伯人哈勒布·马贾德莱担任了科学、文化和体育部部长，成为以色列建国近 60 年来第一位阿拉伯人部长。而在 2009 年选出的 120 名议会议员中，也有 12 名阿拉伯议员。一些犹太民众认为这些变化会改变以色列的历史，能够增强以色列阿拉伯人的国家归属感，有助于弥合阿拉伯人与犹太人之间的裂痕。但从更深的层面来看，这不能不说是以色列对阿拉伯人另一个重要的控制手段，即对其上层进行收买，通过相对较小的代价影响广大的阿拉伯群体。他们在政府和阿拉伯公众之间充当媒介，把政府的意图传递给公众，再把公众的反馈传回政府。通过吸收有能力的阿拉伯人进入国有体制，政府不仅能有效地掌握阿拉伯社团的动向，也避免在阿拉伯社团内部出现一个可能会与政府对抗的、独立的领导团体。③

而以色列阿拉伯公民则对于自身在以色列社会中边缘化的处境认识得很清楚，并对本社团的阿拉伯政党及领导人感到失望，因为选出的阿拉伯议员根本无法在以色列国会中带来任何实质性的改变。不仅如此，在以色列政治史上，没有阿拉伯政党参加过任何一届政府。尽管在 1999 年大选中有高达 94.3% 的阿拉伯选民支持巴拉克④，使其能够战胜内塔尼亚胡当选为总理，但在新政府组阁时巴拉克却忽略了阿拉伯政党。可以说在以色列，个体阿拉伯人能够通过加入犹太政党进入政府，但独立的阿拉伯政党无论如何都会被排除在政府之外。正是对政治参与的失望，阿拉伯公民的投票率从 20 世纪 90 年代和平进程

---

① 陈天社：《处境尴尬的以色列阿拉伯人》，《中国民族》2008 年第 5 期，第 71 页。

② Sabina Lissitsa, "Patterns of Digital Uses among Israeli Arabs-between Citizenship in Modern Society and Traditional Cultural Roots," *Asian Journal of Communication*, 2014 (1), p. 2.

③ 王宇：《析以色列对境内阿拉伯少数民族的政策》，《国际论坛》2014 年第 6 期，第 74 页。

④ Robert Freedman ed., "Contemporary Israel: Domestic Politics, Foreign Policy and Security Challenge," *Westview Press*, 2009, p. 117.

稳步推进时的 77% 下降到 2003 年大选时的 62%，而到 2009 年大选时，投票率更是下降到 53.4%。①

在以色列对待国内阿拉伯人事实上之不平等政策的影响下，阿拉伯人逐渐产生了对以色列的认同危机。2000 年 9 月，沙龙参观阿克萨清真寺引发了巴勒斯坦第二次大起义，而以色列国内的阿拉伯公民也迅速做出反应，10 月初便不顾政府的阻挠，在以色列北部举行了大规模的游行示威，声援被占领土上巴勒斯坦人的武装斗争，并与军警发生了冲突，酿成导致 12 名以色列阿拉伯人不幸遇难的"十月事件"。在"十月事件"后的 2001 年进行的总理直选中，以色列阿拉伯人投票率甚至只有 18%，② 多数阿拉伯选民响应了抵制选举的呼吁。2008 年底以色列军队在加沙的"铸铅行动"造成大量巴勒斯坦平民伤亡，这也让很多以色列阿拉伯人反感，因而抵制 2009 年 2 月的议会选举。近些年来，以色列的阿拉伯人时常在耶路撒冷等城市集聚，他们高举着巴勒斯坦的国旗，抗议以色列在巴被占领土上扩建定居点的行为。

针对国内阿拉伯人在国家认同上产生的变化，以色列政府并没有改变近年来的根本政策，反而认为以色列国内阿拉伯人很可能成为巴勒斯坦和周边阿拉伯国家的"第五纵队"，常常以阿以冲突所带来的安全隐患为借口，对国内的阿拉伯人实行隐性的政策歧视，深以在险恶的环境下创造的富有弹性的"民主制度"而自豪，认为牺牲民主来保障安全是无可厚非的，③ 由此进一步激化了国内阿拉伯人和政府之间的矛盾。2014 年 11 月，以色列内阁经过激烈争吵，以 15 人赞成、7 人反对的结果批准了将以色列定义为"犹太国家"的法案。这项法案提出将由法律规定以色列的"犹太国家"属性。以总理内塔尼亚胡在内阁投票前解释这个由他推动的法案时说："以色列是犹太人的民族国家。我们坚持以色列的每个公民拥有平等的个人权利，但只有犹太人拥有民族权利，比如国旗、国歌和每一个犹太人都可以移民到以色列的权利及其他的民族

① 王宇：《论以色列阿拉伯人的政治参与》，《阿拉伯世界研究》2010 年第 3 期，第 47 页。
② David Koren, "Arab Israeli Citizens in the 2009 Elections: between Israeli Citizenship and Palestinian Arab Identity," *Israel Affairs*, 2010 (1), p. 139.
③ 李志芬，《以色列阿拉伯人民族意识的发展及其对民主制度的挑战》，《世界民族》2009 年第 2 期，第 39 页。

象征。"① 法案还试图改变现在希伯来语和阿拉伯语同为以色列官方语言的现状，提出希伯来语为以色列的官方语言，阿拉伯语只拥有"特殊地位"。甚至连以色列政府部分内阁成员也认为，该法案将损害以色列的民主国家特征以及占以色列人口 20% 的阿拉伯裔公民的权利。

与此同时，以色列政府在 2000 年之后则主要试图以经济手段促进阿拉伯人境遇的改善。如在 2006 年，政府宣布将所有的阿拉伯社区都列为 A 类发展地区，使之能够得到税收优惠，以鼓励对阿拉伯人聚居区的投资。同年，以色列总理办公室宣布，以色列政府计划设立规模达 1.6 亿新谢克尔（约合 3800 万美元）的私募股权基金，在未来十年内帮助阿拉伯企业的发展，每家阿拉伯企业可从这一基金中最多获得 400 万新谢克尔（约合 95.2 万美元）的资助。2008 年 2 月，以色列政府宣布将建设一座新的阿拉伯城市，这也是以色列建国以来的第一次。② 但以色列政府宣布的这些措施往往受到国内政治、社会环境的影响，迟迟难以落实，或是在执行时大打折扣，所带动的经济发展效果有限。

当前，以色列阿拉伯人已认识到自己最主要的斗争目标是争取在以色列国内实现与犹太人完全平等的权利和地位。如果以色列政府不能够正视以色列阿拉伯人的政治诉求，那么尽管阿拉伯人已不愿回到巴勒斯坦地区，但是也会加深其与巴勒斯坦的感情联系，从而不利于为以色列国内发展创造一个稳定的民族环境。

（二）犹太教极端正统派势力与普通犹太人的矛盾日益加深

在以色列犹太人的构成中，有 12% 的人口是极端正统派犹太教徒③。这些人一年四季都身穿黑色西装，头戴黑色礼帽，面蓄胡须，毕生研读《旧约圣经》和《塔木德》等犹太教经典，在坚持传统犹太教信仰、遵守教规和宗教习俗方面最为严格，反对现代科学文化和世俗事物，并且拒绝参加社会工作，往往依靠政府补助为生。此外，在正统犹太教宗教学校读书的年轻教徒不仅能

---

① 范小林：《以色列内阁批准有争议的"犹太国家"法案》，2014 年 11 月 24 日，http://news.xin huanet.com/2014 - 11/24/c_1113368037.htm。

② 杨阳：《以色列阿拉伯公民的发展现状及其政治意识》，《阿拉伯世界研究》2009 年第 6 期，第 60 页。

③ 希伯来文中称哈拉迪姆（Haredim）。

够被一再延缓征召服役，每月还可以享受到政府补贴的 1500 新谢克尔。① 而极端正统派的后代们往往也继承父业，自小进入宗教学校学习。

极端正统派除了不参加社会工作外，同时也保持着极高的人口增长速度。据以色列中央统计局 2010 年公布的数据显示，极端正统派犹太妇女平均生育数量达到了 6.5 个，远远超出普通犹太人的生育数量。尽管目前极端正统犹太教众只有约 70 万，占以色列人口的 10%，但在小学生中，他们的子女比例已达到 21%。极端正统派犹太教徒是人口自然增长率最高的团体，而人口的增长也意味着在政府选举中更多的选票和在社会中更多的话语权。预计 20 年后，极端正统派犹太人口将占到以色列全部人口的 20% 左右。②

由于宗教势力在以色列历史上的贡献以及犹太教在以色列的重要性，建国以来，代表了极端正统派利益的犹太宗教党得以出现在每一届以色列政府的执政联盟中。宗教党也非常善于利用这一优势，向大党讨价还价，支持最有利于自己社团利益的那一方执政，推动实现宗教社团的利益最大化。在这种状况下，以色列犹太宗教社团的既得利益远超其他任何利益集团。

尽管长期以来，宗教势力都能够在既有的政治框架约束下为宗教社团谋求利益，但是随着极端正统派人数的大量增多，其诉求也受到了普通犹太人的质疑与不满。如年满 18 岁的犹太男女青年分别有服兵役三年和两年的义务，但根据兵役法，极端正统派犹太教青年在犹太教学校学习期间可暂缓服兵役，而这也导致了部分犹太青年以此为由故意延长在宗教学校的学习，从而逃脱兵役。

在极端正统派集聚的最重要城市耶路撒冷，由于其在市议会中的势力较大，因此耶路撒冷市政府一直迫于压力做出有利于教徒而不利于世俗生活的让步，如在安息日时关闭教徒聚居的社区和主要街道，不允许社会车辆通行。此外，由于人口不断增加，原有的宗教区域已经不能满足居住要求，因此极端正统派教徒开始在其他社区寻找居住地，然后以人口优势蚕食原本普通犹太人居住的社区。这些宗教化的表现，引起了世俗犹太人甚至是正统派犹太人的不满，很多人为了更宽松的、多元化的居住环境和教育环境而不得不离开耶路撒冷。普通犹太人并不反对犹太教，但希望能与极端正统派教徒从生活上分开，

---

① 冯基华：《犹太文化与以色列社会政治发展》，社会科学文献出版社，2010，第 103 页。

② 史冬梅：《极端正统犹太教徒在以色列的崛起》，《当代世界》2012 年第 10 期，第 62 页。

互不干扰。① 不仅如此，一些极端正统派人士试图把他们坚持的宗教原则在整个社会推广，如在公交车上男女分坐的做法。而这对于大多数以色列人来说，是难以接受的。

当前，以色列社会对极端正统派的反感程度空前增长。随着极端正统派人数的增加，税赋和兵役的负担落在人数越来越少的普通以色列人身上。很多以色列人认为，极端正统派拒绝主流社会的同时又依赖主流社会的经济支持。而2012年以来已爆发了多次反对现行兵役法对宗教人士庇护的大规模游行，尽管兵役法没有得到延长已经过期，但新的替代法案还未出台，因此围绕兵役问题的争论还远没有结束。而国际货币基金组织在2012年4月也曾警告说，如果极端正统犹太青年继续游离于就业之外、完全依靠政府补贴来养育庞大家庭的话，以色列的经济增长率会显著放缓。②

极端正统派与普通犹太人的矛盾还体现在对巴以问题解决方式的不同认知上。相比普通犹太人对阿以和平进程的支持，主要来自于极端正统派的犹太极端主义分子则通过对犹太教教义极端、片面、歪曲的解释，通过非法兴建犹太人定居点、非法集会甚至恐怖暴力活动等手段，试图达到阻挠以阿和平进程、永久占领阿拉伯领土的政治目的。早在20世纪60年代至80年代，由极端正统派教士（拉比）卡罕发起的"卡赫运动"（Kach Movement）就对推动巴以问题的解决产生了极为消极的影响。1967年以色列占领了整个约旦河西岸和加沙地带，卡罕随即号召犹太人拿起武器，将那些仍居住在这些土地上的巴勒斯坦人赶走，夺取他们的地产，建立犹太人定居点。此外，其成员经常任意捣毁阿拉伯人的商店、房屋、汽车等财产，侮辱和恐吓阿拉伯人，使以色列国内族群关系空前紧张。1990年，以色列通过决议，禁止"卡赫运动"参加公开的政治活动。1994年，以色列内阁通过决议，宣布"卡赫运动"及相关的组织"不朽的卡罕"（Kahane Lives）为非法组织。③ 尽管如此，20世纪90年代以来，随着极端正统派的人数增多和在以色列社会的更为活跃，犹太极端主义分子对巴以关系的影响也越来越大。1994年2月穆斯林斋月期间，一名犹太极端分子疯狂向数百名正在做礼拜的穆斯林信徒扫射，死伤140多人，这一事件

---

① 王宇：《犹太教在以色列的社会影响力上升》，《世界宗教文化》2012年第4期，第67页。
② 史冬梅：《极端正统犹太教徒在以色列的崛起》，《当代世界》2012年第10期，第62页。
③ 余国庆：《卡罕和以色列的犹太极端势力》，《西亚非洲》2007年第10期，第47页。

导致 1993 年巴以签署《奥斯陆协议》开创的和谈势头戛然而止。[①] 1995 年 11 月 4 日，犹太极端分子阿米尔在特拉维夫制造了震惊世界的行刺以色列总理拉宾事件，致使巴以和平进程遭到近乎致命性的打击。2001 年 7 月 29 日，犹太极端组织"圣殿山和以色列地忠诚者"将一块重约 4.5 吨的"奠基石"运送到耶路撒冷圣殿山附近，象征性地为犹太教"第三圣殿"举行了奠基仪式，此举引起巴勒斯坦人的强烈愤怒，冲突造成了约 15 名以色列警察和 30 多名巴勒斯坦民众受伤。[②] 2005 年 6 月，当沙龙准备实施从加沙撤军计划时，以色列国内犹太极端势力甚至计划采取恐怖行动破坏和平进程，约有 200 名右翼极端分子企图摧毁圣殿山，甚至要刺杀沙龙。[③] 更为严峻的是，随着 2000 年以来巴以冲突的增多，极端正统派对巴以问题的看法已经逐渐改变了部分普通犹太人原先的认知，而这对于以色列获取长期和平的发展环境极为不利。

整体上看，极端正统派和普通以色列人的矛盾已经影响到以色列的凝聚力建设以及国家的发展，而如何调和极端正统派与普通犹太人的关系，也已成为以色列政府当前必须面对的挑战之一。

国际性和内生性都是一国软实力建设所不得不重视的核心内涵。国际性体现在一国外交政策的制定及执行方面，内生性在很大程度上则是考量一国的国内政策是否能够给公共外交带来足够的资源。

对于以色列而言，解决巴以问题的方式必须建立在对巴勒斯坦的尊重以及和平的前提下。但在 2000 年之后，以色列没有能够重视这一原则，制定和执行了强硬的对巴政策，导致巴以冲突频繁爆发，使 20 世纪 90 年代其主动开启的巴以和平进程事实上趋于失败，并且不顾国际社会的指责，在约旦河西岸不断扩建犹太人定居点，此外，以色列政府在巴以之间修建"隔离墙"，借机圈占原本就处于弱势地位的巴勒斯坦的土地，并将巴土地进一步破碎化，这些政策都极大地削弱了以色列已有的软实力。面对愈演愈烈的巴以纷争，只有积极推动巴以和平进程，以色列才能获得国际社会对其政策合法性的认可，否则将不仅不利于树立正面的国家形象，甚至会使其在国际社会中变得孤立无援。

---

① 怀成波：《以色列极端势力想"重新洗牌"政局》，《新华每日电讯》，2004 年 7 月 30 日。

② 陈双庆：《犹太极端组织及活动特点》，《国际信息资料》2007 年第 8 期，第 15 页。

③ 冯基华：《以色列右翼势力及对中东和平进程的影响》《西亚非洲》2008 年第 10 期，第 39 页。

而从软实力角度审视以色列国内政策时，面对着愈加突出的民族和宗教问题，以色列政府也没有能够立足于长远、采取合适的方式进行持久性的解决，这导致当前国内阿拉伯人的国家认同在以色列和巴勒斯坦之间严重摇摆，极端正统派与普通犹太人之间的矛盾和纷争愈演愈烈，以色列社会的发展方式和民众对巴以问题的认知都受到了严峻考验，也使国家凝聚力的建设受到了损伤。

第三节　"一带一路"下中国软实力建设的应对

中国是一个有着自身历史文化、发展模式和外交传统的大国，在软实力建设方面，中国理应立足国情、寻找适合本国的道路，但是其他国家的软实力建设经验也能够对中国软实力建设起到一定的借鉴作用。2013 年，中国政府提出了建设"一带一路"的倡议，力促以政策沟通、道路联通、资金融通、贸易畅通、民心相通等方式达到维护沿线国家命运共同体的目标。但是"一带一路"提出后，在与国际社会的互动中，由于情报资料搜集不全面、沟通机制不完备、信息数据不可靠或刻意误导等原因，不少国家对于中国的意图难以进行准确的分析、判断和认定。与中国的"一带一路"倡议相伴的，是美国对中国的战略互疑，是西方主流媒体上"腐败""民族反抗""大国必霸""环境破坏"等描述中国的高频词汇。当前，尽管中国已是世界第二大经济体，但中国仍在价值观和国际舆论中处于劣势，国家形象反而不断受损。因此，要想为"一带一路"正名、塑形、定性，改善"一带一路"建设的软环境，就必须尽快提升中国的软实力。而通过借鉴以色列软实力的建设，本书认为当前中国在软实力的建设过程中，应当将国内政策与对外政策并举；在国内政策中做到软硬实力同步发展、在对外政策中能够使软硬实力结合运用，从而最大限度地提升国家软实力。

一　在国内政策中培育国家软实力

从以色列软实力构建的经验中可以得知，加强国内软实力资源建设，特别是通过核心价值理念的凝聚，以及国民素质的整体提升，才能通过公共外交在国际社会中获得国家形象的改善。同时，尽管以色列在建国后长期面临着战争威胁、经济发展困境等不利条件，但其政府并没有因此轻视软实力的作用，而是长期都做到了软硬实力的同步发展。

（一）培育社会主义核心价值观，增强国家凝聚力

对中国而言，虽然不至于面临如以色列一般的险恶地区局势，以及国内民族构建的困难，但在国际局势趋于复杂、国内社会急剧转型的当前，核心价值观的引领作用，对于国家凝聚力和软实力的提升，也是至关重要的。2012年，中国共产党在十八大报告中强调指出，倡导富强、民主、文明、和谐，倡导自由、平等、公正、法治，倡导爱国、敬业、诚信、友善，积极培育和践行社会主义核心价值观。社会主义核心价值观的培育，最为重要的是使社会主义核心价值观成为社会成员的理想信念和行为准则，并落实到他们的日常行为中。因此，社会主义核心价值观教育，必须将社会主义核心价值观与人们的日常生活紧密联系，使之寓于他们的社会实践活动中，达到"知""行"相统一。[1] 因此，核心价值观提出之后，为了推动全社会学习核心价值观的自觉性，各级政府制定了相关政策、策划了一系列活动，并取得了很好的效果。

青年人是社会中思想最为开放、活跃、新颖的群体，高等院校因此成为核心价值观培育最为重要的环节之一。在培育内容上，高校应更加重视以中国优秀历史文化和马克思主义中国化的最新理论成果培养学生们积极进取的人生准则、不屈不挠的坚强意志；用民族精神和时代精神培育学生的爱国情操和创新能力，在传承和创新中增强民族自豪感；把社会主义核心价值观的学习落实到学生的诚信意识和自律意识之中，以此促进青年学生形成健全的人格。而在培育方式上，当前各高校的青年学生基本都成长于社会的转型时期，受到各种各样新鲜事物的冲击，许多网络语言和信息都是由青年学生创造的，并在他们中间传播、流行；此外，他们自小就是在网络环境下成长起来的，生活方式受到新媒体的影响极大。而高校在社会主义核心价值观的引领方面，也注意到了契合青年人所熟悉的沟通习惯和交流工具，从而深化了青年人对社会主流价值的认知。

对于普通民众，日常生活的实用主义倾向决定了社会主义核心价值观能否真正深入人心的前提在于其是否真正为人们所需要，而为民所需的关键就在于

---

[1] 冯留建：《社会主义核心价值观培育的路径探析》，《北京师范大学学报》（社会科学版）2013年第2期，第16页。

将社会主义核心价值观嵌入日常生活的现实诉求中。[①] 2013 年以来，中央政府在经济发展、城镇化建设、反腐败斗争、对外交往中都做出了显著的成绩，普通民众们也由此认识到了社会主义核心价值观的践行是有利于问题的解决和自身利益的实现的，社会主义核心价值观是有生命力的。

当普通民众认识到社会主义核心价值观的作用所在，如何让核心价值观为民众所全面正确地理解，便成为践行社会主义核心价值观的关键所在。2013 年以来，社会主义核心价值观的推广已经深入到了日常生活的细节中。在全国各地的车站、道路、广场、商场、电视等普通民众经常接触的场合和媒体中都可以发现和感受到核心价值观的传播。在传播中，核心价值观不仅仅局限在标语和口号上，真实故事的讲述也越来越多地被采用。而地方政府为了能够深化民众对核心价值观的认知，根据实际情况凝练出其地域精神，也有助于普通民众对于核心价值观的领会。如广东提出的"厚于德、诚于信、敏于行"的广东精神，北京提出的"爱国、创新、包容、厚德"的北京精神，上海提出的"海纳百川、追求卓越、开明睿智、大气谦和"的上海精神等。这些方式都有利于核心价值的弘扬，并激发了普通民众学习核心价值观的热情和积极性，有助于有效整合社会资源、引领社会共识。

与以色列增强国家凝聚力的历程相比较，中国的核心价值观构建才刚刚起步。以犹太文化为基石，以色列国家凝聚力的提升贯穿建国前后百余年的努力，经历过艰苦卓绝乃至生死存亡的考验。因此，社会主义核心价值观只有经历了长期的坚持与丰富，才能够催生出日渐增强的国家凝聚力。正如 2014 年习近平总书记在中央政治局第十三次集体学习时强调，要把培育和弘扬社会主义核心价值观作为凝魂聚气、强基固本的基础工程，继承和发扬中华优秀传统文化和传统美德，广泛开展社会主义核心价值观宣传教育，积极引导人们讲道德、尊道德、守道德，追求高尚的道德理想，不断夯实中国特色社会主义的思想道德基础。[②]

（二）整合智力资源，推进智库建设

以色列在软实力构建的道路上，最为核心的要素之一就是通过教育发展、

[①] 吴翠丽：《社会主义核心价值观嵌入日常生活的困境与消解路径》，《思想教育研究》2014 年第 1 期，第 39 页。

[②] 习近平：《弘扬和培育社会主义核心价值观》，《习近平谈治国理政》，外文出版社，2014，第 163 页。

培养创新型人才，为智库的建设提供充足的专业研究人员，推动智库与高等院校形成成熟的互动机制，并且在公共外交中发挥重要作用。以色列仅仅是一个数百万人口的国家，只拥有 7 所研究型大学，但其政府、高校、社会、智库之间的互动便能够为国家发展创造出强大的软实力资源，使政府在各项政策的制定中更为客观、全面、有持续性。和以色列相比，中国高校在学科以及人才资源储备等方面更为充足，完全有能力在智库建设上取得更大的成就。

党的十八大以来，中央政府已愈加认识到了智库建设的重要作用。习近平于 2014 年 10 月在中央全面深化改革领导小组第六次会议中指出，进行治国理政就必须善于集中各方面智慧、凝聚最广泛力量。改革发展任务越是艰巨繁重，就越需要强大的智力支持。要从推动科学决策、民主决策，推进国家治理体系和治理能力现代化、增强国家软实力的战略高度，把中国特色新型智库建设作为一项重大而紧迫的任务切实抓好。[①] 根据美国宾夕法尼亚大学 2014 年发布的《全球智库发展报告 2013》显示，中国共有 426 家智库，数量居全球第二。其中高校智库约占 50%、民间智库仅占到 5%、其余均为官方智库。[②] 从该报告中可以看出，中国在智库建设的进程中，社会资源的参与还很少，相比之下，以色列智库大部分的运转资金来源乃至智库的建立都来自于基金会、企业等社会力量的捐赠和主导，民间智库在以色列智库中扮演着重要的角色，如其国内最有影响力的智库以色列民主研究所就是由基金会建立和运作的。

政界与学界的密切互动也是以色列智库建设的成功经验。如以色列国家安全研究所、耶路撒冷公共事务中心等重要智库的研究人员很多都有过在政府工作的经历，他们熟悉政治实践，能够了解到在专业理论之外影响政策效果的其他因素，因此，在政策建言和引导社会舆论方面能够做到更为客观、更有操作性。中国的智库建设尽管才处于起步阶段，但已经开始重视选派更多专家学者到各级党政部门挂职锻炼，以保证研究成果与社会实践的密切结合。[③]

此外，对以色列智库的经验进行总结，可以发现其影响力主要体现在委托报告、公开报告和刊物等方面。依托基金会建立的以色列智库，往往承担着行

---

① 新华社：《学习贯彻党的十八届四中全会精神　运用法治思维和法治方式推进改革》，《人民日报》2014 年 10 月 28 日。

② " Think Tanks and Civial Societies Program：The 2013 Global Go To Think Tank Index，" 2014 - 01 - 22.

③ 王伟光：《为中国特色新型智库建设发挥应有作用》，《光明日报》2015 年 1 月 23 日。

政、立法、司法各部门的委托报告，因为其不依附于政府机构，委托报告在民众中的公信力很强；这些智库也会就国内的发展状况与热点问题定期调研，整合成公开报告在网络上传播，起到了引导社会舆论的目的，也成为政府制定政策的参考；而刊物的建设则体现了智库对学科理论与前沿的重视，只有做到理论与应用相结合，智库的作用才能够得到真正的体现。

　　同以色列相比，中国的领土、人口都极为庞大，国家各区域、省份的发展条件和所取得的成就也相差极大，因此，除了中央政府重视智库的建设外，各地方省市也必须从自身发展需要，对智库建设进行有益的探索。目前，地方智库总体规模偏小、机构设置不尽合理、人才数量不足、智力支撑质量不高，与日益增长的地方党委政府决策咨询需求相比，存在着明显差距，驻地高校中面向地方应用的政策研究队伍也比较薄弱。[①]面对困境，不少地方政府已经着手谋求改变。如上海市就从 2013 年开始在驻地高校中进行了富有成效的智库建设，截至 2014 年底，上海已在 9 所高校设立了 17 个智库，涉及经济、社会、教育、公共管理、国际问题研究等领域。[②]上海市教委专门成立了上海市高校智库研究和管理中心负责与各智库进行长期的交流与沟通，并定期对智库工作进行严格考核，以确保智库建设的实效。

　　为了进一步推动国内的智库建设和智力资源培育，2015 年 1 月，中办、国办印发了《关于加强中国特色新型智库建设的意见》，明确指出中国特色新型智库是国家软实力的重要组成部分。《意见》认为一个大国的发展进程，既是经济等硬实力提高的进程，也是思想文化等软实力提高的进程。不仅如此，智库作为国家软实力的重要载体，越来越成为国际竞争力的重要因素，在对外交往中发挥着不可替代的作用。[③]

　　（三）软硬实力同步发展，进一步提升国际地位

　　自以色列建国以来，曾历经了四次中东战争、黎以战争、海湾战争、第二次黎以战争，以及与巴勒斯坦军事武装及真主党等长期的冲突，这客观上无疑将软实力的建设置于边缘化的状态。但以色列政府并没有因此忽略软实力的重

---

① 潘国安、夏益俊、黄金旺：《加强地方智库建设》，《学习时报》2015 年 1 月 19 日。

② 上海市高校智库研究和管理中心网站：http://www.utts.org/。

③ 中共中央办公厅、国务院办公厅：《关于加强中国特色新型智库建设的意见》，2015-01-21，http://news.xinhuanet.com/zgjx/2015-01/21/c_133934292.htm。

要性，反而更加重视软实力在国家综合实力发展中所起的作用：国家凝聚力的增强、智力资源的充足储备，使得军事、经济、科技等硬实力要素也获得了更为持久的发展，从而显著提升了以色列的国际地位。而最为重要的是，以色列政府、社会对基础教育和高等教育的长期重视，极大地提升了以色列的国民素质，保证了其国家的持久稳定和软硬实力的协调发展。

改革开放30多年来，中国国内生产总值保持年平均近10%的高速增长，2013年经济总量达到58.8万亿元人民币，已是世界第二大经济体。① 长期以来，为创造中国经济奇迹提供重要支撑的是总体上较为粗放的制造业。但是当前中国人口结构和劳动力供求状况已发生根本变化，2012年首次出现了劳动力数量和占比的双降，并且人口老龄化趋势还将进一步加剧，难以支撑两位数的高速增长。因此，重视提升整体国民素质，将软硬实力协调发展，成为当前中国的必然选择。可以说，现代化进程的根本所在是人的现代化，如果作为软实力重要组成部分的国民素质不能与经济、科技同步发展，硬实力就会在发展到一定阶段后停滞甚至倒退。

从1992年至2010年间，我国共开展了8次全国性的国民科学素质调查，而2010年的调查显示：我国具备基本科学素质的国民比例为3.27%，仅相当于日本（1990年为2.97%）、加拿大（1990年为4.02%）和欧盟（1991年为4.97%）等主要发达国家和地区20世纪80年代末90年代初的水平。②

在文化素质方面，1999年，中国新闻出版研究院开始组织实施全国国民阅读调查项目，到2014年一共进行了11次。该调查显示，中国的国民图书阅读率1999年时达到60.4%，此后多年呈倒退趋势，2005年仅有48.7%。后经多年努力，2013年国民阅读率回升至57.8%，但增速依然缓慢。从阅读本数来看，2013年，中国国民人均纸质图书的阅读量仅为4.77本；比韩国的11本、法国的20本、日本的40本、犹太人的64本少得多。③

就基础教育的公平性而言，尽管中以国情差别很大，但是为了从整体上提升国民素质，中国还是需要做更多的工作。一份来自国家教育督导团2005年

① 袁长军：《新常态是中国经济发展的必然过程》，《红旗文稿》2014年第24期，第18页。
② 刘丽琴：《国民科学素质提升与社会管理改善研究》，天津大学硕士学位论文，2013，第2页。
③ 潘启雯、任志茜：《2013～2014中国人阅读指南报告》，《中国出版传媒商报》2014年4月22日。

的报告显示，东部地区与中西部地区、城市与农村之间的差距不仅较大，有的还在继续"拉大"：2004 年，小学生人均预算内事业费东部地区 1598 元，西部地区 942 元；小学生人均预算内公用经费东部地区平均 207 元，西部为 90 元，此外师资队伍的差距也越来越大。① 即使是在基础教育较为发达的东部，对外来务工人员子女的教育质量也难以达到保障；而许多优质教育资源积聚的"名校"学区，普通民众已难见踪影。基础教育在整体上的失衡，已然不利于中国国民素质的提升。

此外，随着中国国民经济收入的持续增加，出境旅游群体迅速扩大，1998 年内地出境旅游人数仅为 843 万人次，但到 2012 年便已达 8318.27 万人次，使我国成为世界第一大客源旅游国，再到 2014 年 11 月，我国内地公民年出境旅游首次突破 1 亿人次。② 而随着越来越多的中国人走向世界，对中国国民素质状况的认知也延伸至国际社会。"埃及神庙到此一游"、"中国人在泰国机场打架致飞机航班延误"等事件接连发生，甚至有人总结出了国人海外游四大怪现象为"吵、闹、暴、照"，而英国广播公司更是直接点名中国游客出境旅游时应注意举止。面对全球化时代的新难题，2013 年 5 月，国务院副总理汪洋在国务院电视电话会议中指出了部分游客素质和修养不高，有损国人形象；而提高公民的文明素质，树立中国游客的良好形象，是各级政府、各有关部门和有关企业的共同责任。

当前，中国的国民科学文化素质、基础教育的公平性都亟待提高，而中国与国际社会互动的深入则更加强了国民素质在软实力形成中的重要性。中国政府只有制定软硬实力协调发展的政策方针，重视提升国民科学文化素质、改善中西部地区及城市弱势群体的基础教育状况，中国的经济发展才能够更为顺利地实现转型；而只有当国民素质整体上得到了改善，中国形象和中国的国际地位也才能够进一步得到提升。

二　在对外政策中提升国家软实力

国家软实力要发挥作用，只有通过与国际体系的互动才能实现，而一国对

---

① 吴永军：《教育公平：当今中国基础教育发展的核心价值》，《教育发展研究》2012 年第 18 期，第 3 页。

② 《中国内地公民当年出境游首破 1 亿人次》，《旅游时代》2015 年第 1 期，第 6 页。

外政策的制定、执行就是其在国际社会中运用、展现、提升其软实力的最重要方式。以色列在制定对外政策时，首先必须考虑的是其国家安全，但这也没有完全约束以色列通过国际交往的途径提升其国家软实力。富有成效的公共外交、将软硬实力运用得当的对外援助，不仅捍卫了以色列的国家利益，也增强了其综合国力。

（一）增进人文交流，夯实民意基础

人文交流是国家间世代友好的有力保障，以色列政府长期高度重视通过公共外交来深化人文交流，其公关外交、文化外交、媒体外交都能够立足于他国精英与普通公众，将以色列公共外交的资源转化为人文交流的成果，从而达到树立国家形象，夯实民意基础的目标。

与以色列相比，中国拥有更为丰富的文化资源，随着中国经济的持续快速增长，世界各国掀起了学习汉语的热潮，而以汉语为载体、旨在推动以"和为贵""和而不同"等为理念的中国文化在世界范围的传播、影响力日渐扩大的孔子学院正是人文交流的有效载体和增进中外人民友谊的重要平台。在办学过程中，孔子学院总部始终坚持中方主导、民间运作、中外合作、互利互赢，中外高校、中小学"结对"办学，中方院长、外方院长携力推进的基本原则，并取得了成功。2004年11月，全球第一所孔子学院在韩国首尔挂牌成立，到2014年时，在123个国家和地区已建立了465所孔子学院和713个中小学孔子课堂。2015年初，仍有70多个国家的200多所大学在积极申办孔子学院。① 除了不断推进孔子学院的建设外，孔院总部还进一步完善了"汉语桥"② 项目，推出了"孔子新汉学计划"③ 等项目，也取得了很好的效果。而习近平在全球孔子学院建立十周年暨首个全球"孔子学院日"时致信祝贺，指出孔子学院能够积极开展汉语教学和文化交流活动，为推动世界各国文明交流互鉴、增进中国人民与各国人民相互了解和友谊发挥重要作用，并肯定了孔子学院工作人员为促进文化知识传播、人民心灵沟通

① 刘奕湛：《70余国家200多所大学正积极申办孔子学院》，《新华每日电讯》2015年1月14日。
② "汉语桥"项目的第一个活动始于2002年，随着不断发展和完善，目前该项目包括三个部分："汉语桥"比赛、"汉语桥"校长访华、"汉语桥"夏令营。
③ 2012年，国家汉办推出了"孔子新汉学计划"，致力于通过中外合作培养博士，接受访问学生、学者、青年领袖来华学习，举办国际会议和学术出版等项目，培养新一代青年汉学家和中国问题研究专家，推动国际汉学、中国学教育及研究的发展和繁荣。

所倾注的大量热情和心血。①

　　以色列在推动公共外交的过程中，除了中央政府之外，也注重其他行为体参与国际交往。中国同样认识到了交往行为体增多对于深化人文交流的重要性，地方外交和城市外交正是中国在人文交流中的成功范例，其中以友好城市的建设成效最为显著。中国开展友好城市活动起步于1973年，天津市与日本神户市成为中外城市结好的第一对城市。1992年3月，中国国际友好城市联合会建立，推动友城建设的机制得以建立并逐渐完善。截至2014年5月，中国有30个省、自治区、直辖市（不包括中国台湾省及港、澳特别行政区）和439个城市与五大洲133个国家的465个省（州、县、大区、道）和1442个城市建立了2115对友好城市（省州）关系。②友好城市之间不仅保持互访、专题论坛、展览演出等渠道作为双方沟通的主要形式，而且也在交往的同时为双方城市的发展带来宝贵的经验和全新的思路，实现文明互鉴的目标。在友好城市外，近些年来基金会和非政府组织在公共外交和人文交流中也扮演了更为重要的作用，如中国和平发展基金会和逐渐成长的国内智库等，都为人文交流做出了较为突出的贡献。

　　此外，以色列在运用媒体影响公共外交目标国不同群体（国家精英、普通民众、青年群体等）方面的经验也值得中国借鉴。中国政府在最近10多年来加强了对外宣工作的重视，在国际媒体建设领域，除了传统的外宣刊物如《中国日报》、《北京周报》、多语种的《今日中国》等，2009年后中央电视台在英语频道之外开播了法语、西班牙语、俄语、阿拉伯语等外语频道，培育了一批拥有较高收视率的精品节目，这对于打破西方话语在国际社会中对中国形象的建构有着不小的帮助。《中国国家形象宣传片》也于2011年1月后向世界推出，其中《人物篇》的创意架构是试图通过五十多人构成的中国各领域的名人，诠释中国人"智慧、美丽、勇敢、具有才能、拥有财富"的形象，力图塑造中国形象的缩影；《角度篇》则基本是以普通百姓的面孔为主题，不仅让外国公众了解了古老的中华文化，更重要的是真实而深入地讲述了今日中国人生活的场景。

---

① 赵婳娜：《习近平致信祝贺全球孔子学院建立十周年暨首个全球"孔子学院日"》，《人民日报》2014年9月28日。
② 马丽蓉等：《丝路学研究》，时事出版社，2014，第353页。

同以色列一样，中国也遭受了第二次世界大战所带来的苦难，而在反法西斯战争中所形成的抗战精神同样值得作为中外人文交流的重要载体。如在1941年，全称"美国志愿援华航空队"的"飞虎队"就来到中国，和中国人民共同反抗日本侵略者。有资料显示，"飞虎队"援华抗日期间共击落日机2600架，击沉或重创223万吨日本商船、44艘军舰、13000艘100吨以下的内河船只，击毙日军官兵6万多名。与此同时，"飞虎队"也承受了巨大牺牲，据战后美国官方的数据，仅在著名的援华空运"驼峰航线"上，美国空军一共损失飞机468架，牺牲和失踪飞行员和机组人员共计1579人。① 2005年9月，在纪念中国人民抗日战争暨世界反法西斯战争胜利60周年招待会上，胡锦涛就曾对美国客人表示，中国人民感谢美国人民给予的无私援助。2007年在原"飞虎队"军用机场呈贡机场附近开始建设的"中美二战友谊公园"大型主题文化项目，也是力图展现在战争中中美两国缔结的宝贵友谊。

（二）提升对外援助成效，促进共同发展

从经济总量上看，以色列在国际社会中并非大国，但其能够发挥科学技术领域的优势，在对外交往中重视并长期坚持技术援助，帮助非洲、亚洲、拉丁美洲不少国家实现在农业、医学等领域的持续发展，不仅提升了国家软实力，并且推动了以色列与其他国家之间的科技与经济合作，而以色列在该领域的成就也有可资借鉴之处。

新中国的对外援助始于20世纪50年代，最初主要向朝鲜、越南、阿尔巴尼亚等社会主义国家和一些亚洲的发展中国家提供经济援助，从1964年开始又大规模增加了对非洲国家的援助，到了70年代，援助地区甚至从亚洲国家扩大到拉美和南太平洋国家。中国的对外援助因为坚持平等互利和不干涉内政、不附加任何条件的原则受到了发展中国家广泛的欢迎，但是1971年至1975年间，中国对外援助支出增长过猛，占同期国家财政总支出的比例高达5.88%，其中1973年高达6.92%。② 改革开放后，中国对援外方式进行了探索性调整。邓小平提倡"少花钱、多办事"的援助方式，即一方面削减中国援外开支，另一方面保证受援国能够从中国的援助中获得实实在在的好处。在这一方针的指导下，中国从援建大型项目转向因地制宜地援建贴近人民生活的

---

① 姜锦铭：《打捞跨越太平洋的温暖记忆》，《新华每日电讯》2011年1月14日。
② 周弘：《中国对外援助与改革开放30年》，《世界经济与政治》2008年第11期，第35页。

中小型项目，单纯的财政援助也在对外援助的总份额中下降，更多则是通过实物援助（即将援款折合成在受援国援建的各类基础设施）、提供成套设备和技术、派遣医疗队和专家组等达到援助目标。

中国是国际社会中的大国，在援助资金和援助规模上都是以色列无法企及的，但是，以色列在技术援助的项目管理中取得了较高的成效，其在机构设置、项目运作、绩效评估方面都有着较为成熟的经验。当前，对外援助已更加看重对被援助国可持续发展能力的提升，中国在援助中也应更加注重在科技应用本地化、人员培训等方面的投入。如在坦赞铁路的援助项目上，中国从1983年起参加管理，使其扭亏为盈，提高了援助的成效。也是从1983年起，中国开始举办"发展中国家技术培训班"，截至2012年年底，在华接受培训的发展中国家各类技术及科研等专业人员已达8万人次以上，培训范围涉及农业、养殖业、机械制造、灾害应急管理等众多领域。① 当前，除了在中国开设技术培训班外，为了更好地解决科技应用本地化的难题，中国政府也需要通过派遣更多的技术人员和专家以及在发展中国家就地组织培训等方式进行技术转移。此外，中国政府于1998年也开始着手建设发展中国家官员研修班。如当年举行的首期研修班就是面向非洲国家的经济管理官员，该期研修班系统地为非洲国家官员介绍了中国改革开放后各地区发展的经验及成就，同时参观考察了中国西部欠发达地区的发展模式，尝试将中国经验推广至非洲发展中国家。截至2014年7月底，仅商务部国际商务官员研修学院就承办了包括47期部长级研讨会在内的683期发展中国家官员研修班或研讨会，接待了来自152个国家和地区的16099名官员，其中包括部级官员518人，副总理1人。②

不仅如此，对外援助也要和国内经济发展状况相适应。中国改革开放之前的对外援助有许多教训，如对外援助实际运行当中随意性很大，数额庞大，往往超出预算很多，在不少年份远远超出国民经济承受能力，影响了中国自身发展和中国人民生活水平的改善，甚至因优先提供外援而影响了对国内灾民的救急。③ 但这一状况在改革开放后发生了变化，20世纪90年代中期以后，"平等

---

① 安阳：《中国援外培训历史及问题浅析》，外交学院硕士学位论文，2013，第11页。
② 陈炜伟、朱绍斌：《中国已举办近700期发展中国家官员研修班及研讨会》，2014年8月25日，http://news.xinhuanet.com/2014-08/25/c_1112218630.htm。
③ 杨鸿玺、陈开明：《中国对外援助：成就、教训和良性发展》，《国际展望》2010年第1期，第48页。

互信、互利共赢"的中国对外援助的原则与理念逐渐形成，即通过对外援助，一方面要促进受援国的经济发展和社会进步，另一方面要推动中国和受援国之间的经济技术合作，达到共同发展和繁荣的目的。① 因此，中国在制定和执行对外援助政策时，可以采取措施扩大对发展中国家的进出口，并鼓励中国企业到发展中国家参与援助，同时也能够进行平等互利的投资。以中国对非洲的援助为例，中国不应当仅仅将非洲看成是不断需要援助的落后大陆，而是更应看好非洲的经济和社会发展前景，在对非援助中平等相待，将培育非洲国家发展能力与贸易和投资结为一体，从而推动中非之间经贸合作的不断扩大，实现双方的共同发展。

---

① 黄梅波、唐露萍：《南南合作与中国对外援助》，《国际经济合作》2013 年第 5 期，第 70 页。

参考文献

一 中文参考文献

（一）著作

1. 阿巴·埃班：《犹太史》，阎瑞松译，中国社会科学出版社，1986。

2. 艾兰·佩普：《现代巴勒斯坦史》，王健等译，上海人民出版社，2010。

3. 陈腾华：《为了一个民族的中兴：以色列教育概览》，华东师范大学出版社，2005。

4. 丹·赛诺、索尔·辛格：《创业的国度：以色列经济奇迹的启示》，王跃红、韩君宜译，中信出版社，2010。

5. 冯基华：《犹太文化与以色列社会政治发展》，社会科学文献出版社，2010。

6. 郭树勇：《中国软实力战略》，时事出版社，2012。

7. 哈里·杜鲁门：《杜鲁门回忆录》，李石译，东方出版社，2007。

8. 哈伊姆·格瓦蒂：《以色列移民与百年开发史（1880～1980年）》，何大明译，中国社会科学出版社，1996。

9. 黄陵渝：《当代犹太教》，东方出版社，2004。

10. 劳伦斯·迈耶：《今日以色列》，钱乃复等译，新华出版社，1987。

11. 雷·马歇尔、马克·塔克：《教育与国家财富》，顾建新等译，教育科学出版社，2003。

12. 李伟建等：《以色列与美国关系研究》，时事出版社，2006。

13. 李希光主编《软实力与中国梦》，法律出版社，2011。

14. 李小云等：《国际发展援助概论》，社会科学文献出版社，2009。

15. 李智：《文化外交：一种传播学的解读》，北京大学出版社，2005。

16. 马丽蓉等：《丝路学研究》，时事出版社，2014。

17. 马修·弗雷泽：《软实力：美国电影、流行乐、电视和快餐的全球统治》，刘满贵等译，新华出版社，2006。

18. 门洪华编《中国战略报告：中国软实力的战略思路》，人民出版社，2013。

19. 门洪华主编《中国：软实力方略》，浙江人民出版社，2007

20. 诺亚·卢卡斯：《以色列现代史》，杜先菊、彭艳译，肖宪校，商务印书馆，1997。

21. 潘光、余建华、王健：《犹太民族复兴之路》，上海社会科学出版社，1998。

22. 汪安佑：《国家软实力论》，中国社会科学出版社，2010。

23. 王彤主编《当代中东政治制度》，中国社会科学出版社，2005。

24. 王彦敏：《以色列政党政治研究》，人民出版社，2014。

25. 沃尔特·拉克：《犹太复国主义史》，徐方、阎瑞松译，上海三联书店，1992。

26. 吴季松：《21世纪社会的新趋势——知识经济》，科学技术出版社，1998。

27. 习近平：《习近平谈治国理政》，外文出版社，2014。

28. 肖宪：《中东国家通史·以色列卷》，商务印书馆，2001。

29. 徐向群、余崇健主编《第三圣殿以色列的崛起》，上海远东出版社，1994。

30. 徐新：《犹太文化史》，北京大学出版社，2006。

31. 阎瑞松：《以色列政治》，西北大学出版社，1995。

32. 杨曼苏主编《今日以色列》，中国工人出版社，2007。

33. 俞正梁、陈玉刚、苏长和：《21世纪全球政治范式》，复旦大学出版社，2005。

34. 虞卫东：《当代以色列社会与文化》，上海外语教育出版社，2006。

35. 约翰·米尔斯海默：《以色列游说集团与美国对外政策》，王传兴译，上海人民出版社，2009。

36. 张倩红：《以色列史》，人民出版社，2008。

37. 张永蓬：《国际发展合作与非洲：中国与西方援助非洲比较研究》，社会科学文献出版社，2012。

38. 赵可金：《公共外交的理论和实践》，上海辞书出版社，2007。

39. 赵可金：《外交学原理》，上海教育出版社，2011。

40. 赵磊：《中国梦与世界软实力竞争》，外文出版社，2014。

41. 赵伟明：《以色列经济》，上海外语教育出版社，1998。

42. 钟志清：《当代以色列作家研究》，人民文学出版社，2006。

43. 周承：《以色列新一代俄裔犹太移民的形成及影响》，时事出版社，2010。

44. 周弘：《对外援助与国际关系》，中国社会科学出版社，2002。

45. 周燮藩：《犹太教小辞典》，上海辞书出版社，2004。

46. 朱威烈等：《国际文化战略研究》，上海外语教育出版社，2002。

（二）博硕士论文

1. 艾仁贵：《"马萨达神话"的建构与解构：一项集体记忆研究》，南京大学硕士学位论文，2011。

2. 邓莉：《21 世纪以色列基础教育改革研究》，华东师范大学硕士学位论文，2014。

3. 李志芬：《以色列民族构建研究》，西北大学博士学位论文，2009。

4. 鲁启：《中国—以色列建交后的农业合作》，西北大学硕士学位论文，2010。

5. 孙晓玲：《犹太利益集团与美国中东外交政策》，复旦大学博士学位论文，2005。

6. 田艺琼：《新中国对沙特、以色列人文外交比较研究》，上海外国语大学硕士学位论文，2013。

7. 汪舒明：《大屠杀记忆和美国外交》，复旦大学博士学位论文，2011。

8. 王倩：《以色列对美国的公共外交研究》，华中师范大学硕士学位论文，2013。

9. 杨阳：《以色列与美国犹太人关系研究》，上海外国语大学博士学位论文，2010。

10. 于蔚天：《以色列教育立国经验研究》，西北大学硕士学位论文，2011。

（三）期刊

1. 都永浩、王禹浪：《论民族意识与国家、国民意识的关系——兼论国家凝聚力的重要性》，《民族研究》2000 年第 3 期。

2. 冯基华：《以色列右翼势力及对中东和平进程的影响》，《西亚非洲》2008 年第 10 期。

3. 冯留建：《社会主义核心价值观培育的路径探析》，《北京师范大学学报（社会科学版）》2013 年第 2 期。

4. 胡键：《软实力新论构成、功能和发展规律》，《社会科学》2009 年第 2 期。

5. 黄陵渝：《论犹太教对以色列国法律的影响》，《科学与无神论》2005 年第

4 期。

6. 冀开运：《犹太民族的危机意识与中东和平进程》，《西亚非洲》2001 年第 5 期。

7. 李芳洲、姚大学：《以色列教育发展与现代化》，《西亚非洲》2007 年第 12 期。

8. 李薇：《阿利亚对以色列建国的影响》，《辽宁大学学报（社会科学版）2002 年第 5 期。

9. 刘军：《以色列阿拉伯人口分析》，《西亚非洲》2007 年第 8 期。

10. 门洪华：《中国软实力评估报告（上）》，《国际观察》2007 年第 2 期。

11. 潘光：《试论以色列的文化发展和科教兴国》，《世界经济研究》2004 年第 6 期。

12. 潘光：《中国——以色列关系的历史演进和现状分析》，《社会科学》2009 年第 12 期。

13. 石斌：《重建"世界之中国"的核心价值观》，《国际政治研究》2007 年第 3 期。

14. 史冬梅：《极端正统犹太教徒在以色列的崛起》，《当代世界》2012 年第 10 期。

15. 孙有中：《国家形象的内涵及其功能》，《国际论坛》2002 年第 3 期。

16. 王沪宁：《作为国家实力的文化：软权力》，《复旦学报（社会科学版)》1993 年第 3 期。

17. 王宇：《析以色列对境内阿拉伯少数民族的政策》，《国际论坛》2014 年第 6 期。

18. 王宇：《犹太教在以色列的社会影响力上升》，《世界宗教文化》2012 年第 4 期。

19. 徐新：《论犹太人铭记大屠杀的方式》，《南京社会科学》2006 年第 10 期。

20. 许共城：《欧美智库比较及对中国智库发展的启示》，《经济社会体制比较》2010 年第 2 期。

21. 许开轶、季伟杰：《全球治理语境下主权国家的国际责任》，《中州学刊》2014 年第 2 期。

22. 阎学通、徐进：《中美软实力比较》，《现代国际关系》2008 年第 1 期。

23. 杨雪冬：《民族国家与国家构建：一个理论综述》，《复旦政治学评论》，2005。

24. 杨阳：《以色列阿拉伯公民的发展现状及其政治意识》，《阿拉伯世界研究》2009 年第 6 期。

25. 余建华：《以色列科教兴国战略的特点》，《西亚非洲》2001 年第 1 期。

26. 俞新天：《教育立国——以色列现代化建设的重要经验》，《世界历史》1992 年第 5 期。

27. 俞新天：《软实力建设与中国对外战略》，《国际问题研究》2008 年第 2 期。

28. 张军：《二战后美国犹太文学中的"历史母题"及其社会功能研究》，《学术论坛》2012 年第 12 期。

29. 张倩红：《后大屠杀时代：纳粹屠犹的社会后果分析》，《史学月刊》2005 年第 9 期。

30. 章忠民、张亚铃：《国家凝聚力的构成及其矛盾张力探源》，《马克思主义研究》2012 年第 1 期。

31. 庄国土、康晓丽：《以色列的侨务政策及对中国的启示》，《国际观察》2013 年第 6 期。

（四）报纸

1. 《光明日报》

2. 《国际商报》

3. 《科技日报》

4. 《人民日报》

5. 《新华每日电讯》

二　英文参考文献

（一）著作

1. Ahron Bregman, *A History of Israel*, Palgrave Macmillan, 2003.

2. Allis Radosh and Ronoald Radosh, *A Safe Have: Harry S. Truman and the Founding of Israel*, Harper Collins, 2009.

3. Anita Shapira, *A History of Israel*, Brandeis University Press, 2012

4. Arnold Blumberg, *The History of Israel*, Greenwood Press, 1998.

5. Asher Cohen and Bernard Susser, *Israel and the Politics of Jewish Identity*, John Hopkins University Press, 2000.

6. Avi Shlaim, *The Iron Wall: Israel and the Arab world*, Penguin Books Ltd., 2000.

7. Barry Rubin, Joseph Ginat and Moshe Mooz, *From War to Peace: Arab-Israeli Relations 1973 - 1993*, New York University Press, 1994.

8. Bernard Reich and Gershon R. Kieval, *Israeli Politics in the 1990s: Key Domestic and Foreign Policy Factors*, Greenwood Press, 1991.

9. Charles Liebman, *Civil Religion in Israel*, University of California Press, 1983.

10. Charlis Enderlin, *Shattered Dreams: the Failure of the Peace Progress in the Middle East 1995 - 2002*, Other press, 2003.

11. Clive Jones, *Soviet Jewish Aliyah 1989 - 1992*, Frank Cass, 1996.

12. Colin Shindler, *A History of Modern Israel*, Cambridge University Press, 2008.

13. Daniel Elazar, *Israel: Building a New Society*, Indiana University Press, 1986.

14. David Nachmias and Gila Menahem, *Public Policy in Israel*, Frank Cass, 2002.

15. Doudou Thiam, *The Foreign Policy of African States*, Praeger, 1965.

16. Douglas Little, *American Orientalism: The United States and the Middle East Since 1945*, University of North Carolina Press, 2002.

17. Efraim Karsh, *From Rabin to Netanyahu: Israel Troubled Agenda*, Frank Cass, 1997.

18. George Ball and Douglas Ball, *The Passionate Attachment: American's Involvement with Israel, 1947 to the Present*, Norton Company, 1992.

19. Hans Morgenthau, *Politics among Nations: The Struggle for Power and Peace*, McGraw-Hill Company, 2005.

20. Henry Kissinger, *Diplomacy*, Touchstone, 1995.

21. Howard M. Sachar, *A History of Israel: From the Rise of Zionism to Our Time*, Alfred A. Knopf Press, 1996.

22. Iram Yaacov, *The Educational System of Israel*, Greenwood Press, 1998.

23. Israel Ministry of Foreign Affairs, Documents: Thirty Years of Israel's International Technical Assistance &Cooperation, 1990.

24. Joel Peter, *Israel and Africa*, The British Academic Press, 1992.

25. Joseph Bentwich, *Education in Israel*, Routledge Press, 1998.

26. Joseph Nye, *Soft power: The means to Success in World Politics*, Public Affairs, 2004.

27. Joseph Nye, *The Future of Power*, Public Affairs, 2004.

28. Kaufman Edy, *Israel-Latin American relations*, Transaction Inc. , 1979.

29. Kenneth Levin, *The Oslo Syndrome: Delusion of a People under Siege*, Smith and Kraus Inc. , 2005.

30. Laura Zittrain Eisenberg and Neil Caplan, *Negotiating Arab-Israeli Peace: Patterns, Problems, Possibilities*, Indiana University Press, 2010.

31. Michael Bar-Zohar, *Shimon Peres*, Random House Publishing Group, 2007.

32. Michael Curtis, *Israel in the Third World*, Transaction Inc. , 1976.

33. Mordechai Bar-On, *In Pursuit of Peace: a History of the Israeli Peace Movement*, United States Institute of Peace Press, 1996.

34. Mordechai Kreinin, *Israel and Africa: a Study in Technical Cooperation*, Praeger, 1965.

35. Nicholas Laham, *Selling AWACS to Saudi Arabia: the Reagan Administration and the Balancing of America's Competing Interests in the Middle East*, Westport, 2002.

36. Peter Gorse, *Israel in the Mind of America*, Alfred A. Knopt, Inc, 1983.

37. Randolph Braham, *Israel: A Modern Education System*, U. S. Government Printing Office, 1966.

38. Raphael Israeli, *War, Peace and Terror in the Middle East*, Frank Cass, 2003.

39. Robert Freedman, *Contemporary Israel*, Westview Press, 2009.

40. Sarron Sofer, *Peacemaking in a Divided Society: Israel after Rabin*, Frank Cass, 2001.

41. Tamar Hermann, *The Israeli Peace Movement: A Shattered Dream*, Cambridge Universtiy Press, 2009.

42. Yair Auron, *The Pain of Knowledge: Holocaust and Genocide Issues in Education*, Transaction Publishers, 2005.

43. Yossi Beilin, *Touching Peace, From the Oslo Accord to a Final Agreement*, Weidenfeld&Nicolson, 1999.

44. Zach Levey, *Israel in Africa 1956 – 1976*, Republic of Letters Publishing, 2012.

45. Ziva Flamhaft, *Israel on the Road to Peace: Accepting the Unacceptable*, Westview Press, 1996.

（二）期刊

1. Abadi Jacob, "Israel's Quest for Normalization with Azerbaijan and the Muslim

States of Central Asia," *Journal of Third World Studies*, Fall 2002.

2. Ben Porat and Shlomo Mizrahi, "Political Culture, Alternative Politics and Foreign Policy: The Case of Israel," *Policy Sciences*, 2005 (1).

3. Binyamin Alvares, "The Geography of Sino-Israeli Relations," *Jewish Political Studies Review*, Fall 2012.

4. David Koren, "Arab Israeli Citizens in the 2009 Elections: Between Israeli Citizenship and Palestinian Arab Identity," *Israel Affairs*, 2010 (1).

5. Eric Rozenmen, "Israeli Arabs and the Future of the Jewish State," *Middle East Forum*, 1999 (3).

6. Eytan Gilboa, "Public Diplomacy: The Missing Component in Israel's Foreign Policy," *Israel Affairs*, 2006 (6).

7. E. Inbar, "Israel's National Security amidst Unrest in the Arab World," *The Washington Quarterly*, 2011 (3).

8. Gordon Wilson, "Knowledge, Innovation and Re-inventing Technical Assistance for Development," *Progress in Development Studies*, 2007 (7).

9. Guy Ben-Porat, " 'Dollar Diplomacy': Globalization, Identity Change and Peace in Israel," *Nationalism and Ethnic Politics*, 2007 (1).

10. G. Gerhart, "Israel and Africa: The Problematic Friendship," *Foreign Affairs*, 1993 (5).

11. Iram Yaacov, "Quality and Control in Higher Education in Israel," *European Journal of Education*, 1987 (2).

12. Joseph Massad, "Zionism's Internal Others: Israel and the Oriental Jews," *Journal of Palestine Studies*, 1996 (4).

13. Joseph Nye, "Soft Power," *Foreign Policy*, Fall 1990.

14. MASHAV, *Annual Report*, 2003 – 2012.

15. MASHAV, *Shalom Magazine*, 2003 – 2012.

16. Matthew Cohen and Charles Freilich, "The Delegitimization of Israel: Diplomatic Warfare," *Sanctions, and Lawfare, Israel Journal of Foreign Affairs*, 2015 (1).

17. Michel Fischbach, "Setting Historical Land Claims in the Wake of Arab-Israeli Peace," *Journal of Palestine Studies*, 1997 (1).

18. M. G. Bard, "the Evolution of Israel's Africa Policy," *Middle East Review*, 1988 (2).

19. Nissan Limor, "The Higher Education System in Israel," *International Higher Education*, Spring 1999.

20. Oded Arye, "Fifty years of MASHAV Activity," *Jewish Political Studies Review*, Fall 2009.

21. Zach Levey, "Israel's Strategy in Africa, 1961 – 67," *International Journal of Middle East Studies*, 2004 (1).

（三）报纸

1. *Haaretz*

2. *New York Times*

3. *The Jerusalem Post*

4. *The Washington Post*

图书在版编目（CIP）数据

以色列公共外交与软实力建设／闵捷著. —— 北京：
社会科学文献出版社，2017.5
　（丝路学研究·国别和区域丛书）
　ISBN 978 - 7 - 5201 - 0321 - 3

　Ⅰ.①以…　Ⅱ.①闵…　Ⅲ.①外交 - 研究 - 以色列
Ⅳ.①D838.2

　中国版本图书馆 CIP 数据核字（2017）第 021560 号

丝路学研究·国别和区域丛书
以色列公共外交与软实力建设

著　　者／闵　捷

出 版 人／谢寿光
项目统筹／高明秀　许玉燕
责任编辑／刘　娟　刘学谦

出　　　版／社会科学文献出版社·当代世界出版分社（010）59367004
　　　　　　地址：北京市北三环中路甲 29 号院华龙大厦　邮编：100029
　　　　　　网址：www.ssap.com.cn
发　　　行／市场营销中心（010）59367081　59367018
印　　　装／北京季蜂印刷有限公司

规　　　格／开　本：787mm × 1092mm　1/16
　　　　　　印　张：12　字　数：204 千字
版　　　次／2017 年 5 月第 1 版　2017 年 5 月第 1 次印刷
书　　　号／ISBN 978 - 7 - 5201 - 0321 - 3
定　　　价／69.00 元

本书如有印装质量问题，请与读者服务中心（010 - 59367028）联系